이화

이화

지은이 윌리엄 아서 노블
옮긴이 이현주
펴낸이 안용백
펴낸곳 (주)도서출판 넥서스

초판 1쇄 인쇄 2011년 1월 25일
초판 1쇄 발행 2011년 1월 30일

출판신고 1992년 4월 3일 제311-2002-2호
121-840 서울시 마포구 서교동 394-2
Tel (02)330-5500 Fax (02)330-5555
ISBN 978-89-5797-478-0 03230

저자와 출판사의 허락 없이 내용의 일부를 인용하거나
발췌하는 것을 금합니다.

가격은 뒤표지에 있습니다.
잘못 만들어진 책은 구입처에서 바꾸어 드립니다.

www.nexusbook.com
넥서스CROSS는 (주)도서출판 넥서스의 기독 브랜드입니다.

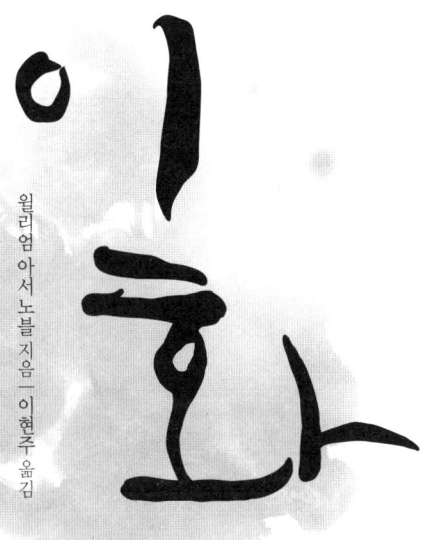

이화

윌리엄 아서 노블 지음 | 이현주 옮김

넥서스CROSS

서문

 이 책은 조선인의 시각에서 그들의 이야기를 쓴 것이다.

 나는 조선인의 눈으로 그들의 행동을 보려고 노력했을 뿐 아니라 조선인의 관점에서 그들을 이해하고 그들의 관습과 사상을 제시하려 노력했다. 나는 서구인이 행하듯 사랑하고, 증오하며, 두려워하고, 희망하며, 이상을 위해 희생하는 동양인의 모습을 그리고자 했다. 그리고 보다 나은 삶을 이루는 과정에서 발생하는, 조선의 큰 갈등을 나타내고자 했다. 뿐만 아니라 사람들을 개혁으로 이끌고 가는 남성의 전형적인 모습을 예증함으로써 외세의 힘에 의해 부당하게 착취당하는 희생자가 되어버린 조선인에 대한 연민을 일깨우고자 했다.

 이 책의 사건들은 실제 역사를 바탕으로 전개되고 있으며 등장인물 역시 그 당시 역사 속에 존재했던 조선인의 전통과 정신을 충실하게 담아내려고 노력하였다. 다만, 아직 살아 있는 사람들의 이름과 그들과 관련된 일부 지명의 이름을 변화시켰다. 나의 이런 의도가 성공했는지의 여부는 오로지 독자의 판단에 맡긴다.

윌리엄 아서 노블 *William Arthur Noble*

역자의 말

윌리엄 아서 노블(William Arthur Noble)은 1892년 평양에 들어와 1934년에 은퇴할 때까지 안식년을 제외하고 근 42년 동안 한국에서 선교 활동을 펼친 선교사이다. 진실로 한국을 사랑한 선교사로서 그의 선교 활동에 대해서는 널리 알려져 있지만, 그가 한국에 대한 소설을 썼다는 사실은 거의 알려져 있지 않다.

영문 소설 《이화》를 처음 접했을 때의 놀라움은 이루 말할 수 없었다. 내가 알고 있는, 재한 선교사로서의 노블과는 전혀 다른 모습이 읽혀졌기 때문이다.

노블은 한국을 무척 사랑한 선교사이다. 그의 한국 사랑은 이 소설 서문의 첫 문장 '이 책은 조선인의 시각에서 그들의 이야기를 쓴 것이다'에서도 잘 나타나 있다.

《이화》는 재한 선교사의 소설이라는 교회사적 의의 외에 역사적인 면에서도 가치를 찾을 수 있다. 조선의 격동기인 1892년에 평양에 들어와 갑신정변, 을미사변, 갑오개혁, 아관파천 등 굵직한 역사적 사건을 몸소 겪은 선교사의 시각이 들어 있기 때문이다. 그 당시 조선인의 모습이 이 소설에 녹아 있으며, 또 혼란기에 변화하는 조선 사회가 비교적 상세하게 그려져 있다.

마지막으로 교회사적·역사적 의의를 생각하며 고집스럽게 이 책을 내주신 넥서스 크로스의 김정일 목사님과 편집부 식구들에게 감사를 드리며, 이 책을 만나게 해준 이덕주 교수님, 선교사에 대한 시각을 넓혀준 조선혜 목사님, 그리고 항상 바쁜 아내와 엄마를 옆에서 사랑으로 지켜주는 가족들에게 감사를 드린다.

이현주

── 목차 ──

제1장 왕실의 사관(史官) • 011

제2장 새로운 지위의 약속 • 023

제3장 중단 • 028

제4장 대동강에서 • 034

제5장 관찰사 • 047

제6장 외국인 • 059

제7장 신부를 찾아서 • 066

제8장 서양에서 온 귀신 • 076

제9장 대동강에서의 표류 • 095

제10장 도사의 동굴 • 132

제11장 전쟁의 희생자 • 158

제12장 사형 선고받은 풍각쟁이 • 168

제13장 계약과 처형 • 180

제14장 공포 • 190

제15장 회복기 • 205

제16장 새로운 신앙 • 219

제17장 고향집 • 225

제18장 이화를 찾아서 • 235

제19장 체포되다 • 254

제20장 궁정 습격 • 264

제21장 한양에서의 폭풍 • 282

제22장 계속된 수색 • 292

제23장 다시 만난 이화 • 312

제24장 죽음이 다가올 때까지 • 322

제25장 양심을 위해서 • 336

제26장 눈앞에 닥친 위험 • 353

제27장 조국을 위해 • 371

제1장

왕실의 사관(史官)

 멀리서 보면 내가 살았던 마을은 요새 같았다. 담으로 둘러진 약 천 평에 달하는 정사각형 대지 안쪽으로 조그만 마을을 이루었다. 높이가 8척에 달하는 담 위에는 거대한 기와 갓돌이 덮여 있었는데, 이 기와 갓돌 때문에 요새의 분위기는 좀 감하여졌다. 담 너머 안쪽으로 가옥이 우뚝 솟아 있었다. 넓은 박공[1]과 큰 지붕이 덮인 가옥이 마치 언덕처럼 우뚝 솟아 있었다. 처마는 중앙에서 가장자리까지 비스듬히 위로 치솟아 머리 위로 두 팔을 곧게 올리며 춤추고 있는 소녀 무용수 같았다. 가옥들이

---
1 마룻머리나 합각머리에 '∧'자 꼴로 붙인 두꺼운 널

배열된 모습은 한층 더 우스운 생각을 나게 했다. 비스듬히 서 있는 가옥들은 담 주위를 반쯤 에워싸고 있는, 조잘대는 시내를 엿보고 있는 듯했다.

이 커다란 마을 바로 뒤쪽에는 '대동강 색시'라 불리는 높은 야산들이 넓게 연이어 펼쳐 있었다. 마을은 좁은 계곡에서 날렵하게 나와 우아하게 넓은 발걸음으로 강 옆을 따라 남쪽으로 돌았고, 상록수 옆을 따라 난 넓은 오솔길을 이리저리 따라갔다. 상록수 숲 때문에 시야에 잡혔다가 사라지는 오솔길은 이곳에서 마을을 드러내고 저곳에서는 숨기기도 했다. 강한 남풍이 고갯마루를 넘어 마을로 몰아치는 날에는 흐느끼거나 신음하는 소리가 들렸다. 사람들은 이것을 산귀신들이 폭풍우 안에서 싸우거나 고함치는 소리라 말했다.

우리 마을로 들어가는 문은 아주 컸다. 이 문 위로 기둥 네 개가 지지하는 이층 구조물인 문루(門樓)[2]가 있었다. 이 문루 안쪽으로는 사방이 모두 열린 공간이 있었다. 우리 마을이 한창 잘나가던 시절, 이 공간에 묵직한 북과 다른 악기를 걸어놓았다. 여기서 통금시간을 알리는 악기가 연주되었는데, 이는 종을 치는 다른 고장과는 다른 것이었다.

---

2   성문 따위의 바깥 위에 지은 다락집

통금 방법은 지방관에서 행했던 교묘한 의제(擬制)³를 모방한 것으로, 각 관은 성벽이 없는 고을을 배려하여 관민들을 보호하기 위해 규칙적인 시간에 성문을 열거나 닫았다. 통금 종은 밤에는 사람들을 일터로부터 불러들였다.⁴ 새벽닭이 우는 이른 새벽에 북과 종을 큰 소리로 울리면⁵ 졸린 관민들로 인해 지키는 사람이 없는 성문이 열렸고 이제 하루의 일을 시작해도 된다는 것을 알게 되었다.

대문 안에는 조그만 집이 있었다. 이 집은 어린 시절 나의 두려움의 대상으로, 이 두려움은 '대동강 색시'의 고갯마루를 님나든 산귀신에 대한 공포로 한층 더 커졌다. 이 작은 집은 손님을 맞이하는 사랑채였다. 이곳은 아버지가 관찰사⁶나 지방관, 아니면 여러 고관대작(高官大爵)⁷을 접대하셨던 곳으로, 이들은 한양에 있을 당시 어전에 섰던 사람의 은총을 얻으려고 우리 시골집으로의 긴 여행도 마다하지 않았다. 이 사랑채에는 방 두 개가 이상할 정도로 두꺼운 벽으로 분리되었고, 이 벽 뒤에

---

3 법률적 용어로 본질은 같지 않지만 법률에서 다룰 때는 동일한 것으로 처리하여 동일한 효과를 주는 일. 4대문의 경우 지키는 군사가 있지만 지방관의 경우 지키는 군사가 없더라도 종소리만으로도 동일한 효력을 발휘한다는 의미이다.
4 인정: 조선시대 28번의 종을 울려 야간통행을 금지한 제도
5 파루: 새벽 4시경이 되면 33번의 종을 쳐서 통금을 해제하고 문을 여는 것
6 조선시대에 둔, 각 도의 으뜸 벼슬. 그 지방의 경찰권·사법권·징세권 따위의 행정상 절대적인 권한을 가진 종이품 벼슬로, 도관찰출척사를 세조 12년(1466)에 고친 것이다.
7 지위가 높고 훌륭한 벼슬, 또는 그런 위치에 있는 사람

서 도승지(都承旨)[8]가 가끔 낮은 목소리로 비밀 이야기를 했다고 전해진다.

기름 먹인 장판지로 덮인 침방의 바닥은 하인 소녀가 매일 반짝반짝하게 닦아 거울처럼 윤이 났다. 소년 시절, 어른들이 안 계실 때 나는 가끔 반짝거리는 바닥 위로 미끄럼을 타기도 했고, 보폭으로 방의 크기를 세기도 했다. 방은 이쪽으로는 여섯 걸음이었고 저쪽으로는 네 걸음이었다. 손님이 묵는 큰 방에 있는 가구로는 사람 머리 높이의 대형 놋쇠 촛대, 손님들이 긴 담뱃대를 편리하게 쓸 수 있도록 항상 숯으로 가득 채워진 놋화로, 그리고 방 한쪽으로 정렬된 호사스러운 느낌을 주는 방석들이었다. 흰색으로 도배된 벽에는 한양에서 온 뛰어난 예술가가 그린 비현실적 인물화와 고전에서 인용된 글이 있는 족자(簇子)[9]가 걸려 있었다. 그리고 숨겨진 아궁이에서 시작하여 집 아래로 지나가는 구들장이 방을 따뜻하게 만들었다. 나는 가끔 산기슭에서 자른 생솔가지를 이 아궁이 구멍에 집어넣고 게걸스럽게 혓바닥을 내미는 불꽃을 잽싸게 피하며 웃곤 했다.

마지막으로 기억하는 아버지의 모습은 눈처럼 머리가 희어진 모습이었다. 그 시대의 사람들이 그러하듯 아버지는 머리카

---
8 조선시대 승정원의 정3품 관리. 지금의 비서실장
9 그림이나 글씨 따위를 벽에 걸거나 말아 둘 수 있도록 양끝에 가름대를 대고 표구한 물건

락 한 올 나오지 않게 망건[10]으로 머리를 잘 정돈했다. 망건 위에 꼭대기 부분이 트인 정자관(程子冠)[11]을 썼는데, 이 관에는 네 쪽으로 왕관과 매우 유사한 모습의 돌기가 펼쳐 있었다. 둥근 얼굴의 아버지는 툭 튀어 나온 이마 아래 검은 눈과, 남을 부리는 습관이 있는 사람처럼 양끝이 약간 처졌지만 꽉 다문 입술을 가졌다. 사랑방에서 문과 가장 먼 곳의 큰 방석 위에 앉아 계시던 아버지 모습이 가장 생각난다. 숲, 새, 동물을 아름답게 수놓은 비단 병풍이 뒤쪽 벽 전체에 펼쳐 있었다. 아버지는 늘 흰색 한복 위에 붉은색으로 염색한 마고자를 입곤 하셨고, 아버지의 목소리는 항상 온화했다. 그래서 나는 고통스러운 사건들을 겪을 때마다 아버지가 떠올랐다. 그분의 인자한 얼굴과 부드러운 눈길이 나를 어루만지며, 눈시울을 뜨겁게 했다.

한양에서 아버지는 임금님을 지키고 아무리 사소할지라도 임금님의 일거수일투족을 기록하는 도승지이셨다. 그래서 임금님과 도승지 사이에 친밀관계가 발생하는 것은 빈번한 일이었고, 이런 친밀감은 다른 관리에게는 주어지지 않는 특별한 것이었다. 아버지는 왕의 어깨를 찔러 많은 친구들을 유리하게

---

10 성인 남자가 상투를 틀고 머리카락이 흘러내리지 않도록 머리에 두르는 머리띠
11 유학자들이 사용하였던 관. 송나라 때 유학자인 정현 형제의 이름에서 유래했다 한다. 말총으로 만들며, 형태는 2층 혹은 3층으로 전후좌우 봉우리의 기복이 있고, 관의 꼭대기는 터져 있다.

하였고, 때로는 적들을 궁지에 몰아넣었으므로 '왕의 친구'라 불리기까지 했다고 전해진다.

아버지는 20년 동안 왕을 보필하는 도승지의 자리에서 부러움을 받으며 지내셨다. 도승지는 300년 이상 북쪽에서 나오지 않은 자리였다. 1560년경 '송이'란 이름의 권력자 가문이 조선 정치의 통치권을 얻게 되었다. 그들은 자신의 이익을 위해 북쪽 지방 출신 어느 누구도 도승지로 임명되지 못하도록 하는 규정을 확정했다고 한다. 사람들은 아버지를 향해 "어떻게 북쪽 지방에서 우수한 사람이 나올 수 있지?"라고 물었다. 학문적 우수성은 과거시험에 쓴 논제의 뛰어남이 아니라 출신지로 결정되었기 때문이다. 고위직에 선정된 사람의 선조는 면밀하게 조사되었다. 선정된 사람의 가족이 과오가 있어 북쪽 지방에서 뿌리를 내릴 수밖에 없었다면, 비록 그 과오가 태어나기 오래 전에 일어난 일이라도 그는 소리 없이 관직에서 배제되었다. 물론 그에게 그 자리를 위해 지불할 정도로 충분한 돈이 있을 때는 예외였다. 하지만 그런 경우는 동료로 취급되지 못하였다.

한동안 북쪽 지방의 분노와 질투는 반란을 일으킬 정도로 나라에 위협이 되었다. 그러나 아버지가 도승지 자리에 등용되자 북쪽 지방 사람들은 이 일이 구체제에 치명타가 될 수 있다고 믿으며 기뻐했다. 반면에 남쪽 지방에서는 실망스러운 일로 간주되었다. 하지만 실상 수백만 조선인 사이에서 가장 놀랐던 사람은 아버지였다. 아버지는 이 행운을 항상 후손을 돌보아준 조상의 음덕(蔭德)이라 생각했다.

아버지가 도승지에 임명될 수 있었던 것은 모두 할아버지 덕분이었다. 많은 재산을 상속받으신 할아버지는 상황에 적절한 산업으로 계속 돈을 벌어 나라에서 최고 부자 중 한 사람이 되셨다. 할아버지가 강에 나뭇가지를 던지면 그것이 재목으로 둥둥 떠서 돌아온다는 말이 들릴 정도였다. 마침내 할아버지는 중앙의 벼슬을 얻으려 노력하기 시작하셨다. 앞으로 수세기 동안 위대한 사람들을 배출한 문중이 할아버지 무덤 앞에서 제사드릴 것이라는 희망을 갖고 이런 노력을 하셨기에 할아버지는 본인보다는 자손을 위해 야망을 가졌다고 말하는 게 정당할 것이다.

할아버지는 지위와 정치 권력에 대한 열정으로 불타올랐으며, 이는 도박꾼의 열정과 버금갈 정도였다. 할아버지는 한양에 자주 가셨으며, 많은 돈을 써 이 나라의 관직 임명을 관장하는 세도가의 비위를 맞추려 하셨다. 마침내 할아버지는 집 주위 토지를 제외하고 재산 모두를 모은 후 그렇게 열망하던 자리를 얻을 때까지 돌아오지 않겠다 결심하고는 한양으로 떠나셨다.

한양에서 지위를 얻으려고 필사적으로 애쓰고 있을 때 할아버지는 흥선군을 알게 되었다. 그리고 세월의 수레바퀴가 돌아 흥선군은 조선의 섭정 대원군이 되었다. 그때 할아버지는 매우 가난하고 영향력도 많이 없었던 흥선군에게 거금을 예탁했고 그 보답으로 공허한 약속만을 받았다.

흥선군에게는 아들이 한 명 있었다. 그 소년은 훗날 조선의 왕 고종(高宗)이 된다. 이 소년을 매우 좋아했던 할아버지는 그에게 연을 만들어주고 날리는 법을 가르쳐주며 시간을 보냈다. 흥선군의 집에서 많은 시간을 보내게 되자 어린 소년과 할아버지는 친한 친구가 되었다. 나라의 관직과 왕족 계보에 지대한 관심으로 할아버지는 연을 만드는 과정과 연줄을 길게 만드는 일련의 일들을 연구하셨을 수도 있다.

얼마 후 조선의 임금이 죽었다. 후세가 없었기 때문에 온 나라는 왕좌를 이을 후손을 찾았고, 퀴퀴한 냄새가 나는 기록을 조사했다. 수많은 후보자가 거론되었지만 거절되었다. 결국 흥선군의 아들이 적법한 왕위 계승자가 되었다.

그사이 할아버지는 낙담하여 집으로 돌아오셨다. 할아버지는 계속되는 좌절과 싸웠고, 초췌해질 정도로 철저히 황폐한 삶을 사셨다. 한창 시절 활기가 넘쳐 떠났던 할아버지는 노인이 되어 돌아왔다. 하지만 새 임금은 즉위하자마자 오랜 친구를 기억했고, 사자를 파견해 임금이 기꺼이 영예를 하사하고 싶은 사람으로 할아버지를 불렀다. 하지만 전령(傳令)[12]은 우리 집이 상중인 것을 알게 되었고, 장남인 아버지가 어린 임금에게 아버지의 죽음 소식을 전하고자 급히 한양으로 떠났다. 한양에 도착하자 아버지는 극진한 대접을 받았고, 도승지로 임명되었다. 아버지가 도승지로 임명되어 특권을 받자 온 나라가 술렁거렸다. 지금까지 이런 임명이 없었기에 한양의 관리들이 매우 강하게 항의했다.

최고 전성기에 우리 집에는 50명 이상의 사람이 살았고, 집 밖의 마을에서 잠자는 하인의 수도 매우 많았다. 막내아들이었던 나는 가족의 막내라는 일상적 특권의 이점들을 즐겼다. 부자이자 높은 지위를 가진 자의 이상인 게으름과 무능력이 내 운명이 되었다. 신체적 운동이 금해져 육체적으로 나는 허약했지만, 이것은 그 당시 양반의 표시로 간주되었다. 비단 마고자를 주름지지 않게 하고, 하얀 손과 작고 긴 손톱을 유지하는 것이 내 삶에 부과된 일이었다.

나는 나보다 나이가 일곱 살 많은 김동식이라는 이름의 한 젊은이와 친구가 되었다. 이 젊은이는 난세에 가장 뛰어난 사

---

12 명령을 전하는 사람

람인 듯했다. 우리 집안은 개혁운동가를 받아들일 수 없다고 주장하는 그런 집안은 아니었다. 나는 아버지의 적자가 아니었다. 나는 첩의 아들이지만 그래도 그곳에 있어서 기뻤다. 나의 이 생각은 자기중심적인 것일 수도 있다. 아름다운 신조를 위해 이런 신분이 아니기를 원해야 했을지도 모른다.

불교는 우리가 열반을 향해 떠돌고 있다 가르치며 무(無) 체계의 완벽성을 기뻐하라고 요구한다. 그러나 열반에 곧 들어갈 것이며 또 이것이 필연적이라면 불교의 이런 가르침은 덜 매력적이라는 생각이 든다. 한 가지 사실은 분명하다. 나는 이곳에 있고, 시장할 때 궁정의 음식 목록에 대한 멋진 말을 듣기보다 집에서 만든 음식을 먹을 것이다.

도승지가 된 아버지에게 아들은 형과 나뿐이었고, 이 때문에 아버지는 매우 슬퍼하셨다. 꼬불꼬불한 고가에서 여자아이들이 이리저리 돌아다니면 아버지는 그들 모두를 알아볼 수 없었고, 또 그럴 마음도 없었다. 열세 명의 여자아이들은 여러 어머니의 매운 손 아래에서 울며 지냈다.

"아들은 축복이고 딸은 저주이다."

아버지는 이렇게 말하곤 하셨다. 그러나 그들의 보조개 있는 뺨과 웃는 눈은 어디에서나 아버지를 쫓아다녔다. 아버지가 미소 지으면 즐거운 웃음소리가 언덕에 메아리쳐 울렸다. 여자아이들은 이름을 받을 가치가 없다는 생각으로 인해 자주 재미있는 장면이 연출되었다. 분홍빛 양쪽 뺨을 꼬집으며 아버지는 묻곤 하셨다.

"너는 누구냐?"

"쥐요."

"알았다. 알았어. 다른 애들은 무얼 하고 있니?"

"돼지, 고양이, 못난이가 열두째, 열셋째랑 놀고 있어요."

"그래, 알았다. 신경 쓰지 마라. 계속 놀아라."

아버지의 답은 늘 이랬다. 우리 집에는 여자 하인들이 많았고, 법적으로 자유를 부여받은 남자 종이 세 명 있었다. 그러나 결혼한 부인이 함께 갈 수 없었기에 이들은 자신들의 자유를 찾기보다는 가족과 함께 고통받으며 이곳에 살기를 선택했다. 하지만 집안에 불상사가 일어났을 때 가끔 하인들에게 불똥이 떨어지는 경우가 있었다. 이들 중 한 사람이 내게는 다른 어떤 놀이친구보다 가까웠다. 아버지는 그렇게 자주 절제력을 잃고 폭력을 행사하지는 않으셨다. 그러나 아버지가 달리 화풀이를 할 방법이 없을 때에는 불운한 노예의 머리에 신속한 복수가 날아갔다.

일곱 살 때였다. 어느 날 우연히 마당에 있는 하인들이 모두 모여 가운데 있는 어떤 대상에게 관심을 가지고 있는 것을 목격했다. 호기심이 생겨 아무도 눈치채지 못하게 그 원의 가운데로 뚫고 갔다. 그곳에서 목격한 일은 이후에도 그림자 같은 악몽으로 나를 따라다녔다. 한 남자가 옷이 다 벗겨진 채 형틀 위에 양팔을 뻗고 묶여 있었다. 우두머리 하인이 긴 곤장을 들고 장대에 기대고 있는 사람에게 지시하며 서 있었다. 우두머리 하인이 손짓하자 그는 곤장을 높이 들어 엎드린 남자의 볼기를 쳤다. 그 남자는 경련을 일으키듯 머리를 들었다.

이 순간 내 쪽으로 얼굴이 보였는데 그는 내 놀이 하인이었다. 갑작스러운 분노로 나는 질식할 것 같았다. 순간적으로 나는 그곳으로 달려가 다음 번 곤장을 막으려 했다. 곤장은 살짝 내 오른쪽 팔 위쪽을 쳤고, 그곳에는 커다란 흉터가 생겼다. 이 일은 모든 사람을 놀라게 했고, 그 결과 그 하인은 풀려났다. 이 조그만 친절 행위로 하인들은 어디에서도 받지 못했던 애정을 내게 주었다.

제2장

새로운 지위의 약속

열여덟 살 때 나는 내가 총각이라는 수치스러운 사실을 알게 되었다. 이것은 분명히 우리 사회 계층에서는 비정상적인 일이었다. 내가 결혼하기를 원하지 않는 것과 어머니의 과잉애정이 부분적 원인이기도 했지만, 주된 원인은 아버지의 곤란한 재정 형편이었다. 아버지는 많은 돈을 써 야망에 찬 형에게 벼슬자리를 사주려 노력했다. 아버지는 한양의 많은 관리에게 돈을 주었지만 그 결과는 공허한 약속과 많은 토지의 손실뿐이었다. 하지만 가문의 전통을 유지할 정도로 토지가 아직 남아 있고 도승지라는 칭호가 여전히 우리 가문에 붙어 있는 한, 양반의 위엄을 지키기에는 충분했다. 그리고 재산이 줄어 결혼이 점차 늦추어졌어도 나는 아무렇지 않게 느낄 정도로 결혼에 대한 생각이 없었다.

그리고 결국 나를 결혼시키려는 혼담이 적절한 방식으로 진행되었다. 네 살 많은 규수가 내 신부로 선택되었다. 우리 집에서 천이백 리[1] 떨어진 곳에 사는 그 규수에 대해 나는 전혀 들어본 적이 없었다. 나는 가능한 한 모든 방법을 동원해 그 규수에 관한 소식을 알아내려 했고, 신랑과 신부의 의사에 관계없이 혼인을 추진하는 우리 관습에 분노했다. 중매쟁이를 매수해 젊은 규수가 큰 사고로 기형이거나 커다란 흉터가 있다는 소식을 들었다. 어른들은 내 항의를 막내가 으레 하는 투정쯤으로 생각했고, 내가 알아낸 소식은 잘못되었다고 말하였다. 그분들은 그 규수가 기형이 아니라는 의도로 말하지는 않았다. 대신 "얘야, 점잖게 행동해야지"라고 말하는 가장 쉬운 방법을 취하였다. 마을의 다른 사람들처럼 나는 '팔자'라 부르는 것에 복종해야만 했다.

복종이 집안의 제일 법도였다. 다가오는 결혼을 생각하기는 무척 싫었지만 그렇다고 복종하지 않으려는 마음은 없었다. 그때의 반항심 때문에 발생할 일을 미리 알았더라면, 모르는 사

---

[1] 1리는 0.4km이므로 480Km를 말함

람과 결혼해야 하는 운명을 기꺼이 받아들였을 것이다. 혼인 준비가 점차로 진행되자 나는 대단한 관심과 주의의 대상이 되었다. 이제 총각이라는 불명예가 떼어지고 상투를 틂으로써 어른 대접을 받을 것이다. 공손한 말을 듣게 될 것이고 결혼한 남자에게 어울리는 존경 어린 대우를 받을 것이라는 혼인의 이런 측면에 만족감을 느꼈다.

이 무렵 서구 열강이 우리 정부와 협약을 거의 체결했다는 풍문이 남쪽 지역에서 돌았다. 서양 야만인들, 이들의 낯선 관습과 이해할 수 없는 이름에 대해 이상한 소문이 들렸다. 그들은 모두 키가 크고, 검은 옷을 입었으며, 검은 옷을 입은 이유가 매우 더럽기 때문이라는 단정적인 말도 들렸다. 그러나 야만인들에게 기대할 것이란 전혀 없었으므로 이와 같은 소식에 놀라서는 안 되었다. 그들은 움푹 들어간 눈, 높은 코, 커다란 입을 지녔고, 우리의 관습을 몰라 불손하며, 끊임없이 움직이는 열정적 태도를 가졌다고 전해졌다. 이들이 약으로 사람의 살을 쓴다는 소문이 돌았으며 많은 사람들이 이 소문을 믿었다. 이들에게는 자유항에서 상인처럼 장사를 한 이들도 있고 정부의 관리를 한 이들도 있다. 이와 달리 장사나 사업에는 전혀 관심이 없고 어떤 종교를 전파하는 데 온 시간을 보내는 사람들도 있었다. 이 마지막 부류의 사람들은 주로 북쪽 지방으로 들어와 평양으로 갔는데, 평양은 우리 집과 이백 리 떨어진 곳으로 강변에 위치한 유명 도시였다.

신부를 맞을 집은 밝은 새 벽지와 기름 친 장판으로 보기 좋게 단장되었다. 그곳은 내게 행복한 미소를 지으며 처마를 즐겁게 하늘로 뻗었다. 마치 신부의 은신처가 여가를 보내기에 가장 행복한 곳인 것처럼 보였다. 그 당시 나는 내 운명에 대해 거의 만족하였다.

아버지께서 평양에 거주하는 부자와 거래를 하셨다. 다가오는 결혼으로 이익이 발생할 것이므로 누군가가 평양을 방문해야 했다. 기쁘게도 친구 동식이와 나를 보내 이 일을 하게 하자는 제안이 나왔다. 나는 경험이 부족해 이 일을 책임지고 맡을 정도가 아니었기 때문에 모든 일이 동식이의 손에 들어갔다. 수많은 가게와 먼 바깥 세계 소식을 접할 수 있는 도시로 갈 것이라는 기대에, 또 서양에서 온 이상한 외국인을 볼 기회를 가질 수 있을 것이라는 생각에 매우 기뻤다.

계획된 여행에 대해 이야기를 나누는 과정에서 나는 미래 처가에 대해 새로운 사실들을 알게 되었다. 신부가 될 젊은 규수는 이름 없이 이 씨의 딸로 알려져 있었다. 몇 년 전 양반 이 씨는 이 규수의 어머니인 본처를 버리고 그녀보다 더 예쁜 여자를 부인으로 맞았다. 그는 그 지역에서 상당히 많은 논을 가지고 있었기에, 논으로 본처를 부양했다. 그러나 이제 딸의 결혼으로 그 소유는 내 아버지에게 넘어올 것이며, 아버지는 나를 위해 그 땅을 관리해주실 예정이었다. 이 결혼은 규수의 어머니에게는 냉정한 대우인 듯했다. 그러나 이것은 탐욕스러운 관찰사의 손에서 땅을 구하려는 노력이었다. 지주를 수탈할 제도를 만든 관찰사의 게걸스러운 욕심을 만족시킬 방법은 없었다. 아버지는 북쪽 지방에서 재산을 안전하게 지킬 수 있는 유일한 사람이었다.

이 씨는 예전에 한양에서 대단한 세도를 누렸지만 당파 싸움으로 모든 것을 잃었다. 그는 재산을 우리에게 넘겨주고 그 보상으로 아버지가 해줄 수 있는 우호적인 정치적 영향을 받을 예정이었다. 넘기는 재산의 양은 상당했다. 아버지는 이 씨가 희생자가 될 것이고 도깨비불 같은 벼슬자리 때문에 이 씨는 더 많은 돈을 날릴 것이라고 예상했다. 그러면서도 아버지는 지금 재력이 매우 떨어져 있으므로 이런 제안에 만족해하셨다. 여러 해 동안 밖으로 흘러나갔던 황금의 흐름이 도승지의 집으로 방향을 바꾸는 게 분명한 듯했다.

제3장

중단

 평양으로 떠날 준비가 거의 끝날 무렵, 갑자기 아버지의 병환으로 출발이 중단되었다. 아버지는 온 나라에 유행하던 이름 모를 무서운 열병의 공격을 받았다. 단순한 치료법으로 병이 낫지 않자 우리 가족은 무당을 불러 역신을 몰아내려 했다.

 어느 날 저녁 무당은 커다란 북을 가진 채 무리를 데려왔다. 그중 한 여자가 징을 들었다. 무리 중 두 사람은 음울한 표정을 지었지만 젊고 매력적인 두 사람은 밝은 색 옷을 입었으며 이 옷은 횃불 빛을 받아 어두운 밤을 배경으로 매우 화려하게 보였다.

전국에서 최고의 무당이 많은 돈을 약속받고 왔다. 무당을 데려오려 노력한 일이 온 마을에 알려졌다. 북쪽 지방에서 제일 유명한 사람을 위한 굿을 구경하려고 이웃 마을에서도 많은 사람이 몰려왔다. 벼슬아치들은 사악한 행동을 자주 하기에 귀신 들린 것이 당연하다며 아버지가 아프다는 사실에 놀라지도 않았다. 이 장면[1]은 많은 돈을 걸어 무당에게 최고의 솜씨를 보여주도록 사주한 것이므로 사람들은 여기서 자신들의 병적인 호기심을 충분히 만족시킬 만한 기괴한 장면이 연출될 것이라는 걸 알았다.

  아버지는 방바닥에 깐 비단 요에 누워 있었지만 무당이 요구해 돗자리에 말려 마당에 나왔다. 아버지는 너무 아파서 그런지 사람들이 자신에게 하려는 행동에 관심을 가지지 않았다. 모든 준비가 끝나자 네 여자가 아버지 주위에 반원을 그리고 섰다. 북을 가진 여자가 시험적으로 북을 쳤다. 잠시 멈춰 동료들을 힐끗 본 후 다시 작은 소리로 북을 쳤고, 길고 단조롭게 계속 북을 쳤다. 징이 울렸고 무희가 징소리와 북소리에 맞춰 춤을 추기 시작했다. 굿이 계속되자 북소리가 점점 커지고 빨라졌고 춤도 활기차졌다.

  늦은 저녁 무당은, 구경꾼 남자에게 귀신 쫓는 막대를 양 손

---
[1] 우환굿을 말함

에 잡고 머리 위로 올리라 명했다. 귀신 쫓는 막대는 석 자[2] 정도의 버드나무 가지였다. 무당은 큰 소리로 사람들에게 잡고 있는 사람이 통제할 수 없을 정도로 막대가 흔들리기 시작하면 그것은 막대에 귀신이 내린 표시라고 말했다. 무당은 또 막대를 잡은 남자가 어쩔 수 없는 힘에 이끌려 마당 주변에 서 있는 나무 아래로 달릴 것이고, 그러면 귀신이 나뭇가지 안으로 뛰어들 것이라 말했다. 나무 아래에 병이 하나 있었는데 무당은 이 병에 귀신을 가두어놓을 것이라 말했다.

밤새 북소리와 춤사위는 계속되었고 여러 사람이 번갈아 막대를 들었다. 그러나 무당이 말한 일은 일어나지 않았다. 그러자 무당은 귀신이 너무 세서, 즉 도승지의 사악한 생활 때문에 귀신이 그의 영혼 안에 깊숙이 침입해 자신의 힘에 쉽게 굴복하지 않는다는 등 여러 이유를 댔다.

"이미 오래 전에 조금이라도 그에게 재산을 빼앗긴 사람은 적절한 때가 오면 제일 고약한 귀신이 그를 덮칠 것이라 예견했을 것이야. 하지만 내 노력을 이길 수는 없을 거야. 증세가 좋아질 거야. 잘 보라고! 귀신이 지금까지 알려진 것보다 백 배 이상 강하다고 증명될지라도 내 명성은 떨어지지 않을 것이야."

드디어 무당은 군중 사이에서 남들보다 예민해 보이는 젊은

---

[2] 한 자는 30.3cm

이를 붙잡아 귀신 쫓는 막대를 잡으라 명했다.

"자, 이제 놀랄 일이 일어날 것이야. 귀신이 병자를 떠나려 하고 있어. 귀신은 더 이상 내 힘을 견딜 수가 없어. 나를 봐. 아무것도 생각하지 마. 내 움직임만을 보고 북소리를 들어. 대기의 힘에 완전히 의지해. 귀신은 곧 병자를 떠나 박쥐처럼 몸을 구부려 막대에 붙을 거야. 네 손은 계속 떨려 멈출 수가 없을 거야. 막대를 떨어뜨리지 마. 귀신은 담을 넘어 저 나무로 너를 끌고 갈 거야. 막대로 나무를 건드리면 귀신이 가지로 뛰어갈 거야. 그때 그대로 가게 놔둬."

무당은 무서운 표정을 짓고 흥분한 몸짓을 하며 큰 소리로 악을 썼다. 젊은이는 지시받은 대로 막대를 잡고 기다렸다. 전에는 소리만 났지만 이제는 대혼란이 일어났다. 무당은 격렬하게 북을 쳤고 징이 울렸으며 무희들은 미친 듯이 뛰어올랐다. 무당은 젊은이를 노려보다가 머리를 흔들었다. 그러자 막대가 떨렸다.

"아!"

큰 소리가 구경꾼의 입에서 나왔다. 사람들은 "귀신이 막대에 붙었다"라고 소리쳤다. 무당은 북 치는 것을 멈추었다. 그리고 공중으로 격렬하게 두 팔을 흔들며 나무를 가리켰고 떨리는 막대와 싸우고 있는 젊은이를 달리게 했다. 젊은이는 담으로 달려가 그것을 넘었다. 최면에 걸린 사람이 철저히 복종하는 것처럼 젊은이는 나무로 달려갔다. 나무를 건드리자 막대가 떨어졌다.

"보시오! 귀신이 나무 안에 있소. 나뭇가지에 매달렸소."

군중이 외쳤다. 무당의 무리는 북과 징을 가져와 나무를 둘러쌌다. 빈 병 옆에 있었던 흰 종이가 갑자기 공중으로 튀어 올라 병 속으로 들어가는 것이 보였다. 그러자 밤의 연극은 끝났다. 귀신이 거꾸로 튀어 올라가면서 생긴 바람의 소용돌이에 종이가 잡혀 귀신을 따라 병 안으로 들어갔다고 무당은 말했다. 이 일로 인해 모든 사람은 귀신이 끌려들어가 완전히 잡혔다고 믿었다. 무당은 귀신을 가둔 병의 마개를 꼭 닫았다. 그런 후 귀신을 가두는 것이 단순한 일인 것처럼 아무렇지 않게 병을 다루었다.

나는 서둘러 아버지를 보러 갔다. 아버지는 그냥 그대로였다. 부축을 받고 일어났을 때 전날보다 더 약해 보였다. 무당은 아버지가 현재까지는 그럴 것이지만 곧 귀신의 공격에서 회복될 것이라 자신했다. 귀신을 내보내 확실히 병 속에 가두었고 또 자신이 귀신을 제어할 수 있기 때문이라 답했다.

무당은 약정된 돈 이외에 선물까지 받고 우리 가족과 이웃에게 고맙다는 인사를 받으며 떠났다. 그 이후 아버지는 더 아프셨다. 우리는 아버지의 죽음을 예감하고 준비했다. 한번은 정말로 아버지가 마지막 숨을 거두는 것이라고 생각한 적이 있었다. 마을 전체에 울음과 곡이 퍼졌다. 누군가가 아버지가 누운 곳에서 열린 문까지 돗자리를 폈다. 또 다른 이는 아버지의 웃옷을 가지고 지붕 위로 올라갔다. 그 사람은 공중으로 옷을 흔들며 떠난 영혼에게 돌아와 다시 옷을 가져가 우리가 사당에서 경배할 수 있게 해달라고 외쳤다. 어머니는 돗자리를 따라 아버지 옷을 끌고 다니면서 '나무아미타불'을 반복하셨다. '나무아미타불'은 인도에서 나온 불교식 주문으로, 떠나는 혼을 안심시키고 달래기 위해 부처의 도움을 요구하는 주문이었다.

하지만 아버지는 이 모든 죽음의 준비를 헛수고로 만들었다. 또 가장 크게 곡을 한 채무자들을 실망시키기도 했다. 한 달 후 아버지는 많이 회복되어 우리에게 서둘러 평양으로 가라고 하셨다. 여름 장마로 강을 건너는 게 위험해지기 전에 돌아올 수 있게 하라고 명하셨다. 우리는 서둘러야 했다. 앞으로 어떤 일이 일어날지 그 결과를 아무도 예측할 수 없었기 때문이다.

제 4 장

대동강에서

나는 '성요'라는 정식 이름을 받게 되었다. 나는 상투를 트는 것으로 여행 준비를 끝냈다. 곧 결혼하면 이렇게 상투를 틀 것이므로 먼저 일을 서둘렀을 뿐이다. 이 일로 인해 도승지 가문의 대표로서 나의 존재는 아버지 채무자들 사이에서 적절한 위엄을 지녔다. 온 하인이 동원되어 우리의 출발을 서둘렀다. 집안은 소란스럽고 분주했다.

우리는 특별한 배를 마련했다. 배는 길이가 삼십 자, 넓이가 여덟 자였다. 배 옆은 수면에서 겨우 한 자 반 정도 올라왔지만 양끝이 한 점으로 모여 공중으로 높이 솟았다. 뒤에는 긴 노가 있었는데 이는 속도를 내기보다는 방향을 잡기 위한 것이었다. 뱃머리에는 노가 두 짝 있었고 자리가 네 개 있었다. 이 배는 다섯 사람이 온 힘을 다해야만 상류를 거슬러 올라갈 수 있었다. 그러나 하류로 내려갈 때는 조타수들의 노력만이 필요하였다. 이 독특한 배는 좁은 급류로 가득 찬 강 상류와 하류를 따라 목재와 식량을 운반하기 위해 만들어졌다.

배에서 물을 퍼내고 씻은 후 바닥에 깔개를 깔았다. 중앙에 차일을 세워 사용할 수 있는 공간의 3분의 2 정도를 덮었다. 일주일치 식량이 저장되었다. 배가 떠나기 바로 직전 기생 두 명이 배에 탔다. 노래와 이야기로 우리의 지루한 여행을 구제해 주는 데 기생이 꼭 필요하다는 생각이 들었기 때문이었다.

두 명의 몸종을 포함하여 인원이 전부 열한 명이었다. 이 열한 명은 두 젊은이를 편안하게 돌보기에는 많은 수였다. 그러나 아버지의 채무자가 이 인원수를 보고 우리의 신분이 매우 높다고 생각하면 빚을 더 쉽게 갚을 것이므로 외관상의 화려함이 도리어 절약이 될 수 있다는 것이 아버지의 의견이었다.

우리는 급류를 따라 노를 저었다. 우리는 목재를 가득 실은 배를 지났고, 매우 느린 속도로 상류로 올라가려 애쓰는 배도 지났으며, 웃통을 벗은 채 급류를 거슬러 가려고 열심히 줄을 당기는 수십 명의 장정도 지났다. 때때로 강에 있는 이들이 물결을 이용하여 온 힘을 다해 밧줄을 잡아당기고 있었지만 보기에는 강의 한가운데 그대로 서 있는 듯했다. 선창 "어이어"에 이어 폐 깊은 곳에서 울리는 합창소리 "어이어"가 울렸고, 근육이 불거지면서 배는 한 치[1], 한 뼘[2], 한 자씩 전진해 잔잔한 물에 도달하곤 했다. 낚시꾼이 탔던 조그만 어선의 고물에는 긴 줄의 송어가 걸려 있었는데, 이것으로 이들의 직업을 알 수 있었다. 때때로 우리는 흰색과 알록달록 채색한 옷을 입은 남녀, 아이들로 가득 찬 나룻배를 지나갔다. 사람들은 말, 당나귀와 엉켜 있었는데, 당나귀는 긴 울음소리로 불만을 표시했다. 강변을 따라 보이는 가파른 언덕, 잘 익은 곡식을 품은 좁은 계곡, 강 끝 쪽으로 동굴이 보이는 암석 벼랑, 배 앞에서 공중으로 날아가는 바닷새, 강물에 반사되는 밝고 어두운 구름, 배의 급격한 움직임 등을 바라보며 우리는 즐거워했고 흥분했다.

동식이는 늘 쾌활한 친구로 자신만의 철학을 가졌다. 지난 십 년 혼동의 시대에 그는 재능을 열심히 갈고 닦았다. 그는 시를 정말 좋아했다. 강, 산, 논밭, 무리 구름으로 가득 찬 하늘은 언제라도 그의 시심(詩心)을 부추겼다. 그는 고전 시구를 외우거나 여기에 자신이 지은 구절을 첨가하며 매우 즐거워했다.

---

[1] 약 3cm
[2] 엄지손가락과 다른 손가락을 완전히 펴서 벌렸을 때 길이

그는 과거의 성현(聖賢)을 매우 존경했다. 그러나 그는 천성적으로 규제를 참지 못했기 때문에 때때로 과거 성현의 자구를 변형시키기도 했다. 자작시와 고전시를 함께 인용하는 그의 무례한 행동은 다른 사람의 즐거움에 방해가 되기도 했다. 그럴 때마다 나는 그에게 묻곤 했다.

"그게 더 낫다고 생각해?"

"험…."

동식이는 이렇게 투덜대고는 먼 곳을 보며 다시 중얼거렸다.

"공자를 좋아하지, 그렇지? 나도 그래. 우리를 위해 공자가 얼마나 많은 일을 했지? 이 언덕과 계곡을 만들었나? 들, 나무, 꽃, 빛과 어둠을 만들었나? 공자가 쓴 위대한 윤리책을 나처럼 즐기는 사람은 아무도 없을 거야. 우리가 지금 이 모습을 가진 것은 바로 이 책 때문이라는 생각이 들어. 하지만 공자가 아무리 위대할지라도 그는 수천만 서양인에게 전혀 영향을 끼치지 못했지. 서양인에게도 위인이 있어. 이것을 보면 공자의 가르침만이 유일하게 신성하다는 생각에 의문이 들지. 우리 생각 안에서 공자 그 사람 자체가 그의 글보다 더 신성하다면, 사람이 만든 어떤 것보다 사람이 우위에 있는 것이지. 그런데 성요, 우리는 사람이야. 내 시가 별로라는 것 인정해. 하지만 이 시가 독립된 개성을 나타내면, 비록 위인의 가르침과 연관될 지라도 불협화음은 아니네."

잠시 멈추었다가 동식이는 말을 계속했다.

"한 서양 사람에 대해 많이 들었지. 그 사람을 생각하고 있는 중이야. 우리의 이상과 관련해 그의 가르침을 생각하고 있는 중이지. 넉 달 전 집을 비운 동안 어디 갔었는지 아나? 여기서 동쪽으로 백 리 떨어진 곳에 사는 숙부를 방문했다는 소문을 냈지만 그건 사실이 아니었어. 외국인을 만나 그의 문명의 특성을 배우고 싶은 욕망을 억제할 수 없었지. 그래서 한양에 간 거야."

"정말 그런가? 외국인을 만났어? 그들은 어떻게 생겼지? 사람의 살을 먹던가? 왜 내게 말하지 않았어?"

나는 숨을 급히 몰아쉬며 물었다.

"그렇게 물으니 도리어 자네가 외국인 같네."

동식이는 마구 퍼붓는 내 질문을 무시한 채 호기심 어린 눈으로 나를 보며 말했다.

"그들은 활기로 가득 찼지. 그들이 무엇을 먹는지 관심 없어. 사람들이 관심 가지는 것 같은 그런 문제에는 관심이 없어. 외국인들은 공자를 몰라. 그러나 그들 특유의 윤리체계와 지적인 풍요로움을 소유하고 있지. 그들은 깨끗한 사람들이야. 그들의 하인 한 명이 그러는데 그들은 늘 몸을 깨끗하게 하려고 매일 목욕한다고 하지. 가끔, 그것도 여름철에만 목욕하는 우리에게 이것은 이상하게 들리지 않나?"

동식이는 하인의 덥수룩한 머리를 애처롭게 바라보며 계속 말했다.

"그들은 자신감에 차 있고 사람을 불편하게 하는 그런 꿰뚫어 보는 눈을 갖고 있지."

여기서 동식이는 큰 소리로 웃었다.

"그들은 우리처럼 방바닥에 앉지 않고 왜 의자에 앉을까? 뒤집어지거나 부서질 것같이 가는 다리가 있는 의자에? 꽉 끼는 바지를 입고 긴 다리 의자에 앉아 있는 그들은 이전에 보았던 특별한 '게' 같아 보였지. 의자에 앉으라는 권고를 받았어. 의자 위에서 바닥에 앉는 것처럼 책상다리를 하고 앉자 그들은 웃었지. 내가 운동을 좀 한다는 걸 알지? 넘어지지 않게 균형 잡으려고 노력했어. 그들은 집 안에서도 신발을 신고 다녀. 그러나 가장 놀란 것은, 제일 당치도 않은 것은 자신들의 종교가 우리 종교보다 우수하다고 믿는 점이야."

여기서 동식이는 잠깐 말을 멈추었다.

"계속 말해봐."

그는 즐거운 표정을 거두고 진지하게 강물을 쳐다보았다.

"저들은 공자를 스승으로 삼아 자제심과 예절을 배우지 못했으니까 그들의 야만적인 태도를 너무 심각하게 생각하지 말아야 해. 저들과 매우 친한 사람에게 계속 물어봐서 알아낸 사실이지만, 저들이 악한 습관을 지니지 않은 것은 확실해. 하지만 태도에서 저들은 너무 무례해. 저들은 돈이 많고 옷을 잘 입는 듯해. 자기 나라에서는 지위를 지닌 사람임이 분명해. 그러니 우리는 저들이 여기서 머무는 동안 손님으로 대해야 하지. 그러나 저들은 우리의 대접을 겸손한 마음으로가 아니라 우월한 태도를 가지고 받으려 하고 있어. 심지어 우리나라보다 자신의 나라가 우월하다고 말하기도 해. 우리나라 사람들이 아첨하는 것을 당연하다는 듯이 받아들이지. 하지만 우리가 예의상 말하는 것을 진실로 받아들이는 것 같기도 해."

동식이는 나를 뚫어지게 쳐다보며 말을 이었다.

"믿을 수 있나? 서양 여자가 손님을 맞아 이야기를 나누기도 하고 또 남성이 서로를 대하는 것보다 더 정중하게 여성을 대한다네. 처음엔 정말로 놀라웠지. 이 사람들은 분명히 잘못되었다고 생각했지. 그러나 내가 당황했던 것은 바로 이것 때문이야. 공자는 우리에게 많은 영향을 끼쳤지. 그러나 그는 우리를 동등하게 만들지는 않았고, 특히 여자를 존중하지 않았어. 어쩌면 외국인이 옳을지도 몰라. 여성들은 존중받아야만 하고 남성과 동등한 수준으로 대접받아야 해."

그는 기생들을 힐끗 보며 계속 말을 이어갔다.

"그런데 우리가 가장 공을 들인 사람이 단순히 노리개밖에 안 되니 우리가 어떻게 그들을 존중하겠나? 하지만 노력하는 것이 좋을지도 모르지."

나는 그의 철학이 지루해질까 두려워 물었다.

"그런데 외국 사람은 뭘 먹지?"

"먹느냐고? 바로 그거야. 우리나라 사람들은 항상 먹을 것을 생각하지."

"그래, 하루에 세끼는 먹어야 하잖아."

동식이는 내 답에 신경을 쓰지 않고 말했다.

"창문을 통해 보았지. 그들은 큰 상 주위에 가는 다리가 달린 의자에 앉아 있었어. 그 상은 보통 집의 마루처럼 컸는데 그 위에는 온갖 음식이 쌓여 있었어. 밥만 없었지. 생각해보게. 밥과 젓가락 없이 식사하는 것을."

"뭐? 그럼 손가락으로 먹나?"

나는 소스라치게 놀라며 물었다.

"아니야, 두 갈래 진 쇠 같은 것으로 먹었지…."

"왜 말을 멈추나?"

나는 초조한 마음으로 물었다.

"저들이 나를 쫓아버렸어. 멀리 떨어진 곳에서 열린 창문으로 그냥 쳐다보고 있었어. 그냥 주의 깊게 보기만 했지. 그때 한 사람이 벌떡 일어나 창문으로 와 자신이 집었던 뼈를 집어던지며 말했어. 가장 상스러운 말을 쓰며 '저리 꺼져!'라 소리쳤어. 물론 나는 모욕을 느꼈지만 자네도 알다시피 저들은 결코 공자에게서 예절을 배우지 못했잖나."

나는 동식이의 평상시답지 않은 관대한 태도를 보고 놀랐다. 그는 체격이 컸다. 그는 보통 사람보다 머리 반 정도 키가 컸고, 이마가 넓었다. 강한 성격으로 항상 부정이나 모욕에 분노했다. 나는 동식이를 어려서부터 알았다. 동식이는 우리 계급에 속한 사람은 아니었지만 나는 그를 매우 존중했다. 그는 어디를 가나 주인처럼 행동했고 조선 사회 안에서 주어진 조건들에 가슴 아파했다. 언젠가는 그가 임금에 대한 반역을 일으킬 것이라는 소문이 들렸다. 이런 소문을 들으면 그는 웃곤 했다. 한번은 "조선인은 단결력이 부족해. 용납할 수 없는 관찰사를 몰아내거나 임금의 군대가 손에 들은 서양의 라이플 총과 대응하지 못해. 또 구멍에서 족제비를 몰아낼 정도로 충분히 오랫동안 단결하지도 못하지"라고 말했다. 이 단순한 말로도 많은 사람은 그가 위험한 사람이라 믿었다.

그날 밤 나는 배의 바닥에 누워 동식이를 바라보았다. 그의 머리가 하늘을 배경으로 뚜렷한 윤곽을 그리고 있었다. 우정을 나눈 소년 시절, 그의 억센 힘이 내게 얼마나 중요했는지 모른다. 나는 그가 영웅적 행동을 할 수 있다고 믿었고, 그가 있는 것만으로도 기뻤다. 그러나 내 친구를 기다리고 있는 비극적 사건에 대해서는 거의 생각해보지 않았다.

배에 오른 첫날 저녁, 해가 진 지 두 시간이 되었을 때 우리는 한 어촌 앞 둑에 배를 묶고 우리 일행이 머물 숙소를 찾았다. 배에서 내리려고 하자 두 명의 하인이 미끄러운 둑을 걷는 것을 도와주었다. 양반의 관례대로 나는 기꺼이 그들에게 기댔다. 그러나 동식이는 배가 해안에 도착하자마자 둑 꼭대기로 갔고, 느리게 이동하는 하인들이 생각하기도 전에 주막을 찾았다.

주막은 내륙의 여행자들을 위해 제공되는 그런 일반적 숙소였다. 기와로 덮은 지붕은 주위의 초가집 지붕과 강한 대조를 이루었다. 근처의 주막 대부분은 방이 단지 두 개였다. 그러나 이 주막만 특별히 방이 네 개였다. 동식이, 나, 하인 두 명이 들어간 방은 두 평 반이 못 되었다. 기생들은 여자들이 쓰는 방으로 갔으며, 나머지 사람들도 편리한 대로 각기 나누어 방을 잡았다. 우리가 들어간 방에는 편의시설도 가구도 전혀 없었다. 지붕이 낮아 문으로 들어갈 때 낮게 수그려 갓이 망가지지 않게 했다. 지붕의 대들보는 낮아 방에서 걸을 때 머리를 숙여야 했다. 벽은 진흙이었고, 서까래는 연기로 검게 그을렸다. 바닥의 짚 돗자리가 우리의 요였고 목침이 우리의 베개였다.

우리의 신분을 알게 된 주인은 비위를 맞추려 노력했고, 우리를 편안하게 해주기 위해 최선을 다했다. 날씨가 따뜻했지만, 주인은 구들에 불을 땠다. 우리는 더운 바닥에 익숙해져 있었으므로 그의 마음을 정중히 받아주었다. 저녁 식사를 가져온 그는 음식이 보잘것없어 죄송하다고 말했다. 높은 신분의 사람에게 이런 음식을 대접해야 하는 걸 그가 상상이나 해보았겠는가? 자신을 낮추며 나쁘지 않은 의도로 행한 푸대접을 우리는 너그럽게 참아야 할 것이다. 우리는 그에게 밥이 맛있다고 답했다. 사실 별다른 음식은 없었다. 하지만 우리처럼 변변치 않은 손님에게 맛있는 음식을 마련한 것을 생각하면 우리는 주인에게 친절해야만 한다. 주인은 정중히 인사한 후 우리 앞에서 등을 뒤로하며 물러났다.

우리나라에는 많은 것이 부족하다. 그러나 우리는 예의 바르다는 대단한 부를 지니고 있다. 이웃의 감정을 배려하는 게 문명의 평가기준이라면, 우리와 다른 나라를 비교할 때 우리나라 사람을 어느 위치에 놓을지 궁금하다.

등은 피마자유[3]를 가득 담은 종지로 끝에 조그만 천 조각 심지를 걸어놓은 것이다. 우리는 누운 후 습관대로 밤새 불을 켰

---

3 피마자 열매의 씨로 짠 기름. 완화제나 관장제로 쓰며 피부나 머리에 바르기도 한다.

다. 동식이는 배에서 가져온 새 이부자리를 폈다. 그는 방 한가운데 십자가형 대들보에 붙여놓은 부적을 바라보며 누워 있었다. 그는 생각에 잠겨 부적에게 말하는 것처럼 입을 열었다.

"저것을 떼어내면 주인이 매우 화를 낼 거야. 공중의 귀신들이 풀려나 이 집을 태우겠지. 염병이 이 집에 사는 사람의 다리 위로 올라올 것이며, 이곳에 잠시 머무는 사람들은 위험에 빠지게 될 거야. 이 집안 후손은 모두 죽겠지. 저것을 떼어내면 평생 난 운이 나쁠 거야. 우리 하인들은 앞으로 쌀이 없어 콩과 감자만 먹을 거야. 그리고 성요 자네는 정혼한 신부를 잃어 마음이 찢어질 것이고 결국 그녀보다 못생긴 규수를 얻을 거야. 어쩌면 자네는 불구인 사람을 신부로 얻을지도 몰라. 달아야 할 부적이 많으니 우리는 얼마나 축복받았나. 또 귀신들이 바보라서 이런 부적으로 달래지니 얼마나 축복인가! 오늘 밤 귀신들은 우리에게 정말로 고마운 일을 해주었지! 귀신들은 관대하게도 이 빈대가 우글거리는 뜨거운 바닥과 기름때 묻은 목침을 주었지. 벼슬아치들이 우리 삶을 쥐어짜는 동안 우리는 얼마나 귀신들을 잘 위로하고 있는지! 귀신들은 벼슬아치 편이고 가난한 사람의 집에는 없는 게 분명해."

갑자기 동식이는 벌떡 일어나 부적을 뜯어 방 한구석으로 던졌다. 나는 이런 불경스럽고 신들을 모독하는 행동에 두려움을 느꼈으며 내 친구가 미치지 않았는지 의심했다. 그는 내 얼굴을 빤히 들여다보더니 웃었다. 그런 후 구석으로 가 그 부적을 집어 들어 못에 다시 걸었다. 다행이 우리 두 하인은 자고 있어 귀신들에게 가한 모욕적 행동을 보지 못했다. 그렇지 않았다면 주막에서 대소동이 일어났을 것이다.

"왜?"

나는 놀라움을 진정하며 물었다. 그는 소년 시절 이상한 행동을 한 후 그랬던 것처럼 혼자서 빙그레 웃었다. 그런 후 그는 다시 누워 곧바로 깊은 잠에 빠졌다. 아주 오랜 후에야 그의 이런 행동이 나로 하여금 내 어리석은 미신을 되돌아보게 하려 했다는 것을 알게 되었다.

제 5장

관찰사

여행을 시작한 지 3일째 되는 날 저녁, 우리는 대도시 평양에 도착했다. 전에 몇 번 이곳에 와봤지만 이 도시는 항상 내게 똑같은 매력과 흥미를 주었다. 우리 민족의 전통이 이 산과 계곡을 중심으로 이루어지기 때문이다. 우리나라는 오랜 연대로 고색창연하다. 사람의 가벼운 짚신 발자국은 울퉁불퉁한 산길에 오랜 세월 밟힌 협곡을 만들었다.

해 지기 직전 강의 굽이를 따라 배가 돌자 우리 눈앞에 도시가 나타났다. 태양이 언덕 꼭대기와 성문의 울퉁불퉁한 탑 위로 미끄러져 내려와 아름다웠다. 강을 따라 쭉 펼쳐져 있는 가는 바위 등성이 위로 높게 위치한 도시의 북쪽 끝은 우리 배의 선미(船尾)[1]처럼 위로 향했다. 그곳에서 성벽은 강가를 따라 우아하게 아래쪽으로 흘렀으며, 저 먼 곳에서 다시 우리 배의 뱃머리와 정확히 같은 모습으로 다시 올라가기 시작했다. 바닥에 구멍이 나서 물난리가 나면 모든 주민이 익사할지도 모른다는 두려움 때문에 우물을 파는 것이 수세기 동안 금지되었다. 그러나 우물의 수질이 더 좋았다면 이런 금지는 절대로 없었을 것이라 생각한다.

현재 쇠락한 상황을 보면 과거에 이 도시가 동양의 우아함을 지휘하는 곳이었다고 생각되지 않을 수도 있다. 평양은 옛날 고구려 시대의 수도였다. 일본은 평양의 장인에게서 많은 것을 배워갔고, 오늘날 일본의 예술은 그 결과로 태어난 것들이다. 일본은 우리에게서 숭배하는 법을 배웠고, 일본의 모든 고대 종교는 우리로부터 전파된 것이다. 여러 차례 우리는 섬나라의 군대를 무릎 꿇게 했고 일본인들을 우리 해안에서 몰아냈다. 그러나 평양의 황금시대는 남쪽 지방으로 왕궁이 천도함으로써 사라졌다. 위압하는 듯한 대단한 성벽과 하늘을 찌를 것 같은 높은 성문, 당당히 흐르는 대동강, 관찰사와 판관의 거주지, 그리고 전쟁 신을 모시는 절만이 과거의 위대함을 보여주는 잔

---

[1] 배의 뒷부분

재였다.

평양에 가까이 가자 심오한 정적이 도시에 깔려 있었다. 강변에서 빨래하는 여성들의 탓-탓-탓 소리, 짐 실은 당나귀 종소리, 때때로 짖는 강아지 울음소리만이 들렸다. 성벽 너머에 수천 명의 사람이 군집해 살고 있다는 것을 알려주는 소리는 전혀 없었다.

이런 정적 때문에 우리는 포위된 도시에 다가간다는 느낌이 들었다. 이 정적은 우리에게 대단한 슬픔으로 다가왔다. 무서운 죽음이 도시 사람들을 휩쓸었다는 동식이의 말이 옳다고 생각했다. 마음속 깊은 곳에서 과거 한 번 보았던, 관찰사의 곤장 아래 신음하던 사람의 외침이 울려 퍼졌다.

"살려주세요! 살려주세요! 제발 살려주세요!"

우리는 대동문으로 들어갔다. 그 문 위에는 수년 전 대동강에서 격침된, 미국 증기선에서 획득한 사슬이 전리품(戰利品)[2]으로 걸려 있었다. 도시 안의 장면은 활기찼지만 이는 미국과 영국의 조차지[3]인 중국 항구에서 보이는 그런 것이 아니라 동양이 항상 자랑하는 절제 그 자체였다. 우리는 초록과 분홍이 수놓인 흰색 바다 같은 군중 사이를 헤치며 갔다.

---

2 전쟁 때 적에게서 빼앗은 물품
3 특별한 합의에 따라 어떤 나라가 다른 나라 영토의 일부를 빌려, 일정 기간 통치하는 일이 조차로, 조차지는 이런 지역을 말한다.

시장이 파장하는 시간이라 거리는 패랭이[4]를 쓴 시골 남자들, 전부 아홉 자밖에 안 되는 가게들, 두 배 크기의 큰 쓰개를 쓴 도시의 여성들로 가득 찼다. 이 혼잡한 무리 안에서 패랭이가 여기저기 벗겨져 밟히곤 했다. 그러면 패랭이 주인은 돌아서서 매섭게 쏘아보며 욕을 했지만 특정한 사람을 향한 것은 아니었다.

어느 누구도 관심이 없었고, 어느 누구도 상관하지 않았다. 관심을 갖게 되는 것은 우리의 위엄을 손상시킬 모욕을 인정할 때이다. 모든 사람이 움직였다. 서로 밀치며 다른 사람의 길에 방해가 되었지만 급히 서두르는 사람은 없었다.

어떤 곳에서는 가게가 혼잡하여 거리의 반 정도까지 차지해 많은 사람이 좁은 길로 지나가야만 했다. 대부분의 가게는 마루에 앉은 주인의 손이 모든 물건에 닿을 정도로 작았다. 때로 아전[5] 복장을 한 사람이 군중을 밀어 그 사이로 길을 냈다. 그들의 태도는 항상 거만했고 사람들은 그들에게 억지로 길을 내주었다.

거리에 있은 지 십 분도 못 되어 반대편에서 대단한 소동이 일어난 것을 알게 되었다. 흰색 무리 사람들이 길을 따라 물결

---
4 댓개비로 엮어 만든 갓. 조선시대에는 역졸, 보부상 같은 신분이 낮은 사람이나 상제(喪制)가 썼다.
5 조선시대에 중앙과 지방의 관아에 속하여 벼슬아치 밑에서 일을 보던 사람

쳤다. 곧바로 "길을 비켜라"는 소리가 들렸다. 까치두루마기를 입은 포졸들이 나타나 사람들에게 욕을 하며 육모방망이[6]로 무차별적으로 때렸다. 이들 바로 뒤로 관찰사의 남여(藍輿)[7]가 나타났는데, 이 남여를 맨 가마잡이 뒤로 백색, 청색, 홍색의 화려한 관복을 입은 포졸들이 따라왔다. 관찰사는 태연한 얼굴로 곧장 앞을 보면서 앉아 있었다. 그 얼굴은 우쭐대고 방종한 자의 얼굴이었다.

나는 새로운 볼거리에 열중하느라 배에서 내린 이후 동식이를 보지 못했음을 전혀 알지 못했다. 그저 막연하게 그가 내 옆에 있을 것이라 생각한 것이다. 포졸들이 가까이 오자 나는 공포에 휩싸여 도망갔다. 옆쪽 뒷골목 입구에 들어서 뒤를 돌아보자 놀랍게도 동식이가 길 한가운데 서 있었다. 그는 얼굴에 무슨 일인지 궁금해하는, 시골 사람의 온화한 표정을 띠고 있었다. 나는 순간 '동식이가 정신이 나갔나?' 하는 생각을 했다. 가장 가까이 있는 포졸이 동식이에게 달려들어 곤봉을 휘두르며 소리쳤다.

"이놈아! 길을 비켜라! 길을 비켜라! 이 바보 같은 자식아!"

---

6 단단한 박달나무로 만들어진 군졸들이 주로 들었던 육각의 모로 이루어진 방망이. 주로 호신용이거나 범인 검거용이었다.
7 앞뒤를 각각 두 사람이 어깨에 매게 되어 있는 뚜껑이 없는 작은 가마. 주로 좁은 길이나 산길에 이용되었음.

동식이는 매우 놀라 눈이 둥그렇게 점점 커지며 서 있었다. 육모방망이가 올라가 정확하게 동식이의 머리를 가격했다. 너무나 갑작스럽고 예기치 못하게 일어난 일로 사람들이 많이 몰려들어 순식간에 수많은 사람이 혼돈에 빠졌다. 한 포졸이 육모방망이로 동식이의 어깨를 가격하고 내리쳤지만 이것은 다른 포졸의 머리 위로 훨씬 더 둔중하게 떨어졌다. 이 타격을 맞은 포졸은 한순간 정신을 잃었다가 육모방망이를 들어 자신을 쳤던 사람을 때렸다.

조금 전까지 둔해보였던 동식이는 그 순간 깨어나 군중 속으로 달려나갔다. 만약 관찰사가 도착하지 않았더라면 충분히 몸을 숨길 수가 있었다. 그러나 관찰사 남여의 뒤쪽에 위치했던 포졸로부터 멈추라는 명령을 받고 남여 앞으로 나아갔다. 이들은 찢어진 갓을 쓰고 도망가는 남자를 보고는 그를 잡아서 묶었다.

앞에 있던 두 포졸은 거의 제정신이 아니었다. 그들은 육모방망이를 떨군 채 상대방의 상투를 비틀고 쥐어뜯었다. 동료들은 싸우는 포졸들을 떼어 놓으려 했으며 그동안 남여를 매었던 가마잡이들은 상관인 관찰사를 위해 길을 비키라고 소리를 질렀다. 결국 두 포졸은 골목으로 끌려 나가 강제로 떨어졌다. 곧바로 행차는 계속되었다.

눈 깜짝할 사이에 동식이의 두 손은 뒤로 묶였다. 앞쪽으로 목을 둘러 뒤쪽으로 오랏줄을 묶었기에 그의 손의 무게가 쉽게 그의 목을 질식시킬 수 있었고, 무참히 발길질을 당했다.

모든 일이 너무 순식간에 일어나 저들이 동식이를 앞쪽으로 끌어내는 것을 볼 때까지 아무 생각이 없었다. 곧바로 나는 항의하기 위해 관찰사의 남여로 달려갔다. 육모방망이가 들려지자 나는 도망갔다. 동식이는 나를 힐끗 보고 오만한 위엄을 지닌 표정으로 미소 지었다.

마음이 매우 산란해 관아의 대문까지 따라가 친구로서 하인 두 명과 함께 거의 한밤중이 될 때까지 그 문에 서 있었다. 그러나 내 친구에 대한 소식을 전혀 듣지 못했다. 우리는 매우 낙담해 주막으로 돌아왔다. 우리의 불운을 들은 주막 주인은 우리를 편안하게 해주기 위해 온갖 노력을 다했다.

"무슨 생각으로 동식이는 폭행과 구금이 뒤따르는 길에 의도적으로 서 있었을까?"

대답 없는 이런 질문을 수없이 해보았다. 이런 행동을 하면 투옥과 잔인한 매질이 따른다는 것을 그 누구보다도 동식이가 잘 알았다. 동식이의 충동적인 행동에 익숙해졌음에도 불구하고 나는 당황해서 어떻게 행동해야 할지 전혀 몰랐다. 날이 밝을 때까지 나는 자리에서 뒤척였다. 관찰사를 만날 수 없다면 내일 육로로 급히 고향에 들어가 이 문제를 아버지께 맡기기로 결심했다. 아버지의 지위는 이 지역에서 어떤 감옥 문도 열 수 있기 때문이었다.

졸다가 잠이 들었다. 잠에서 깨보니 방문이 활짝 열려 햇빛이 쏟아져 들어오고 있었다. 어제의 일들이 주마등처럼 지나갔다. 나는 다시 동식이를 구하는 문제로 씨름했다. 그때 갑자기 한 사람의 그림자가 마루를 가로질러 왔다. 너무 놀라 말문이 막힌 나는 몸을 화들짝 일으켰다. 그곳에 동식이가 나를 보고 미소 지으며 앉아 있었다. 방으로 들어오게 한 후 그의 손을 잡고 질문을 연달아 했다. 그는 내 걱정을 듣고 웃었다.

"어떻게 달아났지? 뭐를 해주고 온 거지? 어디에서 온 거지? 새 옷을 입었네."

"그러게. 자네가 나를 그렇게 걱정하는지 예전에는 미처 알지 못했네."

말할 기회를 주자 그가 이렇게 답했다. 그러고 나서 진심으로 웃었다. 호기심이 가득 찬 사람들이 방으로 들어왔다. 그동안 두 명의 포졸이 비굴하게 문에 서 있었다.

"이제 가보게."

두 사람에게 돌아서며 동식이가 위엄 있게 말했다. 두 사람은 비굴하게 머리를 조아린 후 물러났다. 취조하는 내 시선에 그는 답했다.

"저들은 존경의 표시로 오늘 아침에 여기까지 나를 호위해 준 두 사람이네."

아침밥이 들어올 때 동식이는 매우 진중했다. 하지만 그는 나의 호기심에 무관심한 태도를 취했다. 그의 무관심에 화가 난 나는 결국 이 일에 관심 없는 듯한 태도를 취했고, 그는 그런 나의 모습에 매우 재미있어 했다. 아침을 먹은 후 그는 나에게 함께 걷자고 제안했고, 주막을 벗어나자마자 나에게 말했다.

"모든 사람 앞에서 이야기할 수 없다는 것을 잘 알지 않나. 관찰사가 내게 존경을 표했다는 것만으로 저들에게는 충분하네. 어젯밤 나는 감옥에 갇혀 있었지. 아마 자네가 잤던 것보다 훨씬 더 잘 잤을 것이야. 아침에 관찰사는 나를 불렀지. 우연히 나를 끌어내라고 명령받은 자는 그 전날 나를 때린 사람이었네. 그의 머리에는 붕대가 감겨 있었지. 그는 화가 난 상태라 얼굴이 엉망이었네. 관찰사가 나타나기를 기다리는 다른 죄수처럼 나는 상투를 풀고 서 있었지. 곧바로 관찰사가 하인들의 시중을 받으며 거의 반쯤은 들려 왔어. 하인 한 명이 그의 담뱃대를 채웠고 다른 하인 한 명이 그것에 불을 붙였지. 그러자 다른 하인 한 명이 큰 안경을 가져와 그의 코에 씌워주었네. 관찰사는 적절하게 느긋한 위엄을 지니고 몇 번 눈을 굴렸네. 그리곤 안경 위로 나를 쳐다보았지. 돋보기를 쓰고는 볼 수 없기 때문이지. 무릎을 꿇고 얼굴을 조아리라는 명령을 받았지만 나는 거절했지. 그러자 옆에 있던 사람이 내 머리를 잡아 나를 억지로 꿇어앉히려 했네. 내가 '도승지의 권위를 생각해보고 조심하시오'라고 말하자 그 하인은 급히 물러섰네. 그때 관찰사는 내가 여전히 서 있는 것을 보고는 모욕을 느껴 분노로 얼굴이 붉어졌지. '저놈을 묶어라! 저놈을 두들겨 패라!' 하고 계속 욕하며 명령했네. 나를 잡았던 두 사람이 명령을 수행하려고 뛰어올랐지. 그 순간 관찰사 앞으로 재빨리 한 걸음 나서며 말했네. '묶으라고 명령한 사람이 누군지 아시오?' 관찰사는 손을 들어 하인들을 제지하고는 내 얼굴을 한동안 보더니 입술까지 하얘졌네."

동식이는 재미있어 하는 시선으로 나를 힐끗 보며 말을 이어갔다.

"나는 그에게 이렇게 말했네. '나를 알고 있지요. 그렇죠, 남요? 이 자리를 준 사람을 거의 잊었나? 나를 때리면 그 대가로 관료직을 내놓아야 할 것이라는 것도 잊었나? 거리에서 백성들을 박해하고, 당신에게 지금의 이 자리를 만들어준 사람을 체포하고 구금하며 때린 당신과 당신의 하인은 누구요? 당신은 임금님 앞에서 어제의 일을 해명해야 할 거요.' 나는 여기서 멈추고 싶지 않았지. 그래서 지금 자네에게 말할 수 없는 말을 많이 했네. 그렇게 화를 내지 말았어야 했는데. 이 모든 일은 내가 자초해서 일어났네. 하지만 그는 철저하게 치욕을 입었지. 그는 하인들 앞에서 자리에서 내려와 나를 자신의 자리에 앉혔네. 그런 후 마루에 내려 앉아 내 발아래 머리를 조아리고는 용서를 청했지. 백성을 착취하는 습관을 고치겠다는 약속을 받고 그를 용서해주었네. 물론 다른 행동을 할 의도도 없었지만…."

동식이는 진지하게 부언했다.

"어젯밤 그가 거리를 따라오는 것을 보았을 때 나는 백성을 학대하는 것을 막고 공개적으로 그를 비난하려 했을 뿐이었지. 그런데 일은 내가 의도했던 것보다 한층 더 벌어진 거야. 물론, 지난밤 사소한 소동으로 망가진 갓과 옷 대신에 이 갓과 비단옷 한 벌을 주었네. 그 이외에 많은 것들, 다른 상황이라면 예의상 받아야 할 그런 것들은 받지 않았지. 나는 남여와 안내자도 거절하고 문 앞에서 자네가 본 두 사람과 함께 이곳으로 돌아왔네. 2년 전 자네의 아버님과 한양에 있을 때 나는 이 사람에게 벼슬을 주라고 아버님께 요청했네. 아버님은 이를 들어주셨지. 이 때문에 나는 그에게 영향을 끼칠 수 있었네. 물론 그는 한양에서의 나의 영향을 과대평가했지. 자네 아버님이 돌아가시면 나는 그보다 더 약해지지만 그는 이것을 알지 못했지."

동식이는 매우 진지한 표정으로 마지막 이 말을 했고 몇 년 후 이 말은 마치 예언처럼 내게 되돌아왔다.

제6장

외국인

 우리 여행에서 가장 흥미로운 점은 서양인을 만날 기회가 있다는 것이다. 성벽 안쪽에 만들어진 둑길을 걷고 있었을 때였다. 갑자기 저 멀리 앞쪽 굽이에서 성벽으로 달려가는 무리가 보였다. 나는 호기심이 발동하여 무슨 일인지 알아보려고 급히 서둘렀다. 무리가 다가오자 곧 일의 전모가 밝혀졌다. 덩치가 매우 크고 검은 옷을 입은 사람이 무리에 둘러싸여 있었다.

 거리에 호랑이가 나타났다 해도 이런 호기심이 발동할 수는 없었다. 나는 조용히 서서 이상한 외모를 바라보는 데 열중했다. 그는 바짝 뒤따라오는 무리를 때때로 힐끔거리며 오고 있었다. 그는 보통 사람보다 머리 하나는 컸다. 그의 머리는 연한 갈색이었고, 넓은 이마에 튀어나온 눈썹, 그 아래 파란색 눈은 깊이 들어갔으며, 코는 뾰족했다. 피부는 여성보다 더 하얗고, 얼굴에는 검은 수염이 덥수룩했으며, 가슴에도 털이 많았다. 그는 친근한 눈빛으로 나를 바라보았다. 그가 몸을 돌려 성벽 너머를 바라보려 하자 나는 다른 사람들처럼 용기를 내어 그의 옷과 구두를 만졌다. 구두는 전에 내가 본 것과 전혀 다른 가죽이었다. 키가 컸기에 그의 발은 거인 같았다. 사람들이 그에게 환영의 말을 하는 것은 아니었다. 다행히 그는 우리말을 거의 알아듣지 못했다.

"아, 진짜 서양 귀신이구나! 이건 진짜 귀신이야!"

입에서 입으로 이 말이 전해졌다.

"아이고, 정말 크구나! 저놈한테 잡히면 어떻게 되지? 저 발과 손도 봐! 저놈도 손가락 다섯 개, 발가락 다섯 개를 가졌나? 가서 보세."

"아이고, 저 턱수염과 검은 옷 좀 봐! 저놈은 분명히 부끄러움을 느낄 만한 뭔가를 숨기려고 검은 옷을 입었을 거야!"

"저놈은 무얼 먹을까?"

"저놈의 여자는 어디에 있지? 여자는 데려왔나? 여자도 턱수염이 있을까?"

"저놈은 도대체 여기에 왜 온 거야? 곧 갈 건가?"

"조심해! 저놈이 돌아선다. 따라가보자, 하하! 헤헤!"

수십 개의 목구멍에서 수많은 질문이 나왔지만 대답을 기대하거나 기다린 것은 아니었다. 우리는 그가 멈춰 선, 도시 근처 집까지 그를 따라갔다. 무리는 마당으로 몰려가 거칠게 방문을 열고 들어갔다. 나도 다른 이들과 함께 문밖에 나와 서양 사람에 대한 말과 의견을 들었다. 그는 의사로 사람들에게 매우 친절하다는 말이 들렸다. 많은 사람이 도움을 받았고 몇몇은 그의 치료를 받아 병을 고쳤다고 했다. 가장 이상한 것은 새로운 신앙을 믿게 되었다고 인정한 사람들이 있다는 것이었다. 그들은 그 종교를 '예수교'라 불렀다.

간사해 보이는 입을 가진 갸름한 얼굴의 한 남자가 무리 한가운데로 가서 목소리를 가다듬으며 주의를 끌었다. 그는 한 조그만 소녀의 손을 잡고 있었는데 입은 옷으로 볼 때 그 아이가 기생으로 훈련받고 있다는 것을 쉽게 알 수 있었다.

"말해주게, 호용이. 저놈에 대해 말해주게."

사람들이 그에게 자리를 내주며 말했다.

'호용이?'

전에 들은 적이 있는 이름이었다. 관찰사 근처에 살면서 관찰사의 온갖 더러운 일을 도맡아 하는 친구였다. 만약 그가 서양인의 신용을 받는 앞잡이라면, 나는 서양인과 전혀 관계를 갖고 싶지 않았다. 호용이는 모든 사람이 자신을 주목할 때까지 기다렸다.

"저놈이 왜 여기에 왔는지 아오?"

그는 강한 인상을 주려는 듯 물었다.

"병원을 짓고, 교회와 학교를 지으러 왔소. 서양 놈들은 한양에서도 이와 같은 일을 하고 있다고 하오. 저놈은 우리의 전통적 신앙을 뒤엎으려고 여기에 왔소. 저런 놈들이 더 많이 올 것이오. 예수교 놈들은 부처나 공자에 대해 전혀 관심이 없소. 저놈들은 우리의 신앙을 증오하오."

그 말을 듣자 누군가가 소리쳤다.

"그가 그렇게 말하는 것을 들었소?"

"내가 왜 그렇게 생각하겠소? 자네는 내가 귀머거리라 생각하나? 무엇 때문에 지난 한 달 동안 이놈과 함께 지냈다고 생각하나?"

"돈을 끌어내기 위해서겠지."

누군가가 소리쳤다. 하지만 호용이는 방해하는 말을 무시하며 계속 말했다.

"저놈은 온갖 거짓말을 다 했소. 저놈은 자기 나라에는 우리나라 말보다 세 배나 큰 말이 있다고 했소. 또 철길을 달리는 불기계가 있다고 했소. 이 불기계는 우리 조선에서 최고로 빠른 당나귀보다 더 빨리 달리고 한 번에 오백 명을 나른다고 했소. 어느 날 밤 저놈은 지구가 둥글다고 말했소."

호용이는 적절한 효과를 주기 위해 이곳에서 말을 잠시 멈추었다. 그러자 누군가가 말했다.

"아, 그건 쉽소. 공처럼 둥글다는 것을 아는 건. 볼 수 있는 한 멀리 앞을 내다보시오. 지구는 둥글어."

"아니오. 공처럼 둥글다는 것이오. 태양은 정지해 있고 지구가 매일 밤낮으로 태양 주위를 한 번씩 돈다고 하오. 저놈은 우리가 그것을 믿을 정도로 어리석다고 생각하오. 우리가 다른 쪽에서 거꾸로 서면 떨어질 것이라는 것은 삼척동자도 다 아는 사실이요."

호용이가 매우 못마땅하다는 듯이 답했다. 사람들은 모두 한바탕 웃었다. 그러자 호용이는 계속 말했다.

"저놈은 해가 되지 않소. 우리말을 거의 모르기 때문에 사람들은 저놈을 계속 놀리오. 이건 정말 재미있소. 예수교인이 된 한 놈이 저놈과 함께 있소. 그놈은 먼 시골에서 태어났고 일자무식이오. 그놈의 손은 개 발톱처럼 거칠지. 그놈은 몇 년 동안 한양에서 살았소. 원하는 돈을 짜낼 기회가 왔다는 생각에 그놈은 종교를 바꾸었다는 생각이 드오. 어쨌든 그놈은 뻔뻔한

놈이오. 집으로 그놈을 초대해서 술을 주었소. 그러나 종교를 구실로 그놈은 내 집에 모욕을 주었고 술 마시기를 거절함으로써 예절의 첫 번째 규칙을 어겼소. 그놈은 항상 만나는 사람마다 예수교인이 되라고 설득했소. 그놈이 얼마나 많은 사람을 예수교인으로 만들었는지는 모르겠소. 그놈에게 나는 돈을 함께 나눈다면 그 교리를 따를 사람들을 모아주겠다고 제안했소. 그러자 그놈은 자기는 그런 것을 바라지 않는다고 했소. 분명히 혼자 모두 가지려는 것이오."

호용이는 말을 잠시 멈춰 감동을 주려는 듯 둘러싼 무리들을 바라보며 말했다.

"여기 저놈들의 존재에는 무언가 무시무시한 것이 있소. 저놈들 모두 내면에는 교활한 마법이 있소."

그는 목소리를 낮추며 계속했다.

"한양에서 서양 의사 놈들이 검은 마법을 실행하기 위해 아이들을 잡아 큰 솥에 넣어 끓여 약으로 만들었다고 보고되었소. 난 저놈들을 계속 주시해 보고 있소. 멀지 않아 저놈들의 계획이 드러날 것이오. 그러면 여러분들은 내게서 그 이야기를 듣게 될 것이오."

호용이와 무희가 물러나며 자기들이 마치 특권층 사람인 것처럼 거만하게 문을 닫았다. 우리 모두는 입을 벌린 채 서서 그들을 바라보았다. 무리는 흩어져서 집으로 갔다. 호용이의 마지막 말이 강한 인상을 주었음이 분명했다.

며칠 뒤 소문이 마을 전체에 퍼졌다. 이 소문은 절벽에 반향된 목소리처럼 왜곡되고 과장되어 되돌아왔다. 나는 호용이의 사악한 얼굴을 기억하곤 판단을 철회했다. 관찰사가 그 외국인을 도시에서 추방할 방법을 고려하고 있다는 소문이 돌았다. 며칠 동안 동식이를 보지 못했으므로 이 문제에 대해 말할 기회도 없었다. 빽빽한 사업 일정으로 동식이는 그것에만 주의를 기울여야 했기 때문이었다. 동식이는 빚을 받아야 할 몇 사람의 명단을 관찰사에게 넘겼고 이들은 모두 체포되었다. 투옥된 사람의 부인, 아들, 형제가 대문에서 석방을 위해 탄원했다. 동식이는 지금 날짜가 지난 빚을 갚으라고 요구했으며 이를 갚지 않으면 도움을 받을 수 없다고 말했다.

그들은 "우리는 빚만 갚아야 하는 게 아닙니다. 앞으로도 계속 관찰사와 아전들에게 수탈당할 겁니다"라고 말했다. 동식이는 빚만 갚으면 아전들과 그들의 앞잡이에게서 부당한 처사를 받지 않도록 하겠다고 약속했다. 이런 약속을 받자 빚진 돈은 놀랄 정도로 빨리 걷혔다.

제7장

신부를 찾아서

 서양 사람을 처음 만난 지 3일이 지난 오후, 동식이는 내게 함께 걷자고 했다.

 "강을 건너가 오늘 밤 도착하기로 한 결혼식 행렬을 보았으면 하네. 이 일행이 묵을 숙소를 잡기 위해 먼저 여기에 온 사람을 지금 막 만났는데 며칠 이곳에 머물 것이라고 하네."

 나는 새로운 구경거리를 갖게 되어 기뻤지만 그러면서도 동식이가 이 일에 왜 그렇게 지대한 관심을 가지는지 궁금했다. 승객이 가득 찬 배에 올라타자 나는 그 일행이 어디서 출항했는지 물었고, 마침내 그는 답했다.

"공주!"

"공주?"

나는 말을 더듬거렸다. 그는 고개를 끄덕였고 배의 바닥에 앉아 느긋하게 물결을 바라보았다. 공주는 내 미래 신부의 고향이었다. 그때야 나는 그날 밤 도시로 오는 일행이 결혼식 행렬이 아니라 정해진 결혼식 날에 내가 데리러 갈 때까지 어머니와 함께 살려고 북쪽 지방으로 오는 미래의 신부라는 것을 알았다.

일행이 곧 나타났다. 가마가 세 개 있었고 각 가마는 남쪽 지방 출신의 건장한 네 남자가 메고 있었다. 그들은 다리 부분은 접어 올리고 허리를 꽉 맨 헐렁한 바지를 입었다. 남자들의 등은 햇볕에 그을려 진한 갈색이었다. 이들은 모두 먼지투성이였고, 구백 리를 여행하느라 매우 지쳐 있었다. 가마는 문이 닫혀 있어 어느 가마에 내 미래의 신부가 탔는지 알 수 없었다. 상자와 짐을 실은 당나귀, 걷고 있는 남자의 긴 무리가 가마 뒤를 따랐다. 일행이 지나가자 우리는 평양으로 향하는 다른 여행객들과 함께 그 뒤를 따라 강을 건넜다.

철통 같은 우리 조선의 법규에 반항하여 그 소녀를 만나고 싶은 강한 욕구가 일었지만 관두었다. 처녀가 정말 기형인지 알 수 있는 유일한 기회는(나는 그녀가 기형이라 믿었다) 여자들이 머무는 지역으로 몰래 숨어 들어가 들키지 않고 그녀를 엿보는 것이었다. 이런 행동이 발각되면 나는 술주정뱅이로 취급될 것이고, 사태가 더 악화될 경우 그 처녀와 가족에게 내 신원이 밝혀질 것이다. 동식이는 이 일을 잘할 수 있으리라 생각했다. 언제나 도와주듯이 그는 일행이 이틀 동안 머물 숙소를 철저히 조사하는 임무를 맡았다. 그날 밤 그는 그녀를 보았고 그 다음 날 내가 그녀를 볼 수 있다는 정보를 갖고 돌아왔다. 그녀의 외모에 대해 묻자 모든 질문에 그는 "두고 보게나"라고 답하기만 했다.

다음 날 늦은 저녁, 그는 나를 큰길로 안내했고, 도시 중앙에 도착할 때까지 골목길을 따라 한동안 걸어갔다. 썩은 도랑과 욕지기나는 웅덩이를 지났고, 큰 소리로 싸우고 있는 주막을 지났으며, 밤에는 단단히 문단속을 하는 줄지은 가게들과 여성들 숙소 건물 사이로 비치는 반짝거리는 불빛을 지났다. 마침내 우리는 어둠 속에서 어렴풋이 보이는 가옥에 도달했다. 이 가옥은 어둠 속에서 다른 가옥에 비해 이상하게 컸다. 그 가옥은 거리의 모퉁이에 있었는데 뒤에 골목길 하나가 있었다. 지붕은 기와로 덮여 있었고 이웃 가옥들보다 땅 위에서 높이 솟아 있었다. 나는 동식이에게 말했다.

"너무 늦었네. 사람들이 모두 들어갔어."

"기다려 보게. 자네가 저들을 불러낼 예정이라면 난 돌아가겠네."

동식이는 조심스러운 목소리로 말했다. 나는 그의 말뜻을 이해하고 입을 닫았다. 그는 나를 안내해 모퉁이 옆길로 데려갔다. 그런 후 우리는 큰길을 따라 내려가 주막의 한쪽 편, 오른쪽 귀퉁이에 도착했다. 몇 자 떨어진 지점에서 불빛이 창호지 문과 창문을 통해 밝게 비쳤다. 마지막 문을 지나려 할 때 동식이는 나를 잡아 삐죽이 위로 나온 지붕의 깊은 그림자 안으로 이끌었다. 그가 나를 꽉 잡자 나도 모르게 "아!" 하고 소리쳤다. 그러자 곧바로 문이 열렸고 한 남자가 걸어나왔다. 그 남자는 정면으로 우리를 바라보았지만 눈이 어둠에 익숙하지 않아 우리를 알아보지 못했다. 그는 길 위아래와 하늘을 바라보았다. 바람이 불어 방 안에 있는 불빛이 꺼지려하자 그는 돌아서서 문을 닫았다. 담배 연기가 길로 피어올라왔는데, 이는 많은 무리가 있음을 의미했다.

서 있던 지점에서 움직이려 했지만 동식이는 더 이상 가지 않았다. 다시 한 번 가려 했지만 그는 조용히 서 있었다. 그때야 나는 깨달았다.

"가세. 자네가 팔을 잡아 당겨도 소리 내지 않겠네. 정말이야. 조용히 할게."

나는 미약하게 그를 끌었다. 그러자 동식이는 주막 뒤쪽에 있는 길로 나를 안내했다. 담이 마당을 둘러쌌는데 이 담은 일곱 자 높이의 기둥에 묶여 있는 거친 가마니로 만들어졌다. 담 가운데로 나를 데려간 동식이는 기둥 하나에 묶인 밧줄을 더듬기 시작했다. 곧바로 그는 가마니를 제쳤고 우리는 선 자리에서 넓은 마당을 들여다볼 수 있었다. 우리 반대편에는 주막의 날개 부분이 있었고 이곳은 가마니 벽 하나로 우리와 접해 있었다. 불빛이 수십 개의 창문과 창호지 문을 통해 스며 나왔다. 우리는 멈춰 서서 물레 돌아가는 소리와 베틀의 소리를 들었다. 그곳은 여자들이 거처하는 곳이었다. 나는 그를 따라 울타리 사이로 들어갔다. 심장이 크게 뛰었다. 어느 순간에 이 수십 개의 창문과 문 중 하나에서 누군가가 걸어나올 수도 있었다.

동식이는 기둥에 묶은 가마니 전체를 흔들어 느슨하게 만들어 꼭대기에 살짝 묶었다. 외관상 탄탄한 담인 것 같지만, 손으로 살짝 치면 그 가마니가 열리도록 했다. 나는 그의 행동을 자세히 보면서 이 모든 것을 준비하기 위해 전날 밤 그가 분명히 많은 애를 썼다는 사실에 놀랐다. 우리는 창문으로 기어 올라갔고 그는 큰 격자창을 덮은 창호지를 부드럽게 문지르기 시작했다. 곧바로 눈으로 들여다볼 수 있을 정도의 구멍이 생겼다. 그러고는 그가 나에게 속삭였다.

"봐."

"아무것도 없어."

"무엇이 보이는가?"

"오른쪽 벽에 그림자."

그는 잠시 동안 골똘히 생각하며 서 있었다. 그리고 왼쪽으로 움직여 옆 창문을 덮은 창호지에 구멍을 내기 시작했다. 안을 들여다본 후 그는 내게 손짓했다. 나는 구멍에 눈을 대었다. 처음에 나는 촛불 옆 바닥에 앉아 있는 여성의 윤곽만을 볼 수 있었다. 그녀는 몸을 숙이고 발아래 있는 옷을 열심히 접고 있었다. 그녀가 불빛 쪽으로 얼굴을 돌릴 때까지 나는 바라보고 있었다. 얼굴을 돌리는 순간 불빛이 확 올라 그녀의 얼굴이 보였다. 그 얼굴에서는 지성의 흔적이 보이지 않았다. 또 처음에 내가 보았던 숙인 자세는 기형적 몸으로 인한 인상이었다. 그녀는 곧바로 일어나 불 옆으로 갔다. 그녀는 작고 못생긴 곱추였다.

그가 소매를 잡아당기자마자 나는 발의 균형을 잃었다. 결국 나는 뒤로 넘어지며 돌을 찼다. 이 돌은 약간의 경사지를 따라 굴러 수백 번 반향 소리를 냈다. 갑자기 반대쪽 가옥의 문이 활짝 열리더니 우리 앞마당에 엄청난 수의 불빛이 비쳤다. 갓도 쓰지 않고, 웃옷도 입지 않고, 신발도 신지 않은 한 남자가 마당으로 뛰어나와 소리를 지르며 나를 향해 튀어 올랐다. 동식이는 쉰 목소리로 내게 도망가라고 외치며 나를 담의 구멍 쪽으로 밀었다. 우리는 달렸다. 그러나 나는 구멍이 약간 오른쪽이라 생각하며 구멍의 위치를 찾지 못하자 이를 본 동식이는 내 옆으로 튀어 올라 자신을 따르라고 소리쳤다. 그러나 몸을 돌리기 전에 추격자가 미친 사람처럼 소리치며 우리 사이에 끼어들었다.

"도둑이야! 강도야! 살인 강도야! 도와주시오!"

이미 집 안에 있던 사람들이 모두 마당으로 나왔다. 문이 모두 열렸고 우리가 있는 쪽 집은 대낮처럼 불이 환했다. 그러나 반대쪽은 여전히 깊은 어둠 속에 있었다. 나는 어두운 쪽으로 달려갔고 집의 모퉁이를 돌았다. 누군가가 내 뒤를 바짝 쫓고 있었지만 밤눈이 어두워 잠시 나를 놓쳤다. 곧바로 나는 담 쪽으로 달려갔다. 담 위를 잡으려 했지만 실패하여 가마니 속 구멍에 손이 빠졌다. 곧바로 추격자가 나를 공격했다. 그는 내 다리를 잡고 도와달라며 사람들을 불렀다. 절망스러운 공포에 싸여 나는 가마니에 매달렸다. 그가 내 몸을 세게 비틀었다. 마당에 얼굴을 박고 잡히기 일보 직전이었다. 바로 그 순간 누군가가 밖에서 내 손목을 잡았다. 동식이였다. 그는 칼로 가마니를 자르고 나를 세게 잡아당겼다. 내가 구멍에서 반쯤 나오자 나를 공격했던 그 얼굴도 따라나왔다. 그러자 세게 치는 소리가 났고 그는 나를 풀어주었다.

급히 일어나 아무 말도 않고 달렸다. 골목 아래쪽으로 갓도 쓰지 않고 짚신도 신지 않은 채 헐떡거리고 기진맥진하여 도랑 쪽으로 갔다. 저편 큰길로 나가기 전 우리는 멈추어서 뒤를 보았다. 불빛이 여기저기서 깜박거렸으며 바로 가까운 곳에서 외치는 소리와 부르는 소리로 대소동이 일어났다. 늦은 시각이었기에 우리를 지나치는 사람은 한 명도 없었다. 그래서 우리는 살금살금 큰길을 건너 다른 골목길로 들어섰다. 이때 우리는 주막 문에 매단 등불 밑을 지나가게 되었다. 여기서 우리는 잠깐 멈췄고 동식이는 나를 이리저리 살펴보았다.

"짚신, 버선, 갓은 어쨌나? 옷은 어디에서 찢겼나?"

나는 너무 지치고 아파서 대답할 수 없었다. 우리는 계속 걸었다. 발이 찢어져 피가 나는 것을 알았지만 불평하기에는 우리가 도망친 것이 너무나 감사했다. 주막에 도착하자 동식이가 먼저 인기척이 있는지 알아보았다. 아무도 없음을 확인하고 나를 데리러 왔다.

마당에 들어가자 약한 기침소리로 누군가가 인기척을 냈다. 구렁이 같은 호용이의 얼굴이 우리를 훑어보고 있었다. 그는 나의 흐트러진 머리에서 피 흘리는 맨발까지 내려보았다. 동식이는 품위 있게 그에게 인사했다. 상냥하지만 느끼한 목소리로 호용이는 지나가는 길에 불빛을 보고 안을 들여다보았다고 말했다.

동식이는 방문을 그대로 열어 두었는데 이 방문 빛이 우리가 서 있던 주막 입구를 환하게 비추었다. 동식이가 나와 방문객 사이로 걸어왔기에 나는 급하게 방으로 들어갔다. 그는 침착하고 점잖게 호용이를 다시 만나 기쁘고 가솔들이 잘 지내기를 바란다고 말했다. 호용이는 호기심이 발동하여 분명히 내게 무슨 일이 있는지 알고 싶어 했지만 동식이의 품위 있지만 냉정하고 예의 바른 태도 때문에 그는 한마디도 못하고 입을 다물었다. 결국 그는 일상적인 인사를 하며 갔다. 그러다가 문밖에 잠시 멈춰서 말했다.

"그 서양 악마 놈의 하인을 잡아 감옥에 구금했다는 사실에 관심이 있으시지요? 그는 새로운 신앙의 대가로 머리를 내놓아야 할 거요. 그 서양 놈의 목도 어깨에 안전하게 붙어 있지 못할 것이오. 여하간 곤장이 오늘 밤 그 예수교 놈을 뜨겁게 해줄 것이오."

"그러하오?"

동식이는 관심 없다는 듯이 물었다. 그러고 나서 호용이는 그림자처럼 어둠 속으로 사라졌다.

다음 날 새 짚신과 갓, 깨끗한 윗도리를 입자 보다 우위의 관계를 갖게 된 것 같았다. 전날 밤 도시의 다른 지역 한 주막에 큰 강도가 들었다는 소식이 들렸다. 사람들이 도망가는 강도를 몇 차례 칼로 찔렀다고 했다. 그들은 큰길을 따라 멀리까지 핏자국을 남겼다고 하며, 적어도 이십 명은 된다고도 했다. 그 일은 일부 동학(東學)[1] 무리들이 한 짓이라고도 했다. 전날 공주에서 온 일행 중 한 사람이 거인처럼 크고 힘이 센 한 도둑과 사력을 다해 싸웠는데 그 싸움이 얼마나 격렬했는지 집 담이 거의 땅에 무너졌다고도 했다.

---

[1] 문자 그대로는 '동쪽의 가르침'이라는 뜻이다. 이 단체는 중국의 의화단 운동과 유사하다.

제8장

서양에서 온 귀신

사람들에게 주막 강도 소식보다 더 중요한 소식이 있었다. 관찰사가 서양인의 하인과 추종자를 잡아 투옥시킨 것이다. 관찰사가 기독교인들을 처형시키기 전 한양에서 지시를 기다리고 있다는 말이 들렸다. 귀신들이 부적 붙인 나무와 집에서 풀려나 따뜻한 여름밤의 박쥐처럼 쏟아져 하늘을 덮고 사람들의 머릿속을 가득 채운 것처럼, 사람들은 목숨이 걸린 문제에 대해 균형감을 상실했다. 폭력에 대한 욕구가 곳곳에서 분출되었다.

"서양 놈을 죽여라!"

사람들이 외쳤다. 그러자 여인들이 울부짖으며 말했다.

"우리 아이들은 우리 팔 안에서도 안전하지 못해요. 아이들이 그놈의 목에 가는 팔을 두르고 눈을 들여다보며 웃고 기뻐하는 게 보여요. 큰 두꺼비처럼 도시 위에 웅크리고 앉아 약으로 아이들에게 마법을 걸어 게걸스럽게 그 피로 배를 채운 후 그 눈으로 약그릇을 채우면, 우린 어떻게 해야 하나요?"

여인들의 병적 흥분을 보니 아버지가 가끔 말해주었던, 광란이 한양을 휩쓸었던 시절의 일이 생각났다. 이 시절 길가에 있던 아이들이 알 수 없는 마법에 걸려 자신들을 살해할 사람들을 따라갔다고 한다. 광증이 휩쓸어 자신의 아이들을 데리고 가던 아버지조차 사로잡혀 맞아 죽게 되었다. 붙잡힌 자들은 무죄를 외치며 아이들에게 자신들의 신분을 확인시켜달라고 사정했다. 아이가 아버지의 목숨을 살려달라고 애원하자, 사람들은 "봐, 저놈이 아이에게 마법을 걸어 정말 자신의 아버지라 믿게 만들었어"라고 말했다. 수많은 피를 흘린 후 이런 광란의 지배는 임금의 어명을 받은 군대가 나설 때야 비로소 진정되었다. 평온을 찾자 사람들은 왜 자신들이 광기에 사로잡혔는지 의아해했다. 이후 나는 다른 나라의 도시도 그런 순간적 광기로 사로잡힌 적이 있으며, 특히 프랑스 전체가 광란의 도가니 안으로 들어간 적이 있다고 들었다.

나는 도시 성벽 위에 있는 외국 사람의 집을 방문했다. 전날 밤 돌로 맞아 지붕의 기와가 깨졌고 문은 경첩에서 어긋나 있었다. 여기저기 벽이 깨졌고 폭력의 흔적이 곳곳에서 보였다.

이 일이 일어나기 몇 년 전, 전국에 전신이 개통되었다.[1] 커다란 전봇대는 거대한 변화를 가져오기 위해 땅 위를 성큼성큼 걷는, 외부 세상에서 온 괴물 같았다. 사람들은 변화를 직시했고 느꼈으며 의아해했다.

내가 그곳에 도착했을 때 서양 사람은 바로 막 전보국에서 돌아오는 길이었다. 사람들이 그 주변에 모여들었다. 그러나 처음 그를 보았을 때 들었던 호기심 어린 질문보다는 음침한 침묵이 주변을 뒤덮었다. 가끔 욕설만이 들렸다.

호용이는 감옥에서 뇌물을 확실히 받으리라 예상하며 매질을 감독하며 시간을 보내면서도 틈만 나면 외국 사람의 집에 가서 그에게 아첨을 부리며 친구인 척하며 지내고 있다는 사실을 알게 되었다. 나는 감옥으로 갔다. 대문이 열려 있어 다른 사람들과 함께 들어갔다. 문 옆에 한 남자가 등을 대고 누워 있었다. 그의 양 발은 벽에 높이 달린 차꼬[2]에 매달려 있어 몸이 땅

---

[1] 조선에서는 청나라에 의해 1885년 9월 28일 한성전보총국이 문을 열었고, 10월 3일 경인(京仁)간 전신 업무가 시작되었으며, 이어서 평양을 거치고 의주에 이르는 서로전선(西路電線)이 건설되어, 11월 24일부터는 중국을 통한 국제전신업무가 시작되었다. 서울과 부산을 잇는 남로전선(南路電線)이 준공되어서, 1887년 7월 9일 조선전보총국이 개국되었다.

[2] 커다란 두 개의 토막 나무를 맞대어 거기에 구멍을 파서 죄인의 두 발목을 그 구멍에 넣고 자물쇠를 채우는 형벌 기구

에서 들려진 채 양 어깨로 몸무게를 지탱하고 있었다. 곧바로 호용이는 관찰사의 지령을 가져와 그를 치라고 명령했다. 그러나 만약 외국 사람과 관계를 끊는다면 자유를 주겠다고 약속했다. 나는 그 남자의 얼굴을 볼 수 없었다. 그러나 그는 고통으로 거의 죽어갔지만 분명한 목소리로 말했다.

"외국 사람이 사악한 일을 하지 않는다고 전에 말하지 않았소. 그의 종교는 순수하오. 나는 하나님을 믿고 그 외국 사람을 부정하지 않소."

감옥의 다른 방에서 비명이 들렸다. 그곳에서 기독교인들이 같은 방식으로 묶여 있다고 했다. 문 옆에 있는 남자의 발 위로 수없이 매를 내리쳤지만, 그는 신음 소리 한마디 내지 않았으며 오직 거칠게 숨 쉬는 소리만 냈다. 나는 마음이 아파 그곳에서 나왔다. 동식이가 아니었다면 외국인과 기독교인들을 배척하는 것이 옳다고 생각했을 것이다. 그러나 동식이 때문에 나는 마음속에서 잔인하게 억압하는 구질서에 대한 불만을 키우게 되었다.

죄인을 풀어주라는 어명이 임금에게서 하달되었다는 소문이 자꾸 돌았다. 나는 이런 명령을 이해할 수 없었다. 이런 명령은 우리나라 역사상 전례가 없는 것이었다. 그러자 다시 모든 기독교인과 외국인을 죽이라는 어명이 내려졌다는 소문이 떠돌았다.

동식이는 매우 심각하게 생각에 잠겼다. 그는 감옥에 가 관원들과 오랜 이야기를 나누었다. 그는 자신이 듣고 본 것에 대해 아무 말도 하지 않았다. 그는 때때로 나를 불안하게 만들 정도로 찬찬히 나를 바라보곤 했다. 나는 흥분한 어조로 기독교인들을 옹호한 적이 한 번 있었다. 물론 내가 그들에게 특별히 관심이 있었던 것은 아니었다. 단지 사람들이 시끌벅적하게 동조하는 것에 반기를 들기 원하는, 그런 심술궂은 순간의 발로였을 뿐이다. 그 때문에 나는 갓과 상투를 날려버릴 뻔했다. 그 순간 동식이는 부처의 심상을 지닌 사람처럼 깊이를 알 수 없는 얼굴을 하고는 내게 시선을 고정한 채 서 있었다.

어느 날 오후 모든 기독교인이 석방된다는 소식이 들렸다. 고집 때문에 고문 담당 관리를 화나게 만든, 이름이 김 씨인 사람만 예외였다. 굽힐 줄 모르는 새 신앙의 추종자에게 무자비한 학대가 집중되었다. 그는 관찰사에게 끌려가 종교를 버리지 않으면 사형될 것이라는 말을 들었다.

"어떻게 그럴 수가 있어?"

나는 관찰사를 자주 방문하는 동식이가 무엇인가를 알고 있다고 믿으며 그에게 물었다. 그는 담배 연기만 뻑뻑 내뿜고 있었으므로 나는 그가 대답할 의도가 없다고 확신했다. 그 순간 그가 말했다.

"김 씨라 불리는 기독교인이 오후 늦게 관찰사 앞에 끌려가 종교를 버리라고 명령받았지. 말을 듣지 않으면 그는 죽게 될 거야. 한양에 있는 외국 공사들의 항의로 임금님이 그를 풀어주라는 어명을 내렸다는 것도 사실이야. 그러나 힘 있는 대신들이 모든 기독교인을 소탕할 구실을 찾고 있다고 알려졌네. 임금님 역시 이 일을 바라지만 외국인과의 분규를 두려워하고 있지. 그래서 공개적으로 김 씨에게 종교를 버리라고 명하지만 그가 거절하면 구렁이 같은 호용이가 뒷일을 알아서 다 처리할 계획을 세우셨지. 물론 관아 밖에서 일어나는 일은 사고로 처리될 거야. 이 정의의 신사적 대리인[3]에게 떨어질 그 사람을 신께서 동정해주시기를! 오늘 아침 호용이가 자신과 동조하는 사람들 사이를 돌아다니며 새로운 종교를 가진 사람들에 반대하라고 그들을 선동하고 다니는 것을 보았네. 그는 '죽여! 눈에 보이는 대로 예수교 놈들을 죽여. 제일 먼저 때리는 자가 임금님의 상을 받을 것이야'라고 말했네. 자네는 신부를 먼저 보려 하고 또 힘 없는 주막 주인의 강도가 될 정도로 용기를 지녔기에 그의 악마 같은 일을 직시할 용기를 가졌을지도 모르겠네. 희생자는 단 한 명이니 폭도는 단숨에 그 일을 처리할 것이

---

3 비꼬는 말. 실제적으로 호용이는 정의의 대리인도 아니며 더구나 신사적 사람도 아님.

야. 유혈 행동은 항상 우리 국민이 가장 좋아하는 오락이지. 사악한 죄악을 단순한 정의의 행동으로 만들며 또 대단히 칭찬받을 만한 행동으로 만들 정도로 희생자를 괴롭히는 사람들이 수적으로 우세하면 말이야."

그는 잠시 생각하는 듯 하더니 말을 덧붙였다.

"기독교인들이 지닌 용기와 죽음을 두려워하지 않는 점은 분명히 매우 놀라운 일이네. 그 점은 명분을 가질 만한 가치가 있지. 그런 용기를 가진 사람을 열심히 찾을 때가 올 거야."

동식이는 의도하지 않았던 말을 한 것처럼 성급히 일어나서 문밖으로 걸어 나가다 돌아서며 말했다.

"관아의 서쪽에 있는 높은 언덕에 서 있으면 잘 보일 것이야. 난 일이 있어 제 시간에 오지 못할 것이네. 편히 쉬게나."

그는 이렇게 큰 소리로 말한 후 주막 문을 나가 사라졌다. 나는 관아의 담이 내려다보인다고 말했던 장소로 즉시 떠났다. 그곳은 휴일 분위기였다. 검은 성벽을 배경으로 흰 옷을 입은 사람들이 무리지어 모여 있었다. 이 무리 사이에 때로는 붉은색, 초록색과 노란색이 태양 아래에서 번쩍거리며 특별히 아름다운 장면을 연출했다. 이런 장면은 세상의 어느 곳에서도 볼 수 없는 것이었다. 곧바로 나는 동식이가 말했던 장소를 찾아 그곳에서 기다렸다. 많은 사람이 관아 주변에 몰려들어 성문 쪽 거리 양옆으로 뻗어 서 있었다. 이들은 조용히 뭔가를 갈망했다. 그러나 무언가 느린 움직임이 있었다. 댐이 막은 물줄기가 그러하듯이 군집된 무리는 조용히 있지 않으려는 듯 원을 지어 소용돌이쳤다. 조용했지만 힘이 있었으며 언제든지 장벽을 부수고 파괴할 준비가 되어 있었다. 웃통을 벗고 갓을 쓰지 않은 사람들이 손에 든 장대와 몽둥이가 관아의 문 근처 사람들 머리 위로 보이자 이 침묵은 더욱 불길해졌다.

일반적으로 조선 사람이 공격을 가하는 데는 시간이 어느 정도 필요하다. 그러나 일단 때리기 시작하면 미친 황소처럼 맹목적이다. 사전에 신중히 폭력을 계획한 군중도 변덕을 부릴 수 있다. 그들은 무겁게 천천히 움직인다. 희생 대상자에게 달아날 정도의 힘이 있다면 군중은 그의 안전핀이 될 것이라 생각했다.

자꾸 지연되자 나는 지겨워져 관아의 문에 보다 가까이 가려고 언덕을 내려가기 시작했다. 나는 가끔 멈춰 서 관아에서 나오는 소름 끼치는 비명을 들었다. 누군가가 고문을 받고 있었고, 관찰사의 앞잡이들이 마귀처럼 악을 쓰고 있었다. 나는 좁은 길의 한적한 지점에 도달했다. 여기는 서로 밀치면서 뭔가를 갈망하는 얼굴이 보였다. 이때 내가 서 있는 곳에서 좁은 길 끝까지 사람들이 움직이기 시작했다.

갑자기 또 다른 소란이 일어났다. 한 사람이 군중 앞 거리로 뛰어들었다. 맨발에 머리는 풀어헤쳤으며, 머리의 상처에서 얼굴 위로 피가 흐르고 있었다. 거리를 따라 내 쪽으로 돌진해 와 바로 내 옆을 지나쳤으므로 나는 그의 모습을 잘 볼 수 있었다. 그는 약간 왼쪽으로 돌아 성벽 쪽 거리로 가려 했으나 집과 마당이 잔뜩 얽혀 있는 거리로 들어가게 되었다. 이런 거리는 부주의한 타 지방 사람들에게는 덫이나 다름없었다. 그는 빨랐지만 군중의 추격을 받으면 잡힐 운명이었다. 거리로 불쑥 튀어나온 한 집이 추적자들 시야에서 그를 숨겨주었다.

사람들에게는 이상한 충동이 있다. 한 사람이 목숨을 다해 도망가면 이를 목격한 사람들은 함께 달려가 그를 잡을 때까지 쫓아간다. 이는 쫓기는 사람이 폭행을 당하거나 죽을 만하다는 것이 아니라 우리 가슴속에는 피를 보면 흥분하는 본능이 있기 때문이다. 벼슬아치의 탄압을 너무 심하게 받은 사람들은 때릴 기회가 오면 죄의 유무에 상관하지 않고 무조건 공격을 가할지도 모른다.

도망자의 얼굴을 본 순간 그가 최근에 자주 들었던 그 사람임을 알아보았다. 폭도의 선두가 내게 달려와 그 사람이 간 곳을 물었다. 그러자 나는 다른 길을 가르쳐주었다.

"저쪽이오."

짧고 좁은 거리를 가리키며 말했다. 나는 급히 오른쪽으로 돌아 진흙길 골목으로 무턱대고 달려가는 무리를 보았다. 이들은 도망자를 잡으려고 서로를 밀치고 미끌어지며 도랑 안으로 들어갔다.

곧바로 폭도의 지휘자인 호용이가 누군가를 죽일 기회에 굶주려 하는, 헐떡거리는 추종자를 데리고 돌아왔다. 무리가 다가오자 지휘자는 내 머리 너머로 언덕 사면을 힐끗 보더니 "아하!" 하며 분노와 실망을 표시했다. 눈을 들어 보니 도망자는 추적의 길을 벗어나 성벽의 바위 사이로 높이 올라갔다.

호용이는 발자국, 나 그리고 도망자를 쳐다보았다. 그의 눈은 분노로 이글거렸다. 그는 목소리가 쉬어 처음에는 말을 잘 하지 못하다가 내게 얼굴을 들이대곤 소리쳤다.

"네놈! 네놈이 그랬군. 네놈이 마당 울타리 구멍으로 서양 놈의 귀신을 도망가게 했지? 우리를 저쪽 거리로 헤매게도 만들고 말야. 네놈 머리도 그놈 머리만큼이나 쉽게 부숴질 거야. 여보게!'

그는 가까이 있는 폭도들에게 외쳤다.

"여기 이놈을 족치자."

"그만 두게!"

내 뒤에서 한 목소리가 외쳤다. 나는 그 목소리를 알아보았다. 동식이가 내 옆에 있었다.

"호용이, 그곳에서 무엇을 하나? 지금 누구를 위협하는지 알고 있나?"

폭도는 피하는 적을 공격하려는 뱀처럼 몸체를 움직였다. 그들은 "예수쟁이를 죽여라!" 하고 소리쳤다. 폭도들이 도망자와 우리를 같은 무리로 취급하자 호용이의 얼굴에는 사악한 표정이 떠올랐다. 그러나 동식이는 쇠약한 희생자가 아니었고, 명령하는 사람이었다. 그는 손을 흔들며 외쳤다.

"어명이오! 예수쟁이를 살려 두라는 임금님의 어명이오!"

마법의 명칭인 '임금님'이라는 소리에 웅성거림은 멈추었고 폭도들은 기다렸다. 순간 호용이는 외쳤다.

"도승지의 아들이 국법으로 정당하게 판결받은 죄인을 도망치게 도울 권리가 있다고 생각하오?"

"재판에 대해서는 자네가 더 잘 알지 않소? 임금님께서 그 사람을 풀어주라고 이미 어명을 내렸소. 외국 외교관들이 청하여 한양에서 이 명령을 전신으로 보내지 않았소? 이 사람이 저 악을 쓰는 무리를 거리 아래쪽으로 보내 자네의 가치 없는 머리를 구해주었다는 것을 아마도 모르는 것 같소. 더구나 이 일과 관련해 내가 자네에 대해 아는 것을 보고하면 자네에게 득이 되는 것은 아닐텐데. 관찰사를 부추겨 저 남자를 감옥에 보낸 것이 누구였소? 저 남자를 풀어주라고 반복해서 요구하는 외국 외교관 눈앞에서 임금님의 체면을 잃게 만든 것이 누구였소? 임금님이 관찰사와 판관을 손보려 할 때 그 사람들이 자네를 돌봐줄 것이라 생각하오?"

호용이는 동료 무리가 동식이의 책망을 듣지 못하게 하려고 그들을 향해 돌아섰다. 그래서 이 마지막 말은 호용이의 등 뒤로 퍼졌다. 그는 몇 걸음 가다가 갑자기 돌아서서 모든 사람이 들을 수 있게 큰 소리로 말했다.

"그래, 도승지의 아들은 남의 집에 침입해서 젊은 여성들을 잡아가고, 돈 상자를 여는 데 명수지. 내게도 재미난 이야기가 있어."

이렇게 화풀이를 한 후 그는 슬금슬금 도망갔고, 열이 식어버린 듯 보이는 무리는 갈라져 그를 지나가게 했다. 동식이와 나는 군중을 헤치고 큰 성문을 나가 강가로 갔다. 우리는 강둑으로 걸어 올라가 물가의 바위에 앉았다. 한 사람의 생명을 거의 뺏을 뻔 했고 동시에 내 생명까지 위협했던 그 숨 막히는 일이 일어난 후 우리는 한마디 말도 하지 않았다. 그저 강에서 이리저리 떠다니는 배를 보며 잠시 앉아 있었고, 물가를 따라 빨래하는 여인들의 소리를 들었다. 갑자기 동식이가 돌아서서 물었다.

"그들과 함께하려는 것인가?"

"그들과 함께? 나는 그들을 전혀 모르는데."

동식이는 잠시 동안 나를 뚫어지게 쳐다보더니 "알았네"라고 말했다. 나는 그의 눈에서 뿜어나는 이상한 빛을 바라보고 놀랐다. 그 빛을 보니 바람의 숨결을 기다리며 파괴를 한껏 즐기려는, 연기 나는 불꽃이 생각났다. 나는 그의 시선에 주눅이 들어 물었다.

"무엇을 알았다는 건가?"

"자네는 오늘 시대를 열 사건을 목격했네. 그 예수쟁이를 도망가게 해준 것은 대단한 일이야. 그러나 난 자네가 그를 도와주지 않기를 반쯤은 바랐네. 그 사람이 잡혔더라면 이 사태에 새로운 질서가 도래했을지도 몰라."

내가 말하려 하자 동식이는 손으로 입을 막으며 계속했다.

"자네가 태어나기 전 아버지가 이곳에서 본 일을 말씀해주신 적이 있지. 그 당시에도 예수쟁이들이 있었네. 그들은 매우 불안하게 살고 있었지. 그들은 비밀단체처럼 외진 장소에서 모임을 가졌고 성직자는 대부분 조선 옷을 입은 유럽 사람이었네. 그들은 우리말을 너무나 완벽하게 습득해 우리 조선 사람과 구분할 수 없었지. 사람 수가 대단히 많은 지역에서 가끔 그들은 공개적으로 예배를 드린 적도 있었네. 그들이 자신의 권리를 금방이라도 주장할 것 같은 경우도 있었네. 그 종교는 외국에서 유래된 것이고 비밀모임을 했을 뿐 아니라, 빵을 뜯고 포도주를 마시는 특별한 종교 의식 때문에 사람들은 그 종교가 우리나라의 평화를 위협한다고 생각하게 되었지. 그들은 잔악한 행위를 한다고, 즉 어린아이들을 살해하여 그 살을 부정한 종교 의식에 쓴다고 소문이 났었어. 온 나라가 이런 불평 소리로 가득 차게 되었네. '우리나라에서 이 식인 괴물을 쫓아내자!'라고 외쳤지. 어느 날 바로 이 평양에서 호용이의 아버지가 박해의 용을 풀어놓았어. 어느 날 이른 아침 상여가 거리를 지나갔어. 여느 시간과는 다른 시간이었기 때문에 많은 구경꾼이 모였어. 상여에는 우리의 전통 장식이 전혀 없었어. 조상의 정신이 무시된 거야. 모든 면에서 상여는 공자와 부처를 강력히 부인했어. 곡도 외침도, 애도를 표현하는 춤도 없었지. 사람들은 격노했고, 수많은 저주와 욕으로 외침 소리가 커졌지. 누군가 상두꾼들에게 돌을 던졌고 갈팡질팡하며 밀치는 군중 위로 '식인종을 죽여라! 죽여라! 죽여라!'라고 크게 소리쳤어. 곧바로 거리는 아수라장이 되었어. 돌과 몽둥이 세례를 맞자 상두꾼들은 어쩔 수 없이 상여를 내려놓았어. 무리는 폭도로 변했지. 저들은 상여 주위에서 조용히 자리를 지키던 몇몇 예수쟁이들에게 달려가 그들을 모두 때려죽였어. 그런 후 뭉개진 시체들을 거리에서 질질 끌고 다니며 지금 우리가 앉아 있는 이 강가로 와 강물에 던졌지. 우리 조상들의 온갖 혼이 풀려나와 사람들을 격노시킨 것이야. 예수쟁이들이 숨어 있던 피난처와 비밀 장소가 수색되었어. 특히 빈곤층의 사람이 얼마나 많이 끌려 나왔는지 모르네. 그 당시 권력자였던 대원군이 그들을 소탕하라고 명했지.[4] 이런 광기는 온 땅으로 번져 나갔어. 학살은 광포해지고 무차별적이 되었네. 남녀노소 할 것 없이 모두가 물에 던져졌고, 목 매달렸으며, 사지가 잘리거나 맞아 죽었네. 결국 학살에 진력이 난 조선은 온화한 방법을 수용했지. 신앙을 포기했다고 생각되는 사람들에게 기회를 준 것이야. 그리고 대단히 놀라운 사실은 많은 사람이 종교를 버리지 않고 죽음을 택한 거야."

여기서 동식이는 잠시 말을 멈추고 고결한 표정을 지었다.

"아! 그들은 영웅이야!"

"뭐? 예수쟁이들이 옳다고?"

"그들의 믿음에 관해서는 전혀 몰라. 하지만 그들은 자신들의 신앙을 위해 고통을 택했고, 자신들의 삶보다는 교리에 가치를 더 둔 것이지. 조선의 많은 사람에게 이런 희생의 행동이 요청될 시기가 곧 올 것이야."

---

[4] 1866년 4월 신미양요를 지칭함

그는 갑자기 내 쪽으로 돌아서며 물었다.

"자네는 내빼는 사람이 될 것인가?"

갑작스러운 이 질문에 나는 목이 막혔다.

"난 오늘을 이 시대를 여는 날이라 말했네. 오늘 폭도를 선동했던 놈은 '식인종을 죽여라!'라고 외치며 수년 전 살육을 시작했던 사람의 아들이지. 그는 아직도 살아서 아들을 부추기고 있네. 그러나 오늘 우리 조선에서 과거의 일이 되풀이 될 수 없다는 사실이 입증되었네. 오늘 폭도가 예수쟁이를 죽였다면 임금님은 분명히 관찰사와 판관을 불러 그 일을 해명하라고 했을 거야. 피는 피를 부를 것이니 호용이는 무사하지 못했겠지."

"그 때문에 자네는 예수쟁이가 그냥 죽게 놔두려 했는가?"

내가 물었다. 그러자 동식이는 불안한 듯 어깨를 으쓱했다.

"구렁이 같은 자식에게는 관심이 없어. 그가 살아 있는 건 아무 문제가 안 돼. 하지만 예수쟁이가 죽었으면 이 일은 부메랑처럼 나라의 높은 자리에 있는 사람들을 골치 아프게 만들 것이야. 벼슬아치들의 전제 정부는 치명타를 입을 것이고 회복되기도 전에 영구적인 어떤 일이 발생할 것이야. 어제 감영[5]에 갔을 때 내가 뭘 봤다고 생각하나? 벼슬아치가 살 찌우는 방법은 놀랄 지경이야. 한 관찰사에게 43명의 아전이 달려 있어. 3명

---

5 조선시대 감사가 직무를 보던 관청

은 정청[6]의 일을 돕고 40명은 백성들을 착취하는 일을 하지. 십자가 형틀에 아랫도리만 걸친 남자를 묶어 놓고, 관찰사의 악마 같은 나장[7]이 손에 곤장 들고 서서 그를 내려다보고 있었지. 툇마루에는 관찰사가 앉아 있었네. 40명의 아전이 한 희생자 주위에 반원을 그리고 서 있었네. 그 무리에 가까이 가자 관찰사가 외쳤어. '내리 쳐라!' 그러자 40명의 아전이 피에 굶주린 악마처럼 소리쳤어. 곤장을 들은 나장 놈이 하늘로 솟자 그 고문 기구가 둔탁한 소리를 내며 떨어졌어. 매질이 계속되자 그 불쌍한 사람은 몸부림치며 몸을 뒤틀었지. 그는 미친 듯 자비를 외치며 자신을 묶은 오랏줄을 잡아 당겼네. '살려주십쇼! 제발 목숨만 살려주십쇼!' 그는 나이가 들어 흰머리였지만 정신이 혼미해지자 어린애 같은 말로 엄마를 불쌍하게 외쳤지. 드디어 낮은 신음 소리를 내며 몸을 부르르 떨고는 머리를 십자가 형틀 밖으로 떨어뜨렸어. 매질이 멈추었지. 저들이 그를 일으키자 붉은 피가 입술에서 떨어졌어. 제 정신을 찾았냐고? 물론이야. 기력을 되찾은 듯 보였어. 물론 그럴 것이야. 저들이 왜 그를 매질했는지 아나? 저들이 그를 매질한 이유는 이러하네. 그는 정말 불행하네. 여름날 힘들게 일해서 그는 겨울 내내 가

---

6   정무를 보는 관청
7   아전 중 경비, 순찰, 죄인 문초시 옥졸로서 역할하는 업무 군사

족들을 먹일 수 있는 양보다 더 많은 쌀 네 가마를 지었지. 관찰사가 이 쌀 네 가마를 내라고 하니 그가 거부한 거야. 이제 그는 쌀 네 가마를 낼 것이야. 저들이 그를 하도 쳐서 그는 저항할 힘이 없을 거야."

동식이는 괴로운 표정을 지으며 말을 이어갔다.

"자네는 백성이라 생각하나? 여기는 종의 나라야. 다른 나라 사람들의 집을 보았을 때 가난에 찌든 우리나라 사람들이 떠올라 부끄러워 얼굴이 뜨거워졌네. 우리는 처음 보이는 구멍에 파고들어 추위와 습기로부터 피하는 쥐나 다름없어. 우리의 집은 겨울의 서리와 바람이 모든 것을 휩쓸고 간 후의 버드나무 가지처럼 헐벗었어. 지위와 부를 누리는 몇을 제외하고는 천이백만 우리 민족의 집에는 가구 하나 장식 하나 없어. 오늘 밤 자리에 누워 아전이 그를 깨워 생계비를 달라고 요구하지 않을 것이라 생각하며 잠자리에 드는 사람은 이 나라에 없어. 바보 같은 놈들! 그놈들은 우리를 파멸시키고 짓밟으며 살찌고 있어. 자네의 아버지는 벼슬과 임금님의 총애 덕분에 영향력을 발휘하며 안전하게 살 수 있지. 자네는 아버지 때문에 안전하고, 나는 자네의 친구이기 때문에 안전해. 하지만 자네의 아버님이 돌아가시면 그분이 소유했던 모든 게 아침 이슬처럼 사라질 것이야. 한 달 안에 자네는 여우처럼 가난해질 거야. 자네가 십자가 형틀을 빗겨나갈 수 있을 것이라 생각하지 말게."

"모든 것을 잃으면 어떻게 살아가려나?"

그는 나의 가는 손과 잘 손질한 긴 손톱을 슬쩍 보며 물었다.

"공자는 우리에게 권력자를 존중하고 복종하라고 요구했네. 나는 그 성현이 곤장을 맞는다면 철학이 어떻게 변할지 궁금하네. 우리는 머리를 땅바닥에 조아리고 윗사람들에게 아첨하지. 그들은 우리를 때리면서 우리 가죽을 벗길 가치가 있는지 검사하고 있지. 우리는 그들이 우리가 아니라 우리의 소유를 사랑한다는 것을 알고 있지. 그들이 칼을 준비하는 동안 우리는 그들의 손을 핥네. 벼슬아치 계급은 바보라고 이전에 말했지? 만약 우리가 이런 참을 수 없는 불의와 잔인함에 복종한다면 바로 우리가 바보야."

제 9 장
대동강에서의 표류

"얼마라고 했소?"

"백 냥이오."

"백 냥?"

"그리 비싼 건 아닙니다. 닷새 동안 다섯 사람이 타니까요. 개인으로 치면 하루에 네 냥밖에 안 됩니다."

햇빛이 내 방으로 살포시 들어왔다. 동식이의 목소리가 들렸다. 동식이는 뱃사람 한 사람과 뱃삯을 흥정하고 있었다. 뱃사람의 목소리가 동식이가 제시한 가격이 적정하지 않다고 생각했음을 보여주었다.

문밖 너머 뱃사람을 흘낏 쳐다보았다. 그는 신을 신지 않은 채 맨발로 서 있었다. 바지는 무릎까지 돌돌 말아 접어 올렸으며, 모자를 쓴 것처럼 머리에 수건을 질끈 동여맸고, 긴 담뱃대를 입에 물고, 배를 탈지도 모르는 사람이 얼마나 낼 수 있는지 교활하게 계산하고 있었다. 그는 우리가 가격을 후하게 줄 수도 있다는 생각에 내심 만족한 듯 동식이에게 등을 반쯤 돌려 쭈그리고 앉아 있었다. 그는 우리가 그에게 관심이 있는지에 대해서는 전혀 상관하지 않았다. 그는 마치 담뱃대에게 이야기하는 것처럼 말했다.

"강에서 빌릴 수 있는 배는 오로지 내 배뿐입니다. 부른 가격을 내지 않으면 며칠 안에 목욕 물통 같은 배를 구할 것이오."

"일흔다섯 냥이오."

동식이는 단호하게 말했다.

"허, 가는 게 낫겠소."

그는 매우 조심스럽게 담뱃대에서 담뱃재를 털어냈다. 그러곤 일어나 하품을 한 후, 마치 허리띠를 잡아 벽에 오를 생각을 하는 것처럼 바지를 위로 꽉 끌어 올렸다. 그러고는 뒤도 안 돌아보고 건들건들 문을 지나 거리로 나갔다.

15분 뒤 우리는 주막 주인을 닦달하여 강가로 가 다른 뱃사람을 찾아보려 했다. 이때 나갔던 남자가 되돌아와 대문에 얼굴을 내밀고는 간결하게 "여든다섯 냥"이라 말했다. 하지만 동식이는 일흔 냥을 요구했다. 그러자 그 남자는 몸을 홱 돌리고 주막집 주인을 만나기 위해 서둘러 강으로 갔고, 주막집 주인이 "일흔다섯 냥"이라 말했다.

"잠시 후 배를 여기에 댈 것이오."

그는 곧바로 응했다. 배가 한 시간 안에 도착할 것이라는 약속과 다짐을 반복해서 받았음에도 불구하고, 우리는 다음 날 해가 뜬 후 북쪽으로 움직이게 된 것을 그나마 다행이라 생각하게 되었다.

급속하게 장마철이 다가왔다. 우리는 무사히 여행을 끝낼 수 있을지 걱정했다. 북서풍이 계속 불었기에 우리는 폭우를 피할 수 있다고 생각했다. 우리 일행은 평양으로 왔을 때와 같은 인원이었다. 지금처럼 하인들이 쓸모없어 보인 적은 없었다. 평양에 있는 동안 우리는 기생의 재주를 즐긴 적도 없고 또 지체 높은 사람을 대접한 적도 없었다. 평양은 특별한 사회적 평등을 누릴 수 있다는 점에서 매우 독특한 곳이었다.

성벽 밖에는 오래 전부터 사람이 살지 않는 옛 집터가 있었다. 집이 한 채도 없는 큰길이 근육이나 힘줄 없는 해골처럼 과거의 한순간을 직시하며 사방으로 뻗어 있었다. 여기저기에 작은 집이 모여 마을을 이루고 있는데, 마치 이를 드러내고 웃는 해골의 몇 개 남은 이처럼 군집해 있었다. 그곳에는 북쪽 지역의 양반 계층이 살고 있었으며 이들은 자신만의 영역을 이루고 살았다.

나는 배의 차양(遮陽)[1] 아래 앉아 한가하게 뱃사람들을 바라보고 있었다. 그들은 구릿빛 맨몸을 허리까지 드러낸 채 강가의 수초 사이로 배를 밀고 가고 있었다. 우리는 다른 선박의 선반들과 계속 부딪혔는데 이 선반 위에는 집의 구들을 따뜻하게 하기 위한 연료용 잡목을 높이 쌓아놓았다. 강물로 미끄러져 들어가자 노 젓는 사람이 제자리에 앉았다. 고향을 향한 여행이 시작된 것이다.

산들바람과 배의 유연한 움직임으로 태양 빛은 누그러져 우리에게 휴식을 제공했고, 감사하는 마음을 들게 했다. 그러나 점차 고통스러운 꿈의 기억처럼 주막 불빛 아래에서 본 내 미래의 곱추 신부의 모습이 마음을 짓눌렀다. 그것은 바보의 얼굴이었던가? 아니면 주막의 그림자가 그녀의 기형적 모습을 더 과장되게 보이게 했는가?

한 젊은이가 고통받는 신부를 찾는 전설이 생각난다. 신부를 처음 보았을 때 신랑의 눈에 그녀는 뛰어난 미모와 요정 같은 사랑스러움을 지닌 아가씨로 보였다. 그러나 후에 젊은이는 신

---

[1] 햇볕을 가리거나 비가 들이치는 것을 막기 위하여 덧붙이는 것

부에게서 놀랄 만한 변화를 알아보았다. 그녀의 얼굴에는 천사라기보다는 짐승 같은 뭔가가 있었다. 나중에 우연히 그는 강에서 목욕하는 신부를 보았는데 그녀는 더 이상 아름다운 아가씨가 아니라 끔찍한 모습의 용이었다. 내가 경험한 충격도 이런 특성을 지녔다. 나의 모든 본성이 그녀를 거부하였지만 부모에 대한 복종의 관습이 나를 쇠사슬로 묶어놓았다.

평양 선착장[2]을 떠난 지 한 시간 후 뱃사람들은 첫 번째 급류를 헤치고 나가 한 섬의 끝에 도착했다. 그 섬은 강 한가운데 묶은 긴 배처럼 생겼다. 뱃사람들은 끌려가는 길에 있는 말처럼 물길을 거슬러 배를 저었고, 섬의 끝에 도착하자 뱃사람들은 배 안으로 들어가 강가에서 배를 밀어냈다. 그러고 나서 노를 저어 뱃머리를 높이 세운 후 물결을 탔다. 물결 덕분에 강을 건널 수 있었다.

그러나 우리는 반대편에서 출발했던 지점보다 훨씬 아래쪽에 정박했다. 일상적인 환경에서 이와 같이 강을 건너는 방법은 안전하지만, 물살이 높을 때에는 매우 위험하다.

뱃사람들이 배에서 내려 어깨에 밧줄을 메자 처음부터 줄곧 한마디 말도 하지 않았던 동식이가 입을 열었다.

"이보게, 신부를 어떻게 할 것인가?"

---

2 배가 와서 닿는 곳

"어떻게? 자네라면 어떻게 할 것인가?"

"죽일 거야."

나는 동식이가 폭력적인 사람이 아니라는 것을 잘 알기에 그가 말하고자 하는 의도를 알고 싶었다.

"물론 그 처녀의 머리를 부수라고 하는 건 아니네. 그냥 혼인하지 말라는 것이야. 혼인하지 말게."

"하지만 아버지의 재산이 줄어들었고 치욕과 불명예가 도승지인 아버지를 위협하고 있지 않은가. 아버지의 집사인 자네가 궁정에서 아버지의 영향력이 거의 사라지고 있다고 내게 말하지 않았던가. 자네는 아버지가 한양의 탐욕스러운 벼슬아치들에게 많은 돈을 들였지만 돌아오는 것은 빈 약속이라고 말하지 않았던가. 그 처녀와의 혼인이 아버지의 부를 채워주는 것이 아닌가."

동식이는 아무 대답도 하지 않은 채 잠시 동안 나를 응시했다. 그리고 입을 열었다.

"지금은 대변혁의 시대일세. 국가적 변화가 곧 일어날 거야. 훌륭한 사람, 다시 말하면 기꺼이 희생할 사람, 자신의 삶만을 소중하게 여기는 것이 아니라 나라를 위해 무언가를 할 그런 사람들이 필요할 거야. 가장 힘 있고 영향력 있는 가문의 대표를 모아서 개화단체의 핵심을 구성해야만 해. 나이 드신 자네

아버님은 옛 조선의 전통에 얽매여 계셔. 아버님은 당신을 위대하고 부유하게 만든 제도를 생명만큼이나 소중하게 생각하시지. 자네의 형은 작은 자리를 얻었고 헛되게 더 높은 자리를 바라고 있어. 그 처녀와 혼인하면 같은 경향을 지닌 두 귀족 가문이 결합하게 될 거야. 그 처녀의 아버지는 큰 재산을 약속했지. 자네의 아버지는 정치적 영향력을 약속했지만 주실 수 없어. 자네는 이 두 사람을 묶는 연결고리가 될 거야. 자네는 반복해서 일어나는 가문 간의 음모의 소용돌이 가운데에 있게 될지도 모르지. 지난 5년간 자네를 자세히 주시해본 결과, 자네는 독립적으로 생각하고 행동할 수 있다는 것을 발견했네. 하지만 관습법이 자네의 삶을 명령할 것이야. 압제적 법, 관습과 믿음으로 배웠던 것을 준수하는 우리 민족 그 누구와도 같은 사람이 될 것이야. 그 처녀가 곱추이자 바보라고? 앞으로의 자네가 누리게 될 기형적이고 바보 같은 미래에 비교하면 그 처녀의 생김새는 아름다움의 표본이고 그 마음은 영특함의 보석이 될 거야."

동식이의 목소리는 낮았지만 그는 매우 열정적으로 말했다.

"아…."

그는 잠시 말을 멈추었다가 덧붙였다.

"자네가 이해하지 못한다는 것을 아네. 이 문제를 다르게 다루었어야 했는데. 자네는 백성들을 도탄에서 벗어나게 하려는 의화단운동(義和團運動)³을 어느 정도 알고 있겠지. 그들은 백성의 협조를 기대했기에 방해받지 않고 수도로 전진하여 새로운 질서를 구축할 수 있으리라 믿었지. 그 질서가 무엇이라고 생각하나? 그들은 지식과 경험에서 지도자들보다 아래에 있었기에 상황이 훨씬 더 나빠질 수도 있어. 그들은 힘의 개혁을 원한 거야. 개혁은 분명히 있어야만 하지만 그 개혁은 양반 가문을 통해 이루어져야만 하지. 나는 법과 정의를 공부하여 백성들에게 행복을 베푸는 양반 가문의 모임을 꿈꿔 왔네. 성요, 자네는 도승지 집안을 대표하는 사람으로 북쪽 지방을 이끌 수 있는 지도자의 위치에 있네. 또 자네는 문명의 중재자이자 세상의 축복인 나라로 우리 조선을 이끄는 데 도움을 줄 수 있는 위치에 있네."

동식이는 온 정신을 다 바쳐 내게 호소하고 있었다. 그는 내 대답을 기다리며 점점 더 깊은 갈망의 눈빛을 나타냈다. 그의 격렬한 호소에 나는 당황했다. 얼굴을 돌려 물길을 내려다보며 답할 만한 것을 찾았다. 얼굴을 돌리자 그는 내게 시선을 주었

---

3 의화단은 원래 18세기 말에서 19세기 초에 걸쳐 만주족의 청나라에 대해 여러 차례 봉기를 일으킨 백련교 계통의 비밀결사 '대도회'(大刀會)의 일파이다. 원래는 반청 단체였는데 청나라 말기 서태후는 이들을 구슬려 외세에 대항하는 단체로 삼았으며, 반청 구호 대신 '청조를 돕고 외국을 멸한다(부청멸양, 扶淸滅洋)'의 구호로 바꾸게 하고, 열강 8국(러,일,영, 프, 미, 독,이, 오)과 대항하게 했다.

다. 나는 그에게 답했다.

"자네 말을 이해할 수 없네. 내가 백성들을 위해 기꺼이 무언가 하리라고 기대했다면 그것은 잘못된 평가는 아니네. 하지만 자네의 생각은 너무 방대해서 당황스럽네."

온종일 우리는 다른 사람들과 떨어져 있었다. 그는 내게 자신의 희망과 계획에 대해 이야기했고, 나는 그가 알고 있는 정보의 양에 놀랐다. 그는 성현이 된 것처럼 말했다. 그는 우리나라의 잘못된 점을 말했고 또 음모와 착취의 참을 수 없는 체제 아래 살아가는 백성들의 비참함을 구술했다. 그는 위대했던 우리의 고대 시절을 말했을 뿐 아니라 화려한 색조를 지닐 수 있는 우리의 미래도 그렸다.

그는 정의를 위해 기꺼이 고통을 겪을 수 있는 남성다움을 칭송했다. 그는 자주 여행을 했기에 세계의 열강들이 새로운 착취 대상을 찾아 계속 뻗어 나갈 것이며, 조선이 빨리 과거에서 벗어나 새로운 삶을 취하지 않는다면 곧 파멸될 것이라 믿었다.

여행이 순조롭게 계속되자 내가 할 일에 대한 새로운 생각이 내 마음속에서 형태를 이루며 자라났다. '나는 임금님에 항거할 운명인가?'라고 질문하는 내 자신을 발견했다. 나는 결론을 내리지 않고 생각만 했다. 고향으로 출발한 지 사흘째 되는 날,

동식이는 내가 부드러운 사슴 가죽 신발을 벗고 거친 짚신을 신는 것을 보고 미소 지었다. 내가 긴 손톱을 자르자 그는 만족스러워했다.

사흘째 되던 날 오후, 바람은 남동풍으로 바뀌었고, 하늘은 누런색으로 변하였다. 구름이 없을 때에도 안개 때문에 태양은 거의 비치지 않았다. 오후 중반에 이르자 태양은 하늘에 있는 붉은 공처럼 보였다. 뱃사람들은 불안해하며 "장마가 온 것 같군" 하고 말했다.

그날 밤 강둑에 배를 묶고 가벼운 면 차양 대신 두꺼운 거적[4]을 배 위에 쳤다. 다음 날 아침 우리는 깊게 깔린 어둠으로 인해 시간을 잘못 알고 늦게 일어났다. 장마가 곧 덮칠 것이라는 생각이 들었다. 그래서 우리는 강물이 불어 배를 타기가 위험해지기 전 집에 도착하기로 결정했고, 배를 힘껏 저었다. 돛이 큰 도움을 주었다. 급류에 도착하자 하인들까지 깊이가 허리까지 닿는 강물에 들어가 뱃사람들과 함께 기운차게 배를 들어 당기곤 하였다.

다시 밤이 되었다. 우리는 마을이나 주막으로부터 멀리 떨어져 있음을 발견하고는 배에 그냥 남아 있기로 결정했다. 그리고 다음 날 새벽 일찍 출발하면 정오 전에 집에 도착할 수 있을

---
4 짚을 두툼하게 엮거나, 새끼로 날을 하여 짚으로 쳐서 자리처럼 만든 물건

것이라 믿었다. 우리는 신속하게 뱃머리와 선미를 강가에 묶어 두고 거적을 팽팽하게 펴 배를 잘 덮고는 단단히 아래쪽에 묶었다.

첫닭이 우는 시간, 나는 뱃사람들 소리에 깼다. 그들은 배를 강둑에서 먼 곳으로 끌어내고 있었다. 비가 오고 있었다. 우리는 언덕 능선 뒤에 피신했다. 그곳에는 바람은 거의 없었지만 억수로 퍼붓는 빗소리에 거의 귀가 멀 지경이었다. 거적 사이사이로 길을 찾은 물줄기가 내 얼굴 위로 뚝뚝 떨어졌다. 급히 촛불을 켜자 우리 일행이 일어나 앉아 머리 위를 보며 거적 차양의 갈라진 틈을 메우려고 헛되이 애쓰고 있는 것이 보였다. 우리는 거적을 부드럽게 펴 다시 묶었지만 물줄기가 세지면서 점점 더 많은 구멍이 생겼다.

결국 우리는 물건들을 더미로 쌓아 놓고 그 위에 앉아 기름종이 우산 아래 몸을 숨겼다. 곧바로 바람이 강에 휘몰아쳐 거적이 벗겨진 부분을 치기 시작했다. 폭우가 배 길이만큼이나 몰아쳐 촛불을 꺼뜨렸다. 뱃사람들은 흠뻑 젖어 몸을 떨며 배 안으로 들어와 거적이 벗겨진 부분을 고정시키려고 노력했다. 아침까지 우리는 뜬 눈으로 폭풍우 안에서 사투를 했다. 그러자 뱃사람들은 강물이 급격하게 불어나고 있다고 보고하며 여행을 중단하겠다고 했다. 그러나 돈을 준다는 약속에 그들은 여행을 계속하기로 했다.

하인들이 숯불을 피워 아침 식사를 준비했다. 그동안 뱃사람들은 배를 풀고 몸에 밧줄을 묶고는 항상 그렇듯이 "어어이, 어어이"라고 소리치며 있는 힘을 다해 배를 상류로 끌어올리기 시작했다.

장대비가 억수같이 내려 모든 것을 물속에 잠기게 했다. 폭우가 산허리에 퍼부었으며 무시무시한 절벽으로부터 폭포물이 포효하며 떨어졌다. 아침을 먹은 뒤 하인들도 밧줄에 몸을 실었다. 정오쯤 동식이도 그들과 합류하여 기생과 나만이 유일하게 배 안에 있었다. 강 끝에 위치한, 수직으로 높이 솟은 절벽 앞에 도착했다. 우리는 어쩔 수 없이 노를 저어 강을 건너야만 했다. 보통 때는 강물이 잔잔하여 쉽게 건널 수 있는 곳이었다. 그러나 지금은 물이 엄청나게 불어 있어 저쪽 강둑에 도착했을 때 우리는 5리나 물길을 따라 떠내려갔다.

여행을 계속할 것인지 논의하였지만 이제 정박하는 것은 사납게 몰아치는 바람에 노출되는 것이므로 계속 가기로 결정했다. 한 시간 정도 밧줄로 배를 끌고 가니 강을 따라 천 자 정도 펼쳐진 절벽을 바라보게 되었다. 우리가 있는 곳은 강이 굽이지는 곳으로 이곳으로 물결이 오고 있어 매우 위험했다. 그래서 갖고 있던 밧줄을 모두 묶어 길이가 삼백 자 되는 밧줄 하나를 만들었다. 뱃사람 두 명이 그 밧줄을 들고 절벽으로 올라가 바위 돌출부로 갔다. 이 바위는 우리 배가 있는 지점보다 더 먼 곳의 물속으로 뻗어 있었다. 두 사람은 바위에 매달렸다. 때로는 비바람을 받아 두 사람이 반 자 아래 소용돌이 안으로 휩쓸려갈 뻔 했다. 그들은 신속하게 움직였고 우리에게 밧줄을 잡아당기라고 신호했다. 우리 중 두 사람이 밧줄을 끌어당기기 시작했고 다른 사람들은 긴 삿대로 배가 바위에 부딪치지 않게 했다.

배를 덮은 거적은 뱃사람들이 일을 쉽게 하기 위해 완전히 벗겨졌다. 기생 두 사람이 배 가운데서 튼튼한 거적을 덮고 있었다. 배의 양 가장자리는 물 위로 단지 한 자 반 정도 올라와 있었다. 물줄기가 우리를 덮쳐 우리는 침몰할 위험에 처했다. 그러자 우리는 기생들을 불러 물을 푸라고 했다. 기생의 화장은 얼굴과 목 주변으로 줄무늬처럼 번졌으며, 온갖 색이 섞인 조야한 옷이 몸에 달라붙어 우스꽝스러운 모습이었다. 그러나 아무도 웃을 생각을 하지 않았다.

엄청난 노력 덕분에 우리는 밧줄을 고정한 돌출바위에 도착했다. 거기서 보니 안쪽으로 또 다른 만곡[5]이 있었으며, 저 멀리 강 한가운데 반원 모양의 강가로 이어지는 돌출바위가 있었다.

---

5 활 모양으로 굽은 모습

머리 위 절벽은 너무 미끄러워 뱃사람들이 서 있는 돌출바위로 올라가기는 불가능했다. 돌출바위에 있던 사람들은 서로 이야기를 주고받더니 결국 바위에 밧줄을 매달아 둔 채 우리 배로 돌아왔다. 그들은 폭풍우 속에서 절벽으로 올라가기는 불가능하고, 허리에 밧줄을 묶은 채 그 일을 하는 것은 도저히 생각할 수 없는 일이라 말했다.

강은 급격히 불었고 우리는 처음 이동에 한 시간을 소비했다. 또 다른 한 시간이 지나면 돌출바위를 넘어 강을 건너는 것이 불가능할 것이고, 물결 속에 그대로 있는 것은 바로 배가 전복되는 것일 수도 있다. 폭풍우 때문에 일상적 대화를 할 수 없었으므로 우리는 소리쳐 정보를 교환했다. 산 깊은 곳에서 나온 것 같은 천둥소리를 벌써부터 나는 듣고 있었다.

운율 있는 정확성을 지닌 이 소리는 점점 더 커졌다. 동식이와 내가 앞에 있는 바위의 돌출부를 돌아 길을 가자, 절벽을 향해 안쪽으로 완만하게 길처럼 보이는 것이 있었고, 강물 끝 산허리에 커다란 동굴이 보였다. 여러 힘이 충돌하여 천둥처럼 구르는 소리가 동굴로부터 터져 나왔다. 마치 그 소리는 신의 대포가 총동원되어 발포되는 것 같았다. 앞쪽 물살은 거품을 품고 소용돌이쳤다. 그리고 포효하는 동굴의 가는 부분으로 봉긋한 볏을 지닌 거대한 뱀처럼 쉭쉭거리며 돌진하다가 다시 돌아와 빛나는 수천의 미진으로 갈라져 절벽 밑쪽에서 중얼거리는 소리를 내며 떨어졌다.

우리가 서 있는 바위가 흔들리는 것 같은 폭격 소리가 뒤따랐다. 우리는 강이 힘을 모아 산의 정면으로 기세 좋게 돌진하는 것을 보았고 그 강의 소란스러운 포효와 천둥소리를 들었다. 마침내 배를 향해 길을 돌리자 하얗게 질려 벌벌 떨고 있는 뱃사람이 보였다. 그는 공포로 이를 덜덜 떨면서 동굴을 바라보았다.

"물귀신이다! 우리는 난파되었소! 난 가겠소!"

뱃사람은 큰 소리로 울부짖었다. 동식이는 그의 어깨를 붙잡아 흔들었고 소리를 지르며 그를 두 발로 서 있게 했다. 곧장 우리는 배로 달려갔다. 동식이는 잠시 서서 절벽을 열심히 바라보았다. 마침내 그는 뱃사람 한 사람을 골라 그의 귀에다 뭐라고 소리쳤다.

그러자 그들은 가벼운 밧줄 다발을 잡고 돌출바위로 뛰어올라 밧줄이 고정된 바위로 갔다. 동식이는 허리에 밧줄을 감고 앞으로 나아가 저 밑에 있는 사람들에게 밧줄을 풀라고 손짓했다. 뱃사람들은 그 지점에 그대로 남아 밧줄을 잡고 동식이를 위해 가능한 한 밧줄을 가볍게 만들어주었다. 우리가 서 있는 곳에서 보니 그는 절벽에 붙은 하얀 반점 같았다. 그는 손으로 길을 더듬으며 여기저기 바위의 돌출부를 잡고 천천히 움직였다. 그리고 균형을 잡기 위해 잠깐 멈춰 서서 뒤쪽의 밧줄을 당기고는 바위의 돌출부에서 풀어진 밧줄을 정리하고 다시 움직였다.

때때로 그는 멈춰 서서 한동안 움직이지 않고 기다렸다. 그러면 우리는 숨을 죽이고 그가 포기했는지 아니면 현기증을 느껴 손을 놓쳐 저 백 자 아래 용솟는 소용돌이 안으로 빠지게 될 것인지 걱정했다. 때때로 강한 바람이 낭떠러지를 훑고 가 매달린 동식이를 잔인하게 공격했고 폭우로 우리 시야에서 그가 사라지기도 했다. 이럴 때 동식이는 꼼짝하지 않고 바위에 매달려 있었다. 바람의 힘이 잠시 잦아들면 그는 움직이다가 다시 멈추곤 했다.

갑자기 강물과 폭풍우 소리보다 더 큰 소리가 우리를 덮쳤다. 이 지역의 산은 매우 가파르다. 또 여름 장마가 흙을 모두 쓸어버리기에 일상적으로 바위만이 노출되어 있다. 그러나 지난 몇 년 동안 장마가 그리 심하지 않아 산 경사면에서 풀이 자라났다. 지난 10년 동안 계속 이런 일이 일어나 확 펼쳐진 초록색 경사면이 서로 만나, 보는 이의 눈을 즐겁게 했다. 때때로 모인 흙이 큰 비를 만나 산 경사면으로 쓸려가 점점 덩어리가 불어나기도 했다. 이 덩어리에 부서진 바위와 둥근 돌이 함께 합세하여 이것은 놀랄 만한 크기의 산사태를 만들고, 산 전체가 진동하는 소리를 내며 계곡을 파편으로 채운다. 바로 우리에게 이런 일이 일어난 것이다. 약 50자 정도 떨어진 산꼭대기에서 그 움직임이 시작되더니 바로 우리 위로 포효하며 내려오고 있었다.

나는 동식이를 바라보았다. 그도 이 소리를 듣고 위쪽을 바라보았다. 약 20자 크기의 바위 덩어리가 그의 위쪽으로 굴러 내려오고 있었다. 산사태가 그를 덮치기 전까지 그는 서 있는 곳에서 한 발자국도 움직일 수 없었다. 온 세상이 전쟁하듯 산사태가 큰 소리로 포효하며 내려오는 동안 배 안에서 우리는 그 자리에서 멈춰 꼼짝도 하지 못했다. 갑자기 거대한 힘에 의해 산에서 던져진 것 같은 거대한 바위가 동식이가 서 있는 곳으로부터 50자 떨어진 절벽으로 떨어졌다. 그 뒤로 수많은 돌이 함께 떨어졌으며 온 산이 흔들렸다.

거대한 누런 덩어리가 굴러와 공기 중에 떨어졌고 우리 앞의 하늘, 평원, 강이 보이지 않게 되었다. 강물이 튀어 올라 떨어지는 산을 맞는 듯했다. 흙, 모래, 돌멩이들이 우리 배 안과 주변으로 떨어졌다. 떨어지는 돌덩어리의 영향으로 생긴 거대한 파도로 우리는 바위 한쪽 위로 높이 솟아 물속에 일부 잠긴 평평한 돌출부 위로 올라갔다.

돌덩어리가 떨어지는 것을 보며 본능적으로 우리는 머리를 숙이고 배의 양편을 꽉 잡았다. 이 덕분에 우리는 파도에 씻겨 나가지 않고 배 안에 있었다. 나는 주변의 다른 사람들을 보았다. 여전히 하얗게 덧칠한 얼굴로 기생 한 명이 이를 덜덜 맞추며 물결 안의 무언가를 응시하고 있었다. 화사한 붉은 겉옷이 잠깐 떴다가 물살에 휩싸였고, 부드러운 손이 높이 솟다가 사라지는 것이 보였다. 다른 사람들은 허리까지 물에 잠겼지만 안전했다.

나는 동식이를 바라보았다. 폭우가 쏟아졌지만 먼지 구름이 5분 동안 일어나 절벽 앞에서 소용돌이쳤다. 그때 흰 점이 보였다. 그곳에서 그는 여전히 위를 바라보며 서 있었다. 위의 튀어나온 바위가 그의 목숨을 구했다. 그를 바라보며 왜 움직이지 않는지 궁금했지만 곧바로 이유를 알게 되었다. 그의 왼편 위쪽으로 흙탕물이 절벽 위로 폭포수처럼 떨어지고 있었다. 꼭대기 바위 정면에서 솟아나오는 물줄기는 거대하여 위협적이었지만 강에 도달할 때는 부서져 폭포 안으로 사라진 듯했다. 되돌아가는 것은 죽음을 의미한다는 것을 우리 모두는 알았고 무엇보다도 동식이가 제일 잘 알았다.

우리는 숨을 죽이고 그의 결정을 기다렸다. 물줄기 아래를 통과하려다 바람이 바위 쪽으로 소용돌이쳐 오면, 그는 조각돌처럼 날아갈 것이다. 물줄기가 들이닥쳤을 때 밧줄을 풀 수 있게 하기 위해 그는 최고의 주의를 기울여 허리에서 밧줄을 푼 후 어깨에 느슨하게 졌다. 그가 자신이 서 있는 곳에서 풀어진 밧줄을 모아 위쪽으로 천천히 이동하며 물줄기 아래를 안전하게 지나 바위 돌출부를 넘어가자 우리의 입에서 큰 흐느낌이 터졌다.

도사공[6]이 급격히 불어나는 물을 가리키며 우리에게 움직이라고 외쳤다. 그의 지휘를 받으며 우리 모두는 바위 돌출부 위로 올라가 배를 풀려고 했지만, 배를 물에 띄우지 못했다. 바위는 산 쪽에서 강 쪽으로 높아졌고 저 멀리 강에서 나온 바위턱이 가장 높았다. 도사공의 지시에 따라 우리는 모두 바위턱 끝에 올라갔다.

물결의 도움을 받아 배 한쪽을 들어 물을 비운 후 손을 놓자 배가 강물에 떴다. 두 사람이 겉옷을 벗어 양끝을 잡고는 배의 물을 펐다. 드디어 배 밑바닥 선반 아래서 바가지를 꺼내 물을 다 퍼냈다. 머리 위 높은 바위에 먼저 서 있던 뱃사람이 밧줄을 힘차게 잡아당기며 배를 앞으로 밀라고 신호했다. 그를 지나 저 멀리 다음 바위 돌출부에서 동식이가 밧줄을 단단하게 묶고는 우리를 기다리고 서 있었다.

---
6 사공의 우두머리

저 멀리 조용히 서 있는 동식이를 바라보자 내 영혼의 깊은 곳 어디에선가 내 목숨을 그에게 맡기기로 했다. 저 절벽을 정복할 수 있는 동식이는 사람들을 정복하고 그들을 이끌 수 있다고 믿었다.

우리는 일을 시작했다. 배를 미는 삿대[7]가 다른 것처럼 쓸려 나갔다. 배를 밀어 제 방향을 잡자 선미에 매달았던 소형배가 떨어져 나가 바위 사이에 낀 것을 보게 되었다. 배 뒤쪽이 물결에 따라 이리저리 흔들리다 가끔 멈추었는데, 이때는 배가 부서질 것 같았다.

배 앞에 있는 사람들이 밧줄을 잡아당겼다. 다른 사람들은 노를 떼어 바위에 대고 배가 물결을 향해 나갈 수 있도록 온 힘을 다해 밀었다. 천천히 배가 돌출부를 돌아 앞으로 움직이기 시작했다. 때때로 물결이 강하게 우리를 바위 쪽으로 밀어 배가 거의 부서질 뻔했다. 엄청난 노력으로 우리는 배를 다시 움직일 수 있었다. 밧줄을 잡은 사람들이 온 힘을 다해 배를 잡아당겨 한 자 정도 움직였지만 우리는 다시 바위 쪽으로 밀려났다. 이런 일이 반복되자 배 바닥은 금이 갔고 한 사람은 계속 물을 퍼야만 했다.

---

7 물이 얕은 데서 배질을 하는 데 쓰는 장대

마침내 우리 배는 돌출부에서 천천히 나와 만(灣)[8]처럼 생긴 곳으로 갔다. 이곳에서 우회하면 동굴을 만날 수 있었다. 동식이와 내가 바위 주위를 돌아 동굴을 바라보았을 때 강물은 이전보다 훨씬 불었으며 동굴 속 소리도 더 높아졌다. 그것은 포효했으며 대단한 힘으로 으르렁거려 뱃사람들의 얼굴이 미신의 두려움으로 창백해졌다.

산사태가 우리 앞 강 일부를 메워 동굴 쪽으로 물줄기를 보내고 있었다. 물결이 이리저리 몰자 우리 배는 다시 요동했다. 선미의 긴 노가 떠내려가 작은 노를 열심히 저었지만 배를 진정시키기에는 역부족이었다. 여러 번 우리는 침몰할 뻔 했다. 나도 노 하나를 결사적으로 쉬지 않고 저었기에 손에 물집이 생겨 피가 났지만 그때는 그 사실을 전혀 알지 못했다.

갑자기 뱃사람이 큰 소리로 외쳐 강 위를 보았다. 양쪽 강가에 달하는 거대한 검은색 덩어리가 놀라운 속도로 우리를 덮치고 있었다. 외관상 그것은 꼭대기에서 거품이 부글부글 끓어오르는 석 자 높이의 파도였지만, 앞으로 닥쳐올 더 큰 파도의 전조인 듯했다. 주변의 외침 소리가 들렸지만 우리는 마비된 것처럼 가만히 서 있었다. 강 위 어디에선가 호우가 우리 위로 퍼붓는 것 같았다. 높은 파도가 닥쳐왔다. 뱃사람들이 다시 노력

---

8 바다가 육지 속으로 파고들어 와 있는 곳

하여 우리 배가 강가 쪽으로 급격히 움직이고 있다는 희미한 인상을 받았다.

거대한 물줄기를 처음 보았을 때부터 그 물줄기가 산사태와 합류하여 강에 있는 우리 위쪽 바위를 칠 때까지 거의 숨을 멈춘 것 같았다. 물보라가 하늘로 퍼져 잠시 동안 강이 보이지 않고 모든 것이 멈춘 것 같은 인상을 주었다. 그러나 곧바로 물줄기는 나누어져 더 빠른 속력으로 좁은 곳을 통해 우리를 향해 돌진했다.

우리 쪽에서 괴물 같은 물사태가 일어났고 곧바로 나는 물에 빠졌다. 본능적으로 숨을 참았지만 영원히 수면으로 올라가지 못할 것 같았다. 나는 물결에 흘러가는 것을 느끼며 동굴 입구로 가는 게 아닌가 생각했다. 그러나 머리를 수면으로 올려 보니 나는 이미 돌출바위에서 멀리 떠내려 왔다. 배는 바위벽 한쪽에 부딪친 듯했고 그 벽에 사람들이 매달려 있었다. 이것을 잠깐 보았지만 다시 떠내려갔다. 물결이 나를 강가로 데려다주기를 바라며 머리를 물 위로 내밀려고 노력했다.

배는 바위에서 벗어나 강가로 밀려나갔고 마치 상류를 거슬러 가는 듯이 소용돌이 안에서 선회했다. 배가 물 위로 우아하게 미끄러져 내려가는 모습은 마치 허우적거리며 떠내려가는 나를 조롱하는 듯했다. 내 앞쪽 저편으로 강가에서 불쑥 튀어

나온 바위 행렬이 있었다. 물결은 친절하게도 나를 맨 마지막 돌출바위로 데려갔다. 그 바위는 물 위로 석 자나 올라와 있었다. 바위의 튀어나온 부분을 잡고 온 힘을 다해 반대쪽에 매달리려 했다. 이를 악물고 바위 위에서 균형을 잡으려 노력했다. 급류가 양쪽에서 쏟아져 내 허리를 쳤다. 잠시 필사적인 사투를 벌였지만 결국 나는 손을 놓쳤고 다시 물속으로 떠내려가고 말았다.

곧바로 검은색 물체가 내 앞에 나타났다. 본능적으로 그것을 잡았다. 그것은 잃어버린 작은 배의 옆 부분이었다. 너무나 지쳐서 작은 배 옆에 매달린 채 물길 아래쪽으로 그냥 흘러 내려갔다. 결국 나는 작은 배의 선미 쪽으로 가게 되었다.

예전에 동식이와 나는 가끔 작은 배를 풀어놓고 그것을 뒤집지 않고 위에 올라타는 연습을 했다. 오랜 시간이 걸렸지만 나는 마침내 그것을 할 수 있었다. 하지만 실전에서는 그것을 실행하기가 쉽지 않은 상황이었다. 배는 빠른 속도로 가고 있었고 나는 완전히 지쳤다. 선미에 도착하자 나는 배가 물결 방향으로 가도록 애썼다. 두 손으로 양옆을 잡고 배를 흔들다가 가라앉으려 하는 순간, 물속에서 허리를 들어 선미를 가로질러 배 안으로 뛰어들려 했다. 물결은 반복적으로 배를 흔들어 대어 배가 물에서 옆쪽으로 향하게 되었기에 나는 어쩔 수 없이 물속으로 다시 밀려들어 갔다. 마침내 나는 지친 몸으로 배 바닥에 누웠다.

뒤를 돌아다보니 참사가 우리를 훑고 간 지점은 전혀 보이지 않았다. 심지어 산도 그 사이에 끼어든 언덕들 때문에 보이지 않았다. 겉옷을 적시고 짜면서 배 안의 물을 퍼냈다. 이틀 전에 잔잔하고 해가 전혀 없었던 강은 이제 격노하여 큰물이 되었다. 나는 끊임없이 강가의 울퉁불퉁한 바위에 부딪힐 위험에 처했다. 배가 계란 껍데기처럼 부서질 것이라 생각하며 숨을 멈춘 적이 한두 번이 아니었다.

이제 물길은 나를 바위에서 떨어져 강 한가운데로 가도록 했다. 급류에서는 경주마처럼 떠내려갔다. 일어나는 모든 일이 즐거운 놀이인 것처럼 언덕이 춤추며 지나갔다. 드디어 물결이 방향을 바꿨다. 그곳에서 산은 물러났고 둑은 비교적 낮았다. 큰물은 평원 전체로 흘러 큰 호수처럼 보였다. 나는 배 옆쪽에 기대어 평원의 보다 잔잔한 물살 위로 노를 저어가려 했다. 원하는 지점에 다다랐다고 생각하는 순간 나는 급류 속으로 천천히 떠내려가고 있는 것을 알았다.

강 한가운데에서 집이 한 채가 떠내려가고 있었는데 지붕에 한 남자가 걸터앉아 있었다. 그는 내게 다가와서 도와달라고 소리쳤다. 나귀 한 마리가 급류에서 버둥대고 있었다. 귀가 너무 무거워 들기 힘든지 긴 귀를 뒤쪽으로 둥둥 띄우며 물 밖으로 머리를 내고 떠내려가고 있었다. 거기에는 다른 집들도 있었다. 지붕이 없는 집도 있었고 다 부서진 집도 있었다. 어떤 지붕에는 반쯤 익사한 닭들이 있었는데 그 사이에서 수탉이 울고 있었다.

강둑 여기저기에 사람들이 홍수를 보러 나왔지만 그 어느 누구도 감히 물에 들어오려 하지 않았다. 나는 강가에 더 이상 배를 대려 하지 않고 바위에 부딪히지 않으려고 온 노력을 기울였다. 다른 방향으로 급하게 움직이거나 배를 격렬하게 흔들어 방향을 바꿀 수도 있는 때가 가끔 있었기에 나는 이 울퉁불퉁한 적들에 부딪혀 배가 박살나는 것을 피할 수 있었다. 드디어 작은 배는 넓은 강으로 들어섰다. 거기에서 남쪽으로 흐르는 지류를 만났다. 바위에 부딪힐 위험은 줄어들었고 한 시간 뒤 평양 건너편에 닿았다.

큰물은 강가에 있는 수많은 집을 쓸어갔고, 며칠 전만 해도 사람들이 장사를 하며 서로 밀쳤던 그 거리는 물속에 열 자나 잠겼다. 나는 떠내려가며 큰물이 쓸고 간 마을을 바라볼 수 있었다. 많은 노력을 기울여야 재산을 보호할 수 있었다. 작은 배를 타고 노 젓는 한 남자가 강물로 급하게 들어와 떠내려가는 나무를 잡은 후 강변으로 돌아가고 있었다. 나는 그를 불러 도움을 청했다. 그는 잠시 강을 바라보더니 출발했다. 나는 이미 그보다 하류 쪽으로 일정 거리를 떠내려갔지만 그는 빨리 배를 몰아 강의 중간까지 따라잡았다. 지쳤거나 아니면 큰물에 겁을 집어 먹었는지 그는 노를 지지부진하게 젓더니 강물로 떠내려갔다. 정신을 차리자 그는 강가로 돌아갔고 멀리 떨어진 하류에 도착했다. 다시 도와달라고 소리쳤지만 그는 말없이 나를 바라보고 있었다.

밤이 되었다. 비가 그치고 바람도 멈추었다. 마침내 칠흑 같은 어둠이 내려와 배 양옆의 물이 거의 보이지 않았다. 배는 무자비하게 계속 큰 바다를 향해 나아갔다. 동굴의 악의적 귀신들이 내 배를 잡아 바위에 던져 물속에 가라앉게 하려 하거나 아니면 거친 장난이 지겨워 홍수로 나를 놀라게 하려는 것 같았다. 하루 종일 나는 육체적, 정신적으로 긴장해 있었고, 오후 중반부터 지속적으로 죽음과 싸웠으며, 아침부터 아무것도 먹지 않았다. 나는 완전히 지쳐 있었다.

선미에 몸을 기대어 앞에 펼쳐진 칠흑 같은 어두움을 바라보자 수천 가지의 공상이 머릿속에 떠올랐다. 어린 시절부터 들어온 미신이 소름 끼치는 형상으로 머리를 채웠다. 초자연적인 빛이 눈앞에서 반짝였다. 물귀신들의 으스스한 웃음소리가 배 주위에서 반향되었으며 또 머리 위로 세상을 떠난 영혼들의 한

숨과 탄식소리가 들렸다. 추위와 어리석은 공포로 몸을 떨며 누워 있었다.

이런 정신 상태로 어둠 속에서 얼마나 오랫동안 배를 탔는지는 모르겠지만 갑자기 등 뒤에서 큰 충격을 느꼈으며 무언가 나를 세게 쳤다. 벌떡 일어나 앉자 머리가 나뭇가지에 닿았다. 놀라움에서 진정되니 강가의 나뭇가지에 닿았다는 생각이 갑자기 떠올랐다. 그러나 잠시 생각해보니 물에 많은 요동이 없는 걸 보면 나무가 함께 떠내려왔다는 결론을 얻었고 이것이 사실임이 곧 입증되었다. 이 일로 내게 물의 공포가 사라졌으니 이것은 좋은 일이었다.

나무 쪽으로 배를 밀어 넣은 후 물에 떠 있는 나무 주위를 둘러보았다. 배의 끝으로 가 나무 위로 몸을 걸친 채 쓰러진 나무의 가지를 보았다. 그러다 갑자기 반은 인간이고 반은 동물인 것의 비명이 들렸다. 공포에 사로잡혀 나뭇가지를 놓았다. 가지에서 뭔가가 기어올라 내 얼굴에 물을 퍼뜨리며 배에 탔다. 그런 후 배의 반대쪽으로 가 소리를 전혀 내지 않았다. 배는 다시 움직였다.

'그게 무엇이지?'

다시 공포에 싸여 스스로에게 물었다. 감히 살펴보려 하지 않고 배의 먼 끝에 앉았다. 어린 시절 나는 귀신이 사람들에게 변덕스러운 장난을 친다는 것이 진실이라고 배웠다.

내 생애에서 가장 긴 밤 내내 나는 배의 반대쪽에 숨은 것을 어둠 속에서 응시하며 앉아 있었다. 때로 부드러운 미풍으로 배가 후진하거나 물결 옆으로 가는 것을 알았지만 앞쪽으로부터 시선을 떼지 않았다. 때로 나는 검고, 조용한 형체가 배에서 일어나 거인처럼 커져 내 쪽으로 몸을 구부리는 것을 상상했지만 감히 소리치지 못했다. 그러나 배 주위에서 춤추는 것 같은 물소리만을 제외하고는 아무 소리도 들리지 않았다.

첫 번째 희미한 빛으로 들어 올린 내 손을 내려다볼 수 있고 또 배에서 앉았던 곳 주위를 볼 수 있게 되어 얼마나 기뻤던지. 눈이 뚫어지게 배의 다른 쪽 끝을 바라보았지만 아무것도 없었다. 빛이 점점 환해져 눈을 비비고 다시 쳐다보았다. 그러고 나서 배의 다른 편으로 기어가 유령 친구가 밤새 앉아 있었다고 추정한 자리를 조심스럽게 바라보았다. 자그마한 회색빛 두 눈이 의자 아래서 나를 흥미롭게 바라보고 있었다. 다시 보니 그 친구는 나도 모르게 홍수에서 구출해준 집고양이였다.

강 주변에 안개가 껴 배의 두 배 길이 앞도 볼 수 없었다. 극도로 지쳐 배 안으로 몸을 완전히 던져 깊은 잠에 빠졌다. 얼마나 오래 누워 있었는지 알 수 없었다. 그러나 잠에서 깨니 안개가 무거운 담요처럼 강을 덮고 있었다. 배가 운율적으로 오르락내리락 하였으므로 매우 놀랐다. 일어나 주위를 보려 했지만 몸이 너무 굳어 있고 아팠기에 처음에는 움직일 수 없었다.

무언가 따뜻한 것이 나를 건드렸다. 고양이가 그곳에 있었는데, 고양이는 몸을 따뜻하게 하려고 웅크리고 있었다. 고양이는 부드럽게 속삭이는 소리를 내며 만족스럽게 숨을 쉬고 있었다. 나는 왠지 동료가 생긴 것 같은 마음에 기뻤다. 나는 고통스러웠지만 일어나 배 주위를 주의 깊게 본 후 물의 맛을 보았다. 조금 더 후에 확실하게 알게 되었지만 나는 굽이치는 바다에 있었다.

나는 큰 강 어귀에 있었고 바닷물은 거의 밀려 나갔다. 몇 시간 후 안개가 일었고 북쪽에서 산들바람이 불었다. 안개 사이로 간신히 제 모습을 드러낸 태양을 보니 오후 시간임을 알 수 있었다. 뒤돌아 저 먼 해안가를 바라보니 하늘을 향해 강하고 울퉁불퉁한 양각을 세우며 솟아오른 산이 눈에 띄었다. 그러나 배에 돛이 있다하더라도 몇 시간 걸려야 그곳에 도착할 수 있을 것이다. 밀물이 배를 해안가에 도착하게 하도록 바랄 뿐이었다. 보이는 저 먼 곳까지 만에는 어부가 한 사람도 없었다. 최근의 폭풍우로 그들 모두는 해안을 떠났다.

또 다른 밤이 왔고 바람이 멈추었다. 별이 하나둘 나오는 것을 보았다. 해안으로 떠내려가고 있다고 생각한 적도 있었다.

안개가 너무 깊게 깔려 내가 알지도 못한 채 해안과 매우 가까운 곳에서 떠다닌 적도 있었을 것이다. 고양이가 옆에서 몸을 구부렸고 조그맣게 야옹하는 소리로 불만을 터뜨렸다. 나는 고양이가 나처럼 목마른지 궁금했다. 타오르는 갈증의 그 밤낮을 회상하면 왜 관찰사가 고문 도구로 곤장 대신 갈증을 쓰지 않는가 하는 생각이 들었다. 갈증보다 더 고통을 주는 것은 없었기 때문이다.

배의 밑바닥 덮개를 찢자 거기에 1.2리터 정도의 빗물이 고여 있었다. 그 물을 너무나 마시고 싶어 몸을 구부렸지만 그 물은 너무 짰다. 바닷물이 배로 들어와 빗물과 섞인 것이다. 갈증은 이전보다 더 심해져 다른 모든 감정이 사라졌고, 배고픔조차 잊었다.

밤새 나는 배 바닥에 누워 있었다. 반쯤 잠이 든 적도 있었지만 계속 고통스러웠다. 아침이 다가오자 나는 계속 소리쳤고 강가에서 반향이 들려왔다. 육지 근처에 있음이 분명했다. 입술이 너무 바싹 말라 도저히 소리칠 수 없을 때까지 소리쳤다. 햇빛이 비추자 안개는 걷혔고 비가 다시 무섭게 내렸다. 밀물이 나를 해안 가까이 밀어 보냈지만 썰물이 나를 바다로 돌아가게 했다.

해안에서 멀어졌다는 것을 알고 망연자실해졌다. 해안과 평

행으로 있는 큰 섬을 향해 배가 가고 있는 것을 그냥 무심히 바라보았다.

'저 섬은 그냥 저 멀리 있는 그림자일 뿐이야.'

나는 그렇게 생각하였다. 동양 사람들은 숙명주의자라 비난받는다. 나 역시 그냥 포기하였으므로 내 경험이 이런 생각을 입증해준다.

배 옆쪽에 기대어 고양이를 바라보았다. 고양이 역시 내 얼굴을 쳐다보았다. 고양이는 앉아서 한양의 궁궐에 있는 해태처럼 발을 앞으로 모으고 앉아 있었다. 나는 고양이에게서 시선을 뗄 수 없었다. 통증이 내 머리 뒤쪽을 관통해 꼭대기까지 퍼졌다. 고양이의 머리가 점점 커져 내 앞 모든 공간을 꽉 채우는 것 같았다. 나는 고양이를 칠 생각을 했지만 그것은 저 멀리 점처럼 보일 때까지 뒤로 물러났고 배 역시 내가 있는 곳에서부터 늘어나는 것 같았다. 배의 한쪽 끝이 저쪽 해안가로 늘어나기 시작했고, 그 끝에 앉은 조그만 고양이는 우스꽝스러워 보였다.

나는 두 팔을 흔들며 웃었다. 기생들이 가끔 우리를 대접하며 불러주던 주가(酒歌)가 머릿속에 떠올랐다. 내가 노래하고 있다는 생각이 들었다. 분명히 노래를 부르려고 했을 것이다. 마침내 제정신이 들자 내가 등을 대고 얼굴을 하늘로 향한 채 누워 있으며 비가 억수같이 내 얼굴 위로 떨어지고 있음을 깨달았다.

일어나서 주위를 둘러보았다. 고양이는 의자 아래로 피난했다. 나는 여전히 어지러웠지만 모든 것이 제 크기로 돌아온 것을 보니 제정신을 찾은 듯했다. 바람이 다시 위협적으로 불었다. 나는 등을 대고 누워 빗방울을 마시려 했다. 혀는 느낌이 사라져 나무토막 같았다. 해안은 저 멀리 있었다. 바다 쪽 섬이 훨씬 가까웠고 배는 적절한 속도로 달리고 있었다.

섬은 해안 쪽으로 약간의 각도를 갖고 있었으며 서쪽 끝이 바다 쪽에서 흔들렸다. 썰물이 서쪽 끝에서 방해받지 않고 빠져 나갔고, 그 뒤로 섬의 동쪽 끝과 저 먼 해안가 사이의 거대한 물 표면도 빠져나갔다. 배가 섬에 다가가자 나는 바닷길을 선택할 것인지 해협 쪽으로 갈 것인지 결정을 못 내렸다. 나는 진행 방향을 알아보려 했지만 눈앞에서 춤추는 빛 때문에 매우 힘들었다.

주변을 돌아보자 고양이가 의자에서 떨어진 빗물을 핥고 있는 게 보였다. 이것을 보자 좋은 생각이 떠올랐다. 나는 겉옷을 벗어 의자 가운데 펼친 후 양쪽 끝을 모아 접시 모양을 만들었다. 비가 억세게 내려 입을 적시고 목구멍으로 물이 들어가는 느낌을 가질 수 있었다. 다시 쳐다보니 우리는 섬 쪽으로 빠르게 떠내려가고 있었다.

두 시간 후 우리는 동쪽 끝 해안에서 4리 정도 떨어진 지점에 있었다. 조수의 움직임은 멈추었다. 얼마 후 밀물이 들어오면 나는 다시 해안가로 밀려갈 것이라 생각했다. 썰물이 들어오면 아마도 우리 배는 바다 한가운데에 있을 수도 있다. 다행히 바람은 완전히 소진되어 잔잔한 듯했다. 바다로 나온 후 현재까지 바람은 거의 없었다. 그러나 이런 상태는, 특히 지금 같은 장마철에는 오래 지속되지 않을 것이다.

내가 볼 수 있는 한 섬에는 아무도 없었다. 그곳은 조용했다. 가끔 초록색 지점이 물가까지 펼쳐 있어 초록색과 바다색이 함께 섞이기도 했다. 섬에 도착하기는 어려웠다. 살려는 욕망 때문에 다시 힘을 얻은 나는 배 위로 손을 뻗어 배를 해안가 쪽으로 저으려 했다. 큰 파도가 몰아쳐 해안가로 가고 있는지 아니면 멀어지는지 구분할 수가 없었다. 잠시 동안 배가 큰 파도 꼭대기에서 잠시 멈추었다. 위로 물이 솟아오르며 계곡 가까이로 배가 미끄러져 갔다. 위를 쳐다보지도 않고 오랫동안 열심히 배를 저었다.

그동안 해안가는 그 어느 때보다 멀리 있는 듯 보였다. 지쳐서 배 안쪽으로 들어가 앉으니 서쪽 먼 곳에서 희미한 물체가 물 위에서 반짝거렸는데, 그것은 폭풍우 때 해안에서 떠내려간 삿대였다. 삿대가 파도 위로 올라오는 게 보였다. 내 쪽으로 오는 듯했지만 파도가 다시 가라앉혔다. 삿대는 멀리 사라졌다. 수십 개의 나뭇가지가 떠내려오며 이보다 더 가깝게 지나갔지만 모두 잡을 수 없었다. 희망이 없는 듯 보였지만, 내 눈은 여전히 그 떠다니는 삿대에 집중되었다.

파도가 다시 오르락내리락하자 나와 삿대 사이의 거리가 좁아졌다. 그러나 조수가 천천히 다시 밀려 나가고 있었다. 삿대가 해안과 바다 사이에서 지렛대처럼 이리저리 왔다 갔다 하다가 종국에는 닥쳐오는 바람에 성난 첫 번째 파도로 사라질 것이라 생각하니 덜컥 겁이 났다. 손을 노처럼 저어 다시 한 번 부유하는 삿대와 나 사이의 거리를 좁혀보려 노력했다. 하지만 동쪽에서 바람이 다시 불기 시작하더니 배가 조수를 거스르기 시작했다.

한 시간 가량 애쓰자 삿대는 파도 하나 거리에 있게 되었다. 삿대는 파도의 높은 지점에 있었다. 나는 뱃머리 쪽으로 몸을 기울여 사력을 다해 그것을 잡았다. 배에 물이 들어왔고 물러나는 파도와 함께 삿대는 사라졌다. 또다시 삿대가 가까운 거리에 왔다. 그때 내 배는 파도를 타고 올라 꼭대기 주변에서 균형을 잡고 있었다.

잠시 바람이 불어 그 삿대를 지나쳐야만 할 것처럼 보였다.

다시 한 번 나는 뱃머리 쪽으로 몸을 기울였다. 배에 약간 물이 찼지만 내 손가락은 삿대를 꼭 잡고 있었다. 바다와 육지에서 아슬아슬한 고비를 넘긴 적이 여러 번 있었지만 내 손가락이 거친 삿대를 잡았다는 느낌을 가졌을 때 느낀 그 기쁨의 전율이 다른 어떤 것보다 최고였다. 다시 한 번 배의 물을 푸며 해안가로 목적지를 정했다. 이제 배를 몰 수 있다는 사실에 웃음이 나왔다.

섬에 다가가자 해안에서 바다쪽으로 펼쳐진 긴 회색 모래사장이 보였다. 그 끝은 검은색 진흙 테두리로 둘러 있었으며 이 진흙 테두리 위로 부서지는 파도가 거대하고 위협적인 큰 파도로 변했다. 곧바로 나는 섬으로 향하는 조수 안에 있게 되었다. 바람이 일었지만 아직 바다에 파도를 일 정도는 아니었다. 나는 거대한 파도 위로 높이 올라갔다가 파도의 골 쪽으로 다시 떨어졌다. 그 다음 파도로 높이 올라갔고 잠시 멈추었다가 육지 쪽으로 다시 밀려났다. 곧바로 요란한 소리가 좁은 모래톱에서 나오자 공포가 엄습했다. 나는 마지막 사투의 순간을 기다렸다.

고양이가 내 어깨로 올라가 뱃머리로 갔다. 배가 움직이자 몸의 균형을 잡으려고 애쓰면서 공기의 냄새를 맡았다. 그런 후 공포와 불안이 섞인 긴 울음소리를 내더니 의자 밑으로 몸을 숨겼다. 그러자 다시 배가 움직이기 시작했다.

마지막 파도에서 배가 멈추자 온 힘을 다해 삿대를 저었다. 배는 부서지는 파도 사이에서 앞으로 나아갔다. 나는 소용돌이 치는 거품에서 벗어나 큰 바위에 매달렸다. 뒤를 돌아보니 거품 이는 물마루를 지닌 검은 물 덩어리가 나를 향해 용솟음치고 있었으며 성난 괴물처럼 나를 향해 돌진하고 있었다. 나는 앞쪽으로 뛰어들어 곧바로 나가 모래 안으로 몸을 세게 던졌다. 파도가 밀려나가자 발을 지탱할 것을 찾았으며 더 이상 밀려나지 않았다. 어디선가 손이 나를 잡았고 나는 다음번에 오는 파도의 길에서 벗어나려 노력했다.

정신을 차리니 나는 모래에 누워 있었고 파도가 발밑에서 소용돌이쳤다.

"물!"

나는 외쳤다. 그러자 바가지가 내 손에 쥐어졌고 입술에 그것을 대주었다. 두려워 놀란 검은 두 눈이 나를 쳐다본다는 생각이 들었다. 많은 일을 한 검은 손, 열정적인 얼굴, 맨발과 싸구려 옷을 볼 수 있었다. 나는 그녀가 '가난한 농부의 딸'이라 생각했다.

바람이 다시 강해졌고 태양이 떠올라 내가 누워 있는 곳을 비추었다. 마침내 나는 일어나 앉아 주위를 둘러보았지만 구원의 천사는 이미 사라진 후였다. 나는 간신히 일어나 고통으로 비틀거리며 해변 위로 올라갔다. 해안을 따라 바다로부터 높이 솟아오른 바위 쪽으로 길이 나 있었다. 이 길을 따라가면 누군가의 친절한 도움을 얻으리라 생각하고 계속 이어지는 비탈길을 올라갔다.

제10장

도사의 동굴

돌출바위를 돌아서니 동굴 입구에 앉아 있는 한 노인이 눈에 들어왔다. 노인은 갓을 쓰지도 않고 바위에 몸을 기대고 있었다. 가슴 위로 머리를 숙인 그 노인은 앞으로 튀어나온 이마 아래로 바다를 보는 듯했다. 불렀지만 아무 대답이 없는 것을 보면 그 노인은 귀가 먹은 게 분명했다.

왼쪽을 바라보니 내가 서 있는 곳에서 50자 정도 떨어진 곳에 불상이 있었다. 그 발밑에 공양 그릇이 있었다. 음식을 보니 그 음식은 내게 준 것이 아니라는, 즉 불상에게 공양한 것이라는 사실조차 잊었다. 곧바로 나는 바위에 앉아 말없이 나를 쳐다보는 사람도 잊은 채 무릎으로 기어 공양 그릇 앞으로 갔다. 한 줌의 마른 곶감이 종이 위에 있어 나는 게걸스럽게 그것을 입에 넣었다. 그러나 곧바로 수치심에 사로잡혀 바로 옆에 있는 노인이 나의 불경스러운 행동을 비난할 것이라 예상하며 몸을 돌렸다. 그러나 그 노인은 여전히 바다를 바라보며 그곳에 서 있었다.

무언가 이상하여 그를 자세히 들여다보았다. 그는 도사의 거친 옷을 입었다. 그는 동굴에서 살며 많은 존경을 받고 있다는 생각이 들었다. 불상과 근처 나무에 장식된 부적, 섬에 사는 사람들이 바친 공양물로 그가 종교적 수행을 하는 도사라는 것을 알 수 있었다. 상투를 풀어 헤친 긴 흰머리는 어깨까지 내려와, 창백하고 수척한 그의 얼굴을 덮었다. 멀리서 볼 때 이런 모습은 성현처럼 보였다. 가까이 다가가니 그는 몸이 매우 허약한 것 같았다. 그는 정말로 앞으로 쓰러질 것처럼 몸을 숙인 채 가파른 둥근 바위 끝에 앉아 있었다. 수도하는 도사는 주위에 무관심을 가장한 채 깊은 명상을 하며 어떤 일에도 결코 놀라지 않는다는 인상을 주려한다는 것이 기억났다. 그래서 나는 바다로부터 그의 주의를 돌리기 위해 손을 뻗어 약하게 그의 소매를 잡아당겼다.

그 순간 나는 겁에 질려 뒤로 확 물러났다. 그는 이미 죽어 있었다. 돌아서서 길 아래로 달리다가 뒤를 돌아보았다. 시체가 앞으로 기울어져 떨어지기 일보직전이었다. 나는 돌아서서 시체가 바다에 빠지는 것을 막으려 그곳으로 달렸다. 여러 가지 생각이 마음속에서 떠올랐다.

'저 사람이 죽은 것에 책임을 져야 하나?'

혐오감이 나를 사로잡아 잠시 동안 죽은 자 앞에서 주저했다. 손은 흥분으로 떨렸다. 절벽의 끝에서 시체를 앞쪽으로 잡아당기려 했지만 잘못된 방향으로 끌어 시체가 한쪽으로 기울었다. 도포를 잡았지만 손 안에서 찢어져 시체는 저 30자 아래 솥 모양의 바위로 곤두박질쳤다. 둔탁한 물방울 소리가 내 귀에 울렸다. 바위를 내려다보았지만 솥 모양의 바위만 시커멓게 보였고 그 안에서 흐트러지는 물소리만 들렸다. 오랫동안 나는 그곳을 주시했다. 저 아래 지하 동굴에서 바위 안으로 조수가 들어왔다 나갈 때 내는 한숨 어린 흐느낌 소리만이 들려왔다. 나는 어지럽고 울렁거려 다시 천천히 올라갔다. 절벽에서 안전한 곳에 이르자 바위에 기대고 앉아 어떻게 해야 할지 열심히 생각했다. 심한 육체적 피로가 몰려와 잠이 들었다. 잠에서 깨었을 때 태양은 서쪽 수평선에 떠올랐고 한 무리의 햇살이 섬에 있는 바위꼭대기 전체를 비추었다.

중얼거리는 소리가 나서 밑을 내려다보니 그곳에 한 노파가

서 있었다. 머리에 아무것도 쓰지 않은 노파가 중얼거리며 신실한 경배의 표시로 땅에 절을 했다. 노파 옆에는 바다에서 나를 구해준 처녀가 눈에 놀라움을 담고 나를 바라보고 서 있었다. 처녀의 손에는 내가 훔쳐 먹은 것과 똑같은 공양 그릇이 들려 있었다. 노파가 외쳤다.

"동굴에 계신 영원한 젊음의 도사님, 젊음을 주십시오!"

처음에 나는 그녀에게 달려가 난파당한 이야기를 하고 도움을 청하려고 했지만 노파의 말을 듣고 이런 충동을 억제했다. 노파는 절을 멈추고 합장을 한 채 서 있었다. 주름으로 쭈글쭈글한 노파와 젊고 아름다운 처녀 두 사람이 함께 서 있었다. 열정적으로 기다리던 노파는 측은한 실망감으로 입술이 파리해졌다. 처녀는 놀란 표정으로 얼굴이 붉어졌다.

"여인아, 무엇을 원하는가?"

"신성한 도사님! 젊은이가 되어 목소리도 변하셨습니다."

나는 순간 미친 사람이 말을 걸었다는 느낌이 들어 잠시 침묵을 지켰다.

"오, 신성한 도사님! 젊음을 주소서. 굽은 등을 똑바로 펴주소서. 이 불쌍한, 늙어 굳어가는 팔을 부드럽고 강하게 해주소서. 흰머리가 사라지게 해주시고, 주름도 없애주소서. 젊음의 아름다움을 돌려주소서."

순간 나는 '제정신이 아니구나'라고 생각했다.

"몇 달 전부터 도사님은 제게 약속하셨습니다. 음식을 가져왔지만 이틀 동안 부처님은 이를 드시지 않았습니다. 도사님은 그냥 불길할 정도로 침묵을 지키신 채 앉아 계셨고, 제 청에는 아무 답도 주시지 않았습니다. 도사님은 오늘 저희에게 약속한 대로 젊음의 옷을 입고 바다에서 나오셨습니다. 보십시오! 부처님께서 우리의 제물을 드셨습니다."

노파는 내가 죽을 것 같은 굶주림으로 비웠던 그릇을 가리키며 말했다. 반복하는 청원이 지겨운 것처럼 노파는 돌아서서 처녀에게 상 밑에 공양 그릇을 놓으라고 명했다.

동굴 입구에 '영원한 젊음의 암자'라 써 있는 글을 보고 그제야 어떤 일이 있었는지 이해되었다. 바로 전 내가 바다로 밀어 넣은 노인은 홀로 구도하는 도사로, 사람들에게 젊음을 약속했던 것이다.

'내가 진짜 누구인지 밝히면 저들은 노인을 찾아달라고 요구할 거야. 노인의 시체가 솥 모양 바위에서 발견될 것이고 그러면 내 목숨은 없을지도 모르지. 이 섬에는 외부 사람이 거의 들어오지 않으므로, 이 사람들은 정말로 맹목적으로 미신을 믿을 거야.'

노파는 다가와 황홀한 표정으로 내 얼굴을 이리저리 꼼꼼하고 세세하게 들여다보았다.

"아름답습니다! 도사님께서 결국 성공하실 것을 알았습니다. 봐라, 노미야."

노파는 처녀를 향해 돌아서며 말했다.

"도사님은 젊고 아름다우시다."

노파는 무릎을 꿇고 몸을 흔들며 경(經)을 외웠다. 나는 허세 부리는 도사가 사람들에게 말하는 어조와 태도를 기억하면서 말했다.

"여인아, 너는 진리의 말씀을 배웠느냐?"

"오, 저는 어리석고 늙었습니다. 제가 지혜와 극기의 도를 깨닫는 것은 그리 쉬운 일이 아닙니다."

그러고 나서 노파는 다른 사람에게 이 사실을 알리자며 같이 온 처녀와 함께 산길을 따라 내려갔다. 경쾌한 발걸음으로 가끔 뒤를 돌아보며 내려가는 처녀의 우아함을 보니 고향 산의 새끼 사슴이 생각났다.

한 시간 뒤 사람들이 길을 따라 올라오는 소리가 들렸다. 지친 은둔의 세월 동안 노인이 앉아 있었다고 생각되는 절벽의 매끄러운 바위 부분에 나는 자리를 잡았다. 곧바로 20명의 남녀와 아이가 동굴 입구에 모여 경외하는 마음으로 나를 쳐다보았다. 마침내 태양이 지고 달이 떠올랐고 그들은 조용히 떼를 지어 몰려 나갔다.

  동굴은 산중턱에서 나온 바위 턱으로 이루어졌다. 바위 턱 아래 약한 바위는 10자 정도 씻겨 나가 동굴 입구를 만들었다. 과거 장마 때 물줄기가 들어 왔던 뒤쪽 구멍은 이제 굴뚝처럼 이용되었다. 한동안 동굴의 바다 쪽은 헛간의 앞쪽처럼 완전히 열려 있었다. 아마도 이전의 노인인 것 같지만 누군가가 돌을 쌓아 그곳의 구멍을 막고 진흙으로 안쪽 사이를 메웠다. 반대쪽 벽에 움푹 들어간 곳이 있었는데 이곳은 한 사람이 들어가 누울 만한 크기로 잠자리 같았다. 그 옆에 길이 40자, 폭 10자의 방이 하나 있었다. 어둠이 짙어지면서 방은 거대하고 높았으며 무시무시했다. 놋그릇, 젓가락, 숟가락, 목침과 낡은 책들이 전부였다.

  나는 당황스럽고 전혀 마음에 들지 않는 상황에 처했음을 깨달았다. 나는 죄수였다. 이곳을 떠나면 내가 그 노인을 살해했다는 의심을 받을 것이다. 어둠 속에서 두려움으로 떨면서 동굴 안을 살펴본 후 달빛이 비치는 입구로 기어나갔다. 밤의 정적 속에서 저 아래 파도의 흐느낌 소리는 두 배나 커졌다. 절벽 끝으로 기어가 내려다보니 수천의 망령이 서로 싸우는 것처럼 그 아우성 소리는 더 커졌다. 나는 두려움으로 몸을 떨었고 도사 노인의 목소리가 동굴 안에서 외치고 그 소리가 메아리쳐 들린다는 생각이 들었다. 곧바로 나는 가파른 길로 기다시피 걸어가 탁 트인 곳의 나무 아래 피신하여 누웠다. 너무 피곤해 곧바로 잠이 들었다. 그 후 나무는 수많은 밤 동안 내게 잠자리가 되어주었다.

 그 처녀가 매일 음식을 날라 불상 앞에 놓았다. 매일 그릇이 비워졌으니 불상은 식욕이 왕성한 것이 되었다. 그녀는 만족해 보였다. 그녀가 도착하는 시간을 알게 된 나는 그 시간이 되면 노인의 시체를 처음 보았던 그 오목한 곳에 앉아 있었다. 세속적인 모든 것에 관심을 두지 않는 도사의 모습에 맞는 진중한 태도로 나는 항상 그녀를 바라보았다. 그러자 그녀는 믿음을 가진 아이의 순수함으로 내 얼굴을 찬찬히 들여다보았다. 그녀는 내 신부로 간택된 그 기형의 여인과 대조적이었다. 얼굴은 둥글기보다는 길었고 눈은 컸지만 그 색을 알 수 없었다. 그 눈은 사람의 시선을 피하지 않았고 늘 대단한 호기심을 품고 있는 듯했다. 꽉 다문 입술은 변하지 않는 신뢰를 지니며 인내심이 강한 성격임을 보여주는 듯했다. 웃을 때면 그녀의 얼굴에 달콤한 본성의 빛이 발산되어 길가에 피어난 아름다운 꽃조차 그 빛을 잃는 것 같았다. 어느 날 나는 그녀에게 물었다.

 "노미, 처음 노파와 함께 왔을 때 이 이름으로 불리던데. 그 노파는 네 어머니인가?"

내가 말을 걸자 그녀는 놀라 나를 쳐다보며 답했다.

"아닙니다, 도사님."

"친가나 외가 쪽으로 친척인가?"

"아닙니다, 도사님."

"그러면 넌 누구냐?"

"젊음의 암자에 사시는 신성한 도사님께서 진실로 알기 원하시는 겁니까?"

그녀가 묻자 나는 고개를 끄덕였고 그녀는 잠시 동안 내게서 몸을 돌렸다. 그러고는 사로잡힌 새끼 사슴의 눈에서 보는 것 같은, 뭐라 말할 수 없는 시선으로 내 얼굴을 쳐다보았다. 그녀는 맨발이었다. 그녀는 짧은 치마를 들어 올려 오른쪽 종아리를 보여주었다.

"종이로군!"

나는 소리쳤다. 그녀에게는 내가 그렇게 잘 아는 매 자국이 있었다. 내가 크게 소리치자 그녀는 놀라 도망가려는 듯한 모습으로 서 있었다.

"두려워하지 말거라. 도사는 네 친구이니라. 네가 종인 것을 몰랐다."

나는 부드럽게 말했고, 그녀는 노래 부르는 것 같은 쾌활한 웃음소리를 내며 길을 돌아내려 갔다. 나는 손을 들어 그녀를 저지하려 했지만 그럴 만한 이유를 찾지 못했다. 그 순간 나는 왜 내가 억류된 처지를 즐거워했는지, 왜 지난 몇 주간 애써 탈출할 방법을 찾으려 하지 않았는지 알게 되었다. 그리고 왜 밤의 공포가 줄어들었는지, 왜 동굴 안에 머물며 도사 노인이 자던 벽의 오목한 곳에서 편안하게 잠을 잤는지 그 이유를 알게 되었다.

밤새 그녀의 웃음소리가 내 귀에서 울렸다. 그녀에 대해 좀 더 알아보기로 결정했다. 그러나 다음 날 내가 도사 역할을 한 이래 처음으로 노파가 젊은 처녀를 데려오지 않은 채 제물을 가지고 왔다. 그 이후 수일간 처녀가 보이지 않았고, 나는 그녀가 왜 안 오는지 궁금했다. 노파가 와 절을 하며 청을 말할 때도 나는 줄곧 바다만 쳐다보았다. 어느 날 노파는 와서 내가 음식에 전혀 손을 대지 않고 또 그녀가 계속 불러도 응답하지 않은 채 바다만 응시하기에 매우 놀라워했다.

"오, 부처님이 노하셨네!"

노파는 말했다. 다음 날 노파는 처녀를 데려왔고 부처는 기분이 좋아 음식을 먹었다. 부처가 먹지 않은 것은 솥 모양 바위로 던져 노인 도사의 시체와 함께 있도록 했다.

기적의 소식이 본토까지 전해졌고 수많은 사람이 왔지만, 나는 동굴로 오는 순례자들이 지겨워졌다. 나는 모든 질문에 대해 입을 다물고 부처상만을 가리켰다. 내 옆에 있는 책을 읽으며 나는 추상의 정신에 몰두해야 했다. 온갖 종류의 사람들, 즉 노인과 생기를 잃은 자, 기형의 사람, 사지가 잘린 사람, 잘 속아 넘어가는 사람, 미신을 믿는 자, 지상의 어떤 능력에도 만족할 수 없는 굶주린 욕망을 가진 자들이 왔다. 놀라운 치유의 소식이 전해졌고 황홀경에 빠진 미친 듯한 열정으로 젊음의 불이 되살아나는 것을 느낀다고 말하는 이도 있었다.

이렇게 몇 달을 지내는 동안 가끔 나는 동식이와 다른 일행의 불확실한 운명을 생각하고 또 내가 죽었다고 생각한 아버지와 가솔들의 슬픔을 생각하며 애는 듯한 아픔을 느꼈다. 오고 가는 순례자 틈에 끼어 안전하게 이곳을 나갈 수도 있었다. 그러나 다른 어떤 생각보다, 심지어 목숨을 지탱하는 것보다 더 소중하게 이곳에 머물러야 할 이유가 있었다. 그 일이 다른 모든 동기를 모두 지배할 줄을 그 순간에는 전혀 몰랐고, 시간이 지나서야 이 교훈을 알게 되었다.

이제 노미 옆에 머물고 싶었다. 그녀를 부인으로 삼으려고 애쓴다는 것이 거의 정신 나간 짓 같았다. 도승지의 아들이 이렇게 행동하는 것을 어떻게 해명할 수 있을까? 그녀를 살 수 있다면 또 주인이 그녀를 기꺼이 내놓으려 한다면 그 거래에는 많은 돈이 필요할 것이다. 나는 돈이 한 푼도 없었다. 게다가 결혼으로 가세가 기우는 것이 아니라 부자가 될 수 있는데 아버지께서 이 거래에 돈을 주리라고 기대하지도 않는다. 유일하게 남아 있는 일은 종과 결혼을 하고 우리 조선의 법에 따라 나도 노예가 되는 것이라는 생각이 들었다. 이 생각을 하니 웃음이 났다. 사람들은 신성한 도사가 종이 되는 것을 용납하기보다는 폭도로 돌변해 나와 종의 주인에게 몰려들 것이다.

두 달이 지나자 처녀는 혼자서 불상에 제물을 바쳤다. 어느 날 그녀는 이곳에 와 눈을 떨구고 내 옆에 서 있었다. 나는 그녀가 말하기를 기다렸다.

"신성한 도사님, 저처럼 천한 년이 감히 도사님께 운세를 봐 달라고 해도 될까요?"

"안 된다. 네 운세를 보지 말아 달라고 청하거라. 다시 젊어진 후 이런 운세를 보는 일은 더 이상 하지 않기로 했다. 신은 이런 운세 보는 일을 당신만의 권리로 생각하고 나를 질투하며 노하실지도 모른다. 나는 내 젊음과 신이 내게 해주신 것을 소중히 여긴다. 신을 노하게 하지 않으려 한다. 지금 내게 청하는 처녀처럼 그렇게 아름다운 여자의 운세를 보는 것은 더욱더 하지 않을 것이다. 네가 살아온 이야기를 해주겠느냐? 어떻게 종이 되었느냐? 부모는 누구냐?"

"전부 다 아시지 않나요, 신성한 도사님? 도사님께서 모두 아신다고 생각해 그렇게 부탁드렸는데요."

그녀는 놀라 눈을 크게 뜨고 나를 보며 물었다.

"그러냐? 자신에 대해 알고 있는 모든 것을 말해보거라. 저 풀 둔덕[1]에 앉아 모두 말해 보거라."

내 발 밑에서 그녀는 무릎을 꿇고 앉아 나지막하게 음악 같은 목소리로 자신의 삶에 대해 알고 있는 모든 이야기를 했다.

"제일 먼저 기억나는 것은 제가 큰 집에서 살았다는 것이에요. 하인도 있었고 살기에 부족한 것이 하나도 없었어요. 그 당시 제 이름은 노미가 아니고 이화(梨花)[2]였어요. 다섯 살 때 관찰사의 아전이 집으로 와 아버지를 감옥으로 데려갔어요. 아버지는 다리를 매우 맞아 걸을 수 없어 들것에 실려 돌아오셨어요. 며칠 그렇게 앓으시다가 아버지는 돌아가셨어요. 그러자 관복을 입은 남자들이 와서 아버지가 서명한 서류들을 보여주며 우리 집을 빼앗았고, 우리는 그 당시 하인이 살았던 오두막집으로 옮겨 갔어요. 낯선 사람들이 저희 집을 차지했고 어머니는 그곳으로 간청하러 가셨어요. 아버지가 돌아가셨을 때 이웃 사람들이 그날 밤 아버지를 묻어주셨습니다. 지금 기억해보니 어머니는 젊고 매력적이었죠. 아버지의 시체가 우리 집 문

---

[1] 가운데가 솟아서 불룩하게 언덕이 진 곳
[2] 배꽃

에서 나가기도 전에 밖에서 남자들 무리가 나타나 집으로 들어오려 했어요. 나중에 알게 되었지만 그들이 온 목적은 어머니를 끌고 가서 강제로 그 지방 부자의 첩이 되게 하려 한 것이었어요. 지금 생각해보니 그 부자가 우리 집을 망하게 했어요. 우리 집 마당은 앞마당과 뒷마당으로 나뉘어져 있었어요. 거적 담으로 완전히 막아 놓았죠. 저들이 집으로 들어오려고 문을 거칠게 잡아당기자 어머니는 저를 데리러 오셨어요. 소리 내지 말라고 말하시며 어머니는 저를 등에 업으셨어요. 그런 후 우리는 담을 넘어 뒷문으로 몰래 나가 어둠 속으로 도망쳤어요. 우리는 밤새 걸었죠. 가끔 어머니는 저를 내려놓고 흐느끼셨어요. 다음 날 우리는 무덤이 많은 작은 숲에 숨었고 밤에 다시 걸었어요. 벼가 아직 익지 않았던 시절이었으므로 우리는 옥수수 낱알을 긁어 먹었어요. 해질 무렵 어머니는 먼 곳에 사는 친구들을 찾으러 간다고 말씀하셨어요. 나흘째 되는 날 굶주림으로 어머니는 낮에 구걸을 하셨어요. 우리를 잡으려는 사람이 보이지 않자, 어머니는 대담해지셨어요. 우리는 하루 종일 걸었고 음식도 많이 얻었어요. 마침내 발이 아프고 지쳐서 한 마을에서 어머니는 하루 머무는 은혜를 베풀어달라고 청했어요. 어머니는 허락을 받았지만 거기서 머무는 동안 질문을 많이 받았어요. 주막 주인은 친절했죠. 원하는 대로 있으라고 했어요. 그러자 어머니는 겁에 질리셨어요. 그날 밤 우리는 잠자는 마을을 몰래 빠져나와 다음 날 정오가 될 때까지 도망갔어요. 하지만 스무 명의 남자에게 잡혔죠. 그 무리 중 관복을 입은 한 사람이 우리에게 돌아가라고 명령했어요. 어머니는 무릎을 꿇고 살려달라고 또 명예를 지키게 해달라고 빌었어요. 마침내 어머니가 '나를 죽여주시오. 종으로 사는 것보다는 죽는 게 훨씬 낫소'라고 말씀하셨어요. 그런 후 어머니는 지금까지 겪은 이야기를 하면서 수도 없이 애절히 간청했어요. 누군가가 '그 여자를 봐줍시다'라고 말했지만, 어머니의 예쁜 얼굴을 본 다른 사람들은 그 말을 따르지 않았어요. 그들은 우리에게 어느 마을로 가라고 명령했죠. 우리는 마을 밖 작은 숲으로 끌려갔는데, 그곳에는 남자 어른과 청년이 많이 모여 있었어요. 그들은 술을 주고받고 있었어요. 관아의 옷을 입은 사람이 어머니와 내가 자기 소유라며 팔 가격을 말했어요. 우리는 해가 질 때까지 그곳에 있었는데, 갑자기 거래가 틀어지면서 서로 욕을 하고 때리기 시작했어요. 싸우던 사람들이 서로 갈라섰고 어머니와 저는 다른 방향으로 끌려갔어요. 딸과 헤어지게 되었다는 것을 알자 어머니는 미친 듯이 화를 내며 관복을 입은 사람에게 달려들었어요. 어머니는 그의 깔대기[3]를 벗겨 머리채를 잡아당겼어요.

---

3 조선시대 포졸들이 썼던 모자

포졸의 눈에 상처도 입혔죠. 거기에 있던 사람들은 구경거리라도 난 듯 크게 웃었어요. 포졸이 어머니에게 달려들자, 어머니를 산 남자는 그를 한쪽으로 밀어내고 욕을 하기 시작했어요. 결국 어머니는 땅바닥에 쓰러져 '이화'라 부르며 사람들이 나를 끌고 가는 걸 눈이 뚫어지라 쳐다보았어요. 저도 어머니를 보았죠. 이십여 명의 남자들에게 둘러싸여 어머니는 머리를 풀어헤친 채 슬픔으로 몸을 덜덜 떨었어요. 저는 어머니의 그 모습을 꿈에서 여러 번 보았어요. 가끔 밤이면 바람 소리나 몰아치는 폭풍우 소리 사이로 어머니가 '이화! 아, 내 딸 이화!'라고 외치는 소리가 들렸어요."

여기서 발 밑의 소녀는 땅을 보며 잠시 말을 멈추었다.

"알았다. 그러고는?"

"그 후 저는 두 번 팔렸어요. 지금은 동굴에 사시는 도사님의 치유 능력 소문을 듣고 몇 주 전 이 섬으로 온 부자의 종이에요. 남은 가족 몇 사람하고 함께 우리는 주인님이 돌아올 때까지 기다리거나 아니면 그를 따라 평양으로 가려 해요. 도사님은 제 주인을 기억할 것입니다. 크고 둥근 얼굴에 비단 옷을 입고 도사님께 많은 돈을 준 사람입니다. 불상에 매일 공양을 바치라고 명령한 사람도 바로 제 주인입니다."

"돈이라고? 한 푼도 받지 않았는데."

나는 놀라서 경계를 풀고 말했다. 그녀는 뭔가를 알아내려는 눈빛으로 나를 쳐다보았다. 나는 당황했고, 평정을 찾으려고 먼 바다를 보았다.

"아, 존경하는 도사님. 말씀해주세요. 어머니를 다시 만날 수 있을까요? 자유를 얻게 될까요?"

"자유란⋯."

나는 뒤에 있는 동굴을 흘낏 바라보며 말했다.

"자유란 자유가 행하는 것이니라. 그리고 이것은 상대적인 말이니라. 너는 네가 이해하지 못하는 것을 원할 수도 있다. 일단 이것에 사로잡히면 병이 날 수도 있다. 자신이 자유롭다고 느끼지만 실제로 팔과 손이 묶여 감옥에 갇힌 것처럼 그렇게 심하게 속박된 사람도 있다. 진실로 이 세상에서 양반의 속박 아래 묶여 있지 않은 사람은 거의 없다. 자연이 그 재주를 아낌없이 부리고 부처님이 과하게 돌봐주는 이 아름다운 섬에서조차 살을 벗기는 속박에서 고통받는 사람이 있다."

내가 다소 신랄하게 말하자 그녀는 재빨리 고개를 들어 눈으로 내 시선을 찾았다.

"속박에서 기쁨을 본다면 네 자신이 자유롭다고 말할 수 있을 것이다."

"새장 속에 갇힌 새가 날개를 펴 태양이 비치는 하늘을 날고 반짝이는 강물에서 목욕하며 길가에 핀 꽃의 꿀을 빨아 먹는다고 상상할 수 있을까요? 신성한 도사님, 그게 가능하다고 생각하세요? 부처님께 신령한 힘을 써 이런 약속을 제게 해달라고 청할 수 없을까요? 도사님께서 음식을 그렇게 배불리 드신 그곳에서 저를 위해 밥 한 술이라도 남길 수 없으시나요?[4]"

그녀는 떨며 말했다.

"종인 불쌍한 노미를 위해서 해줄 수 있는 일이 아무것도 없다고 생각하시나요?"

"귀여운 처녀야, 아무것도 없다고?"

그녀의 호소하는 눈을 계속 들여다보며 답했다.

"자연의 인색한 손아귀에서 우리가 손을 비틀어 꺼낼 수 있는 것만을 신은 우리에게 주느니라. 신이 인간에게 주는 것은 오로지 잡을 기회뿐이니라. 신이 그 힘을 발휘하는 것은 오로지 사람의 팔과 마음의 힘이느니라. 아, 신은 사람들이 주려 하지 않는 것을 주지는 않는다. 오늘 내가 너를 위해 기도한다면 신은 내 마음에 말을 할 것이다. 진실로 나는 기도했다. 동정심을 일깨우는 것이 아니라 동정심이 결코 아닌 것을 억누르려 기도했다. 신에게 하는 내 기도는 바다의 속삭임과 한숨과 섞

---

4 노미는 도사가 다시 젊어졌다고 생각하고 다신 젊어진 것이 부처님의 신령한 힘을 받은 것, 즉 도사 혼자만 음식을 잘 먹은 것이라 표현함. 자기에게 부스러기를 달라고 한 것은 이 능력 중 일부만 자신을 위해 써달라고 한 말

였다. 미풍이 내 기도를 싣고 땅과 바다 위를 넘어 올라가 하늘의 문을 괴롭히려 했지만 그 기도는 결실 없이 돌아오느니라. 이를 신을 믿지 않는다고 말하지 마라, 아름다운 처녀야. 오늘 너의 간청을 듣고 나는 오로지 내 마음과 논하기로 했다. 너를 위해 해준 것이 아무것도 없느냐?"

나는 여전히 그녀의 눈을 들여다보면서 말했다. 내가 "이화, 너를 위한 세상이 있다"라고 말하자 그녀의 눈이 놀라운 경이로움으로 휘둥그레졌다. 내가 말한 의미를 점차 이해하게 되자 그녀의 입술이 벌어지고 얼굴에 홍조가 퍼졌다. 그녀는 벌떡 일어나 산길을 따라 달려 내려갔고, 그 이후로 젊음의 동굴에 다시 오지 않았다.

겨울이 왔다. 도사의 동굴이 섬으로 이익을 가져오기 때문에 동굴을 계속 돌보는 것이 이익임을 알게 된 사람들은 동굴 앞에 풀을 쌓아놓았다. 나는 벽의 오목한 부분의 진흙 바닥을 정돈했고 불을 지폈다. 입구에 거적을 덮었더니 겨울에도 동굴은 안락했다. 밤에 섬을 탐색한 결과 작은 마을 몇 개를 발견했다. 길을 나갈 수 있는 배가 보였지만 이화는 보이지 않았다. 새로운 사람들이 음식을 가져왔다. 나는 혹여 이화가 어떤 어려움에 처할게 될까 걱정이 되어 그들에게 그녀에 관해 물어보지 않았다.

그렇게 신실하게 섬겼던 노파가 드디어 유달리 많은 공양물을 들고 불상 앞에 나타났다. 나는 그 노파가 동굴 안에서 절을 많이 한 후 오랫동안 서성거리는 것을 발견했다. 가까이 오라고 손짓하자 그녀는 얼굴에 빛을 내고 반겼다. 지난 몇 달 동안 그녀를 냉담하게 대했기 때문에 그녀에게는 감히 생각도 하지 못했던 은혜였다. 노파는 땅에 머리가 닿을 정도로 절을 하곤 내가 말하기를 기다렸다. 나는 친절하게 말했다.

"오랜만에 보네."

"신성한 도사님께서는 저처럼 벌레같이 미천한 걸 생각하십니까? 도사님께서는 누가 오고 가는지 아십니까?"

"하늘의 별만큼이나 많은 이가 오고 갔느니라. 가을바람 불기 전 급히 굴러가는 서리 맞은 나뭇잎처럼 많은 이가 내 발아래 모였느니라. 저들의 운수가 하늘, 땅, 바다에 쓰였을 때, 또 나무와 꽃 사이에서 신이 미풍으로 저들의 운수를 말하는 소리가 들릴 때, 그것을 모두 헤아려야 하는가? 세상의 병든 자, 근심 어린 자, 비틀거리며 걷는 자들이 왔다. 열정적인 눈을 지니며 통통 튀는 생명력으로 가득 차 생각 없이 웃는 젊은이가 미래를 알고 싶어 여기에 왔느니라. 여인이여, 신이 좋아하는 사람은 이 모든 것을 알아채지 못한다고 생각하는가?"

"신성한 도사님께 말하고 싶은 사람들이 많이 있습니다."

"그렇지 않다. 그러나 여인이여. 조바심 나는 마음, 그 마음을 신들이 드러내지 않을까?"

"도사님은 모든 것을 아십니다."

"모든 것은 아니다. 신이 가르쳐준 것만을 아느니라. 신은 도사에게 필요한 것만 말해주느니라. 이 신성한 곳에서 여기에 절하는 사람도 있지만 나는 네가 소식을 가져왔다는 것을 안다. 늙은이와 젊은이에 대한 소식을 말이다. 이 신성한 장소를 만지자 걸을 수 있다고 말한 사람이 있다. 과거에 불상에 음식을 바쳤던 그 처녀는 어떻게 되었느냐?"

"그 처녀는 제가 속한 집안의 가솔입니다. 저는 하인이고 그 아이는 종입니다.[5] 하지만 그 아이는 자유로운 하인보다 주인의 사랑을 더 받고 있습니다. 적절한 때가 되면 주인이 그 아이를 첩으로 삼을 것입니다. 이런 관계는 주인에게는 불명예이지만 그 처녀 아이는 워낙 똑똑하고 아름다워 이런 걱정은 전혀 문제가 되지 않습니다."

"그러면 그 처녀는 대우를 잘 받느냐?"

"영리한 사람이 그러하듯이 그 아이는 때때로 반항합니다. 제가 어리석어 복종하는 법만을 알아 늘 기쁘게 생각합니다.

---

[5] '하인'은 주인의 소유물이 아니라 돈과 숙식을 제공받고 일하는 사람으로 사유재산을 가질 수 있다. 이와 달리 종은 주인의 소유물로 사유재산을 전혀 가질 수 없다.

도사님, 주인은 때로 채찍으로 그녀를 복종시키려고 합니다. 그 처녀는 환심을 사거나 싸우려 하지 않습니다. 둥글고 큰 눈을 뜨고 놀란 새끼 사슴의 표정을 짓고 창백한 입술로 주인을 정면으로 바라봅니다. 그 아이는 또 자신이 거절한 일에 대해서는 결코 물리는 법이 없습니다."

"일을 하려 하지 않느냐? 그 아이에 대해 좀 더 말해보아라."

"그 아이는 정말 열심히 일합니다. 그 아이의 아름다움은 저 멀리까지 알려져 많은 돈을 주고 그 아이를 사겠다는 사람들이 있습니다. 한 번은 그 아이가 팔려 문서까지 작성된 적도 있었습니다. 그 아이는 이 사실을 알고 주인에게 갔습니다. 무슨 일이 일어났는지 아무도 모르지만 주인은 그 아이를 매로 치라고 명했습니다. 매 자국이 깊어 갔지만 그 아이는 한마디도 하지 않았습니다. 매를 다 맞자 그 아이는 주인에게 걸어가 그 앞에 서서 눈물 한 방울 흘리지 않은 채 똑바로 주인의 눈을 쳐다보았습니다. 죽더라도 절대로 항복하지 않겠다는, 말 못하는 짐승의 표정이었습니다. 이 거래에서 주인은 갑자기 미친 듯이 화를 냈습니다. 주인은 문서를 찢어 버리고 그 아이를 사려 했던 사람에게 욕을 하며 돈을 되돌려 주었습니다. 그 사람이 불평하자 판매 가격의 1할을 더 주었습니다. 그 사람은 돈을 받고 떠나려 하다가 갑자기 돌아서서 주인을 욕했습니다. 우리 주인은 그의 머리채를 잡았고 이웃과 하인이 합세하여 두 사람을 간신히 떼어놓았습니다. 얼마 전 한 젊은이가 그 아이와 결혼할 은혜를 얻는다면 노예가 되겠다고 제안했습니다. 모든 준비가 다 되었을 때 소식을 들은 그 아이는 주인에게 갔습니다. 온 동네가 떠들썩한 일이 일어났고 젊은이는 쫓겨났습니다. 주인은 성미가 불같고, 철통 같은 고집을 지닌 사람입니다. 노미만 빼고 우리 모두는 주인을 두려워하며 살아가고 있습니다. 노미는 그를 두려워하지 않습니다. 노미는 밤에 사당과 무덤 주위를 지나가는 유령조차 무서워하지 않는 것 같습니다."

"네 주인은 그 아이를 첩으로 삼으려 하느냐?"

내가 묻자 노파는 잠시 나를 쳐다보더니 말했다.

"앞으로의 일은 도사님과 신만이 아십니다."

나는 깊이 생각한 후 다시 질문을 던졌다.

"육지에는 어떤 소식이 있느냐?"

"아이고, 도사님. 온갖 불안한 소문이 떠돕니다. 봄이 오면 사람들이 공개적으로 반란을 일으킬 것이라 합니다. 지금 이 나라가 곧 망할 것이라고 가르치지 않으셨습니까? 그런 일에 대한 예언은 없습니까? 많은 사람이 모여서 나라의 곳곳에서, 특히 남쪽 지방에서 훈련받고 있다고 합니다. 봄이 되어 따뜻해져 밖에 진영을 칠 수 있게 되면 이들은 곧바로 전쟁을 일으키려 한답니다. 신성한 도사님, 도사님께서는 이 섬에 은거해 계시니 행복하신 것입니다. 혼돈, 유혹과 갈등에서 멀리 벗어나 도만 닦으며 시간을 보내시니까요. 도사님의 영혼은 사랑으로 인한 질투, 증오의 고통에서 자유로우십니다. 아, 이렇게 깊은 평온은 축복입니다! 잠시라도 제 말을 들어주셔서 감사합니다. 자비를 베풀어 저를 위해 신에게 빌어주십시오. 저는 앞으로 이곳에 다시 오지 못할 것입니다. 신성한 도사님, 안녕히 계십시오!"

노파는 이렇게 말하며 일어났고, 잠시 멈춰 동굴을 바라보았다. 노파는 걱정하는 투로 덧붙였다.

"저는 오랫동안 이 불상을 모셨습니다. 저는 진심으로 기도했고 육체가 늙어가는 것을 막아보려고 열심히 노력했습니다. 하지만 축복은 저같이 우둔한 사람에게는 주어지지 않는 것 같습니다. 최근에 믿지 않는 사람이 많아 신이 분노하지 않을까 두려웠습니다. 도사님께 일어난 기적을 의심하는 사람이 많습니다. 하지만 이런 트집은 흰머리를 지닌 노인을 되돌려달라고 요청하자 잠잠해졌습니다. 도사님은 오늘 제게 그랬던 것처럼 도움을 주셨고 말씀도 해주셨습니다. 도사님, 이런 말도 안 되는 소문을 계속 말하는 것을 용서해주십시오. 영원한 젊음으로 축복받는 사람은 나이로 슬픈 부패를 겪는 사람들을 동정해야

한다는 말이 들립니다. 부자 이 씨 가족과 섬사람들은 도사님께 신실했습니다. 믿지 않는 사람들은 곧 천벌을 받을 것입니다! 전쟁과 학살의 악마가 온 나라에서 대단한 축제를 벌일 것입니다."

"언제 떠날 것이냐?"

"대동강 물이 녹으면 바로 평양으로 떠날 것입니다. 안녕히 계십시오."

노파는 이렇게 말한 후 사라졌다. 나는 지금 맡고 있는 이 기괴한 인물에 싫증이 났다. 물론 내 유일한 변명은 신이 기적을 행했다는 도사의 역할을 부지불식간에 하게 되었고 또 목숨을 잃을까 두려워 사람들을 속였다는 것이다. 게다가 수양을 해보지 않은 삶 속에 이처럼 강한 동기가 갑자기 일어나 이것에 복종했다는 것이다. 하지만 내 삶의 과정이 나뿐 아니라 다른 사람도 모두 비참하게 만들 것이라는 걸 알았어야 했다. 미리 알았더라면 나는 자주 오가는 배를 몰래 타고 아버지의 집으로 돌아가 내게 예정되었던 곱추 신부와 결혼했을지도 모른다.

봄이 왔고 정기적으로 동굴에 오는 사람이 줄었으므로 나는 절약을 해야 했다. 지난 여름 방문객들이 많은 돈을 놓고 갔다. 돈이 필요한 날이 있으리라 생각하여 매우 신중하게 이 돈을 모아 두었다. 이제 다른 사람들이 부처상을 봉양했기에 이 씨

가족이 떠났는지 물었다. 그렇다는 소식을 듣자 나는 다른 절을 방문할 것이라 말했다. 많은 반대가 있었고 며칠 동안 그들은 좋은 쌀밥과 과일을 많이 갖고 왔다.

"얼마나 오래 나가 계실 겁니까? 어디로 가실 것입니까?"

"오랫동안 비워 두었던 절이 있는 평양으로 가느니라. 부처님이 나를 그곳으로 보내셨다."

제11장
전쟁의 희생자

"군대가 오고 있다. 대부대가 오고 있다! 수만 명이 온다. 수백만이!"

"몇 명이라 말했소?"

"수백만!"

"얼마나 멀리 떨어져 있소? 언제 도착한다 하오? 그들은 어떻게 생겼소? 대포와 깃발도 있나?"

"깃발이라고? 물론 있지요. 총은? 숲 속의 나무처럼 많소. 폭탄이라고? 나귀가 들어갈 정도로 크오. 사흘 후면 여기에 도착할 거요. 청나라 군대는 대단한 병사들이오. 일본 군대가 감히 아름다운 숲의 도시로 접근하려 한다면 아침거리도 되지 못할 거요."

이렇게 말한 사람은 북쪽 지역에서 막 도착한 전령이었다. 그는 국수 한 그릇과 막걸리 한 잔을 먹으러 주막에 들렸다. 주막의 방, 문, 거리는 열심히 들으려는 사람들로 넘쳤다.

나는 한 달 동안 평양에 있었고 마침내 부자 이 씨 집을 찾았다. 이 씨와 그의 하인들을 보았지만 이화에 대한 정확한 정보는 얻을 수 없었다. 섬의 동굴에서 모았던 돈은 곧바로 바닥이 났다. 얼마 안 되는 마지막 남은 돈으로 물 양동이를 사 생계를 위해 물을 날랐다. 전에 알았던 사람들을 만났지만 그들은 변화된 상황에 처한 나를 알아보지 못하였다. 나는 막일꾼처럼 머리에 수건을 질끈 동여매고 부자 이 씨 집으로 물을 날랐다. 여러 날 물을 날라 큰 장독을 가득 채웠고 노동의 대가로 약간의 돈을 받았다. 강에서 집으로 물을 나를 때마다 매번 피곤한 듯 잠시 머뭇거리곤 했다.

드디어 마당을 건너가는 이화를 보고 그녀 앞에 섰다. 그녀는 약간 놀란 것 같지만 나를 전혀 알아보지 못하는 표정을 지었다. 나는 물장수 일을 그만 두고 평양으로 일자리를 찾아 나섰다. 여러 날 일자리를 찾다가 지치고 힘이 들어 주막집 툇마루에 앉았다. 누군가의 인사에 답하는 내 목소리를 듣고 주막

집 주인이 나를 불러 들어오라고 했다. 내가 들어가자 주막집 주인이 많은 질문을 했다.

"글을 쓸 수 있소? 무엇을 했었소? 정직하오?"

그는 장님이었다. 내게 말을 걸면서 그는 열린 문에 비치는 빛만을 바라보았다.

"이보시오!"

그는 안쪽 문을 두드리며 누군가를 불렀다. 오십가량 되는 단정치 못해 보이는 여자가 들어왔다. 그는 그 여자에게 나의 인상이 어떠한지를 물었다.

"이 젊은이를 어떻게 생각하시오?"

그러고는 그는 나를 향해 말했다.

"목소리가 마음에 들어. 이보게, 젊은이. 난 장님이라 이 주막 일을 볼 수 없네. 여러 사람과 일을 했지만 버는 걸 속였네. 목소리가 마음에 들어. 나와 함께 있어주게. 자네 덕분에 일을 제대로 할 수 있을 거야."

여자를 불러 이 일을 결정하라고 했지만, 그는 여자와 의논하지 않고 결정을 내렸다. 불만 어린 눈빛으로 나를 쳐다본 후 여자는 마지못해 이 일에 동의하고 나갔다. 곧바로 나는 주막을 관리하는 사람이 되었다. 나는 손님들에게 국수와 막걸리를 갖다주었고 필요하면 언제든지 그들을 쫓아내었다. 또 주인이 강조한 것처럼 '장부'를 기재했다.

  일본과 청나라 사이에 전쟁이 선포되었다. 해상 전투가 일어나 청나라가 패했다는 보고가 들렸지만 어느 누구도 대국인 청나라 군대가 패할 것이라 생각하지 않았다. 전령이 말하듯이 각개 전투에서 청나라가 일본보다 우세하다는 점에서는 모두가 동의한다. 청나라는 대국이고, 일본은 조그만 나라로 항상 멸시받았다. 지난 몇 세기 동안 조선도 해안에서 왜구를 물리치지 않았던가? 임금님께서 막강한 청나라에 도움을 청했다는 소식이 들렸다.

  조선의 모든 전통은 중국과 동일시되어 왔다. 우리는 수세기 동안 섬나라 왕국의 침입을 막기 위해 청나라에게 보호와 원조를 요청하지 않았던가? 일본인들은 정치적 자유의 영광을 목소리 높여 말하지만 도대체 우리에게 자유의 어느 점이 부족하단 말인가? 우리는 그냥 간섭하지 말고 그대로 놔두기를 원한다.

  군대가 이동하고 있었다. 청나라 군대가 일본 군대보다 평양에 더 가까이 있었다. 그러나 슬프게도, 이 두 나라는 누가 이기든지 모두 탐욕의 폭풍으로 우리를 잡아먹으려 하고 있었다. 가까운 지역의 사람들이 모두 외국 군대의 종이 되어 장작을 패거나 물을 길 것이며, 부인과 딸들이 군대의 전리품이 될 것이다.

 전령이 주막의 툇마루에 앉아 이 소식을 전하자 그 주위에 앉았던 사람들은 이런 소문뿐 아니라 이보다 더한 것들을 이야기하고 주장했다. 나는 밖으로 나가 평양 시내를 걸었다. 겁에 질린 사람들이 피난길을 떠나고 있었다. 온 성문에 사람들이 몰려들었다. 군대가 도착하기 전에 성문을 빠져나가려고 등에 짐을 진 사람들이 서로 밀어제쳤다. 남녀노소 할 것 없이 집에서 급히 싼 짐을 지고 있었다. 서로 밀어제쳤으며 혼잡했고 고함을 질렀다.

 이 모든 사람이 강을 건널 수 있을 정도로 배가 충분치 않았으므로 사람들이 강둑을 따라 큰 무리로 모여 있었다. 밤에는 짐을 내려놓았다. 배가 강 건너에 사람들을 내려놓고 돌아오면 사람들은 배 안의 자리를 차지하려고 서로 다투었다. 평양 건너편 언덕은 얼룩덜룩한 색의 군중으로 하얗게 뒤덮였다. 사람들은 하루 종일 밤낮으로 느리게 이리저리 이동했다. 수세기 동안 갇혀 있던 힘을 언덕과 평원 위로 분출하는 화산처럼, 살아 있는 물결이 거대한 도시의 언덕과 평원 위로 요동쳤다.

 이리저리 물어보니 많은 돈을 주어 관찰사와 돈독한 관계를 이룬 이 씨가 곧 들이닥칠 청나라 군대로부터 자기 집이 당할 폭력적 행위를 관찰사가 보호해줄 수 있을 것이라 굳게 믿고 있다는 말이 들렸다.

 그때까지 나는 우리 집안 소식을 부지런히 물으며 다녔다. 작년 여름 강에서 아들을 잃은 이후 아버지는 집에만 계신다는 소식을 들었다. 동식이에 대해서는 아무것도 알아내지 못했다. 그는 남쪽 지방의 동학란에 가담했고 청일전쟁이 일어나기 직전 정부를 돕기 위해 파견된 청나라 군대의 손에 죽었다는 보고가 있었다. 일반 대중과 일을 벌이는 것은 동식이의 습관이 아니었기에 나는 이런 보고를 믿지 않았다. 그는 조정과 싸울 계획이라는 것을 알고 있었다. 나는 그가 목적을 이룰 수 있다면 목숨을 버리고서라도 헌신한다는 것을 알고 있었다. 그러나 그가 그런 방식으로 목숨을 내놓으리라고는 생각하지 않았다. 집이 너무나 그리웠기에 정말로 가고 싶었지만 며칠 후 약탈과 학살의 무리에 그 종 아이가 둘러싸일 것이었기에 그녀의 운명을 알기 위해 기다려야만 했다.

 마침내 평양의 공포는 극에 달했다. 그날 청나라 군대가 도착할 거라는 말이 돌았다. 척후병(斥候兵)[1]은 이미 성벽 안에 있었고 장교들이 군대를 위한 편의시설을 요구하고 있었다. 사람들이 집을 버리고 피난하였기에 방은 충분했다. 마지막 순간까지 다가올 위협에 용감히 맞서겠다고 남은 사람들은 대부분 불

---

[1] 적의 형편이나 지형 따위를 정찰하고 탐색하는 임무를 맡은 병사

타는 건물의 쥐처럼 달아났다. 이들은 북쪽, 동쪽, 남쪽으로 갔고, 서쪽은 다가오는 군대로 가득 찼다. 나는 성벽으로 가 말과 병사들을 보았다. 이상한 무늬를 그린 장려한 군기를 들고 대규모의 군대가 평양을 향해 진군하고 있었다. 선두 열 위로 사령기와 군기가 흔들려 군인들의 모습이 거의 보이지 않았다. 주력 부대는 내가 전에 본 것보다 훨씬 좋은 무기로 무장을 하고 있었고, 나머지 많은 병사는 창과 총을 들고 있었다. 그들은 흉포해 보였고, 우리는 그들이 건방진 일본인들을 신속히 무찌를 것이라 굳건히 믿었다.

지방관과 관찰사는 수행원을 데리고 평양 밖 먼 곳으로 나가 청나라 장군들을 맞았다. 그들은 땅에 머리를 조아리며, 조선의 백성으로서 이런 먼지 같은 벌레들을 보호하기 위해 온 위대한 사람들을 환영한다고 말했다.

"우리 조선의 운명은 여러분들 손에 달려 있습니다. 우리 백성은 하늘의 신성한 도시를 다스리시는 황제의 종입니다. 여러분의 명예로운 병사들이 우리 비천한 백성의 집을 쓰게 하십시오. 일본에서 온 건방진 사람들을 쫓아내려 오신 여러분들 손에 입 맞추게 해주소서."

청나라 병사들은 빈집을 채웠고 우리 백성들에게 욕하며 술과 음식을 요구했다. 그들은 지방관의 말을 액면 그대로 받아

들여 그의 큰 집에 몰려들었다. 지방관은 자신과 하인들이 골방에 들어간 은혜를 입은 것에 행복해했다. 그는 관찰사에게 공문을 보내 위대한 청나라 군대를 위해 음식을 가져오라 했다. 평양은 물자를 다 빼앗겼고 빈곤해진 사람들은 길을 떠돌았다.

이 씨 집안에 물을 배달하려고 여러 번 시도했지만 청나라 군인에게 잡혀 번번이 물을 빼앗겼다. 항의를 할 때마다 나는 먼지 바닥으로 굴렀다. 드디어 나는 밤에 움직여 이화 주인집 문 앞까지 물통을 배달할 수 있었다. 그러나 실망스럽게도 그곳은 늘 청나라 군대의 장교로 가득 차 있었다. 나는 청나라 군인들은 자신들이 바라는 대상의 장애가 되는 것을 절대로 그냥 놔두지 않는다는 걸 충분히 보아서 알고 있었다. 물을 큰 독에 부은 후 알 수 없는 분노로 집주인을 찾아가 왜 노예와 하인들을 청나라 군인들에게 넘겼느냐고 따졌다. 나는 집에서 쫓겨났고 내 성급함을 곰곰이 되새길 충분한 시간을 갖게 되었다.

그 뒤 나는 붙잡혀 보수도 받지 못하고 근처의 성곽 만드는 일을 하게 되었다. 기회가 있을 때마다 도망쳤으나 다시 잡혔고, 다른 지역에서 일을 하게 되었다. 나는 조금이라도 얻어먹을 수 있는 곳에서 밥을 얻어먹었다. 때때로 나는 청나라 병사들을 주려고 땅에 펼친 가마니 위에 쌓아놓은 밥 더미 앞에 앉아 있기도 했다. 나는 여러 날 밤을 부자 이 씨 집의 벽 아래서 보냈다.

이 일은 과거에 내가 했던 빈둥거리는 일이 아닌, 어렵고 혹독한 경험이었다. 그러나 나는 일을 배웠고, 근육이 딱딱해지기 시작했기에 후에 이 일을 대단히 고맙게 생각했다. 내가 사실상 속할 수 없는 계급에 들어가 막일꾼의 일을 열정적으로 했던 것이 과연 어떻게 가능했는지 여전히 의아하다. 이것은 논리나 애국주의 또는 이타적 목적의 결과는 아니었다. 밤의 여행객인 도깨비불을 내 운명으로 삼아 떠나듯이 가슴이 머리에서 떠나 내 운명을 맹목적으로 믿었다.

곧 일본 군대가 평양으로 진격한다는 소식이 도착했다. 전신이 끊어져 외부세계와 통신할 수 없었다. 정찰병이 적군 4개 분대가 주변 4개 지역에서 평양으로 진군하고 있다고 보고했다. 요새화된 평양 주변의 많은 산이 철저하게 수비되었고 규율과 비슷한 것이 무질서를 대신했다.

어느 날 나는 거리에서 잡혔다. 내 상투가 진짜로 내 머리에 고정된 것인지 알아보려고 병사들이 내 상투를 세게 비틀었다. 상투를 틀고 조선 사람 옷을 입은 일본 첩자들이 시내에서 발견되었기 때문이다. 첩자들은 잡히는 대로 목이 잘렸고 조선인들은 이 일을 환호했다. 그 후 첩자를 잡을 목적으로 뽑힌 군인들이 성벽 안에서 모든 조선 사람의 상투를 흔들어보며 도시를 휩쓸고 갔다. 무모하게 성 안에 남은 많은 노인이 일본 첩자로 오해받았고, 재판의 특권도 누리지 못한 채 운명을 마감했다. 일본인과 조선인의 머리가 평양 성문 입구에 매달렸다.

"아이고! 우리 친구들의 친절이란 얼마나 무서운 건지!"

두 개를 제외하고 모든 성문에 차단물이 세워졌다. 어떤 성문은 안쪽으로 흙과 돌로 둑을 쌓아 도시 안의 우군이나 도시 밖의 적군 모두가 나가지도 들어오지도 못하게 했다.

제12장
사형 선고받은 풍각쟁이

첫 전투가 벌어지기 전날 저녁, 평양에서 연회가 열렸다. 평양은 넉넉하지 못했지만 번쩍이는 군복을 입은 군대를 대접하려 노력했다. 담당자는 절을 하며 자신들의 미천함을 큰 소리로 말했고, 또 시체 같은 입술과 공포로 가득 찬 눈에 웃음을 띠며 소름끼치는 손님들을 찬미했다.

나는 이동하는 병사들 사이를 지나 이 씨 부자 집으로 갔다. 나는 급히 서두르며 뛰는 하인 무리에 섞여 이 씨 집으로 들어갔다. 확 트인 마당에 정자가 있었고 그곳에 손님들이 모여 있었다. 부서진 집에서 가져온 굵은 소나무로 만든 횃불이 곳곳에서 활활 타고 있었다. 정자는 큰 나무 기둥 위로 산마루 모양의 지붕이 덮여 있었다. 정방형의 지붕은 네 구석에서 시작하여 완만한 경사로 올라가, 가운데 뾰족한 지점에서 모아졌다. 양쪽 처마 가운데서 지붕은 끝을 향해 올라가 그 구조물이 반은 우스꽝스럽고 반은 멋부리는 모습을 지녔다. 정자는 주위보다 높이 솟아 있어 그 모습은 마치 이웃들 머리 위로 성벽 너머를 바라보는 익살스러운 거인 같았다.

구석에는 큰 나무가 있었다. 이 나무는 가지를 정자 위로 펼쳐 연못 위로 뻗어 나갔는데, 이 연못에는 흑사병에 걸린 첩이 고름 나는 상처를 숨긴 채 그 위로 찬란한 연꽃을 피웠다. 가끔 세찬 바람이 불어 횃불의 불꽃을 비스듬히 기울게 하였으며 나무들도 자신의 비밀 무게로 고통받는 것처럼 가지를 이리저리 흔들어댔다.

손님들은 얇고 둥근 방석에 앉았다. 정자 안에 있는 확 트인 마루 끝 상석에 원 장군이 앉았다. 그의 오른쪽에 주인 이 씨가 앉았고 그의 주변에 지위에 맞추어 사람들이 자리에 앉았다. 비단옷을 입은 몸집이 큰 이 씨가 저명한 손님들에게 저자세를 취하지 않는 것을 보고 기뻤다. 그가 통역자를 쓰지 않고 청나라 사람들과 직접 대화하는 것을 보고 놀랐다. 부자 이 씨의 하인이 손님들 뒤편 약간 떨어진 곳에서 공손하게 서 있었다. 손님들 앞에서 풍각쟁이들이 북, 아쟁[1]과 피리로 이상한 음악을 연주했다. 화음과 표현이 부족한 것을 열성과 시끄러운 소리로 메우고 있었다. 작은 음식상이 들어와 손님들 앞에 놓이자 연회가 시작되었다. 나는 조촐한 음식에 부끄러움을 느꼈고 이를 사과하지 않는 주인의 불손함에 놀랐다.

신분 상하에 관계없이 많은 사람이 평양에서 피난하였다. 정직한 사람과 부정직한 사람, 게으른 사람과 열심히 일하는 자들이 모두 피난하였다. 부자와 게으른 자들(기생들)의 조야한 놀이만이 남았다. 기생들에게 냉혹한 전쟁은 두려움이 아니었다. 증오의 무서운 손이 그녀들의 방탕한 미소 아래서 부드럽고 우아하게 변했다. 기생들은 번지르르한 나비처럼 화장하고 비단옷을 입고 연회에 참석했다. 이들은 연회에 참석하는 게 아니라 수줍은 눈길을 하고 바로 옆에 가까이 앉아 연회에 관능적 분위기와 쾌락을 제공했다.

마침내 상이 물려지자 풍각쟁이들은 부드럽고 생생한 곡조를 연주했고 기생들이 마루 한가운데서 춤을 추었다. 무희 각자는 손에 매우 오래된 형태의 칼을 들고 있었고 음악에 맞추어 우아하게 춤을 추었다. 음악 소리가 커지고 흥이 돋자 춤도

---

[1] 7현으로 된 우리나라 현악기의 하나. 고려 시대부터 전해 오는 당악기로 조선 성종 무렵에 향악에도 사용하였다. 활로 줄을 문질러 연주하는데, 현악기 가운데 가장 좁은 음역을 가진 저음 악기이다.

열정적으로 변했다. 손님들은 조선 역사의 고대 비극에 완전히 몰입하여 구경했다. 춤이 끝나자 기쁨의 미소가 손님들 얼굴에 떠올랐고 부자 이 씨의 만족스러운 밝은 얼굴 표정이 보였다. 술은 별로였고 음식도 몹시 나빴지만 춤은 최고였다.

"청나라 춤보다 낫소."

마음이 넓은 원 장군이 말했다. 다른 손님들도 머리를 숙여 감사를 표했다. 술과 담배가 충분히 돌려지고 음악과 춤이 다시 시작되었다. 나는 침입자로 간주되지 않으려고 한 자리에서 잠깐씩 머물며 여기저기로 바쁘게 자리를 이동했다. 사람들의 온 관심이 춤에 집중되었으므로, 나는 정자 기둥 하나에 다가갈 수 있었다. 춤이 끝나자 성급히 나는 그 집의 입구에 있는 큰 대문의 그림자 속으로 몸을 숨겼다. 대문 처마 밑에 서 있을 때 한 사람과 부딪쳤고 나는 너무 놀라 거의 공포 상태가 되었다. 나는 정신을 차린 후 그에게 누구인지 퉁명스럽게 물었다.

"그냥 풍각쟁이입니다."

반쯤 놀란, 미안해하는 대답이 들렸다.

"누구라고요?"

나는 안도의 한숨을 쉬며 물었다.

"풍각쟁이요."

자신의 말을 증명하기 위해 그는 비파를 내밀었다. 나는 손에 악기를 잡고 줄을 가볍게 튕겼다. 그러자 그 아름다운 소리가 기억의 속삭임과 함께 들렸다. 그 순간, 지금은 사라진 천재 중 한 사람인, 방랑하는 친구, 방랑하는 풍각쟁이를 알아보았다. 가끔 우리 집에 와 내 손에 비파를 들려준 백발의 남자가 기억났다. 그 백발의 남자는 비파로 웃음, 눈물, 노래를 만들어 내곤 했다.

"길을 비켜주게나, 젊은이. 그러면 고맙겠네. 나도 내 의지와 달리 억지로 이곳에 왔네."

그의 목소리의 뭔가가 나를 놀라게 했다. 나는 그의 어깨를 잡아 그를 환한 쪽으로 끌고 갔다. 그런 후 팔을 잡고 그를 다시 그늘 쪽으로 데려갔다. 그는 내 어린 시절의 친구로 이제는 늙고 비틀거리는 모습을 하고 있었다. 나는 그의 여윈 얼굴을 내 어깨에 끌어안고 펑펑 울었다.

"마요 아저씨, 어디서 왔어요?"

그는 내 팔을 풀고 일어나 희미한 불빛 아래 내 얼굴을 찬찬히 들여다보았다.

"아, 도승지 어르신 아드님이군요. 지난 겨울 익사했다던 그 도련님이요."

"죽지 않았어요."

"그러면 도망간 건가요?"

구겨진 겉옷을 펴면서 그가 물었다.

"아니요, 바다에서 표류했어요. 아직 집에 못 갔어요."

내가 그를 반갑게 맞은 것과 달리 그가 냉담한 반응을 보이자 나는 기분이 상했다. 나는 도승지의 아들이고 그는 우리 집 대문에서 자선을 바라던 사람임이 기억났다. 나는 그에게서 약간 물러나 뻣뻣한 태도로 그를 만나 반갑고 내가 그의 감정을 상하게 하지 않기를 바란다고 말했다. 그는 내 목소리의 변화를 눈치채곤 내 손을 잡아 아무도 볼 수 없는 담의 굽이진 곳으로 데려갔다.

"아니에요, 도련님. 정말로 반가워요. 도련님은 제가 수년 동안 만난 사람 중 가장 반가운 사람입니다. 얼마 전 저는 청나라 군대 후방에 있게 되었고 황폐한 지역을 지나 여기로 오게 되었습니다. 청나라는 우리를 파괴시키려 합니다. 머리가 빠져 상투가 없어졌기에 어제 저는 일본 첩자로 오해받아 평양에서 잡혔어요. 저는 조선인임을 증명하기 위해 대장의 눈에 눈물이 고일 때까지 연주했습니다. 저들은 저를 이곳에 불러 오늘 밤 향연에 참석한 사람들 앞에서 연주하라고 했습니다. 그래서 제 운명은 내일로 연기되었습니다. 그러나 저들은 죽어가는 사람도 배고픔을 느낀다는 것을 잊었습니다. 저들은 도끼를 갈아 내 목에 들이대고는 내 비파 소리로 웃으려 합니다. 이 집보다는 감옥이 훨씬 안전합니다. 모든 출입구에 보초가 있습니다. 저는 보초가 서 있지 않은 출입구를 찾으며 헛되이 세 번이나 마당을 돌았습니다. 그러나 마침내 찾은 곳은 저들이 음악이라 부르는, 소름끼치는 불협화음이 들리지 않는 피난처입니다. 진실로 도련님과 부딪혔을 때 저는 손으로 귀를 막고 있었습니다. 도련님, 도련님 이야기를 해주세요. 아닙니다. 들을 시간이 없습니다. 길 저 편의 시끄러운 귀신들이 의식을 멈추었습니다. 제 차례가 되었어요."

그는 신음하며 덧붙였다. 집에 대해 묻고 싶은 말이 많았지만 그 순간 풍각쟁이를 부르는 소리가 들렸다. 그는 비파를 들고 비틀거리며 일어났다. 그가 많은 고생을 했음이 한눈에 드러났다. 한 가지 생각이 떠올라 나는 그의 비파를 잡고 흥분된 목소리로 불렀다.

"마요, 내가 하겠소. 내가 연주하겠소! 빨리! 빨리! 저들이 부르고 있소. 저들이 찾으러 올 것이오."

"안 됩니다. 안 됩니다. 저는 이미 아침에 죽을 운명입니다."

"빨리! 갓, 신발, 두루마기를 주시오. 등불이 움직이고 있소. 저들이 찾으러 오고 있소!"

잠시 후 나는 그의 신발을 신었다. 다행히 태가 넓은 그의 갓은 내 검은 머리와 얼굴을 많이 가려주었다. 나는 그의 거친 두루마기를 강제로 벗겨 입었다.

"도련님, 하실 수 있겠어요? 저들에게 전쟁과 사랑의 음악을 연주해주세요. 이젠 완전히 어른이시네요. 대동강 강둑의 아름다운 느티나무 아래에서 오랫동안 앉아 있었을 때처럼 연주를 잘하신다면 걱정 없습니다. 하지만 생각해보십시오, 도련님. 비파 연주 후 죽음입니다."

그의 목소리에 눈물이 섞인 것을 알 수 있었다. 노인 마요는 나를 따라 환한 곳으로 나와 풍각쟁이를 찾는 사람들과 마주쳤다. 예방책으로 나는 노인의 숭숭 빈 흰머리 주위에 내가 머리에 매었던 수건을 꼭 매어주었다.

"여기 그가 있다."

그들은 팔 밑에 비파를 낀 나를 보자 소리쳤다.

"빨리 저리로 가. 장군님이 기다리신다. 이 사람은 누구냐?"

그들은 마요를 보며 물었다. 깜박거리는 횃불 아래 그가 서 있는 모습은 대충 옷을 걸친 연약한 노인의 형상이었고, 나는 황급히 대답했다.

"배고프다고 합니다. 저 사람에게 먹을 것이나 주어 내보내시오."

결국 나는 끌려갔다. 뒤를 돌아보니 마요가 열린 부엌 문 쪽으로 끌려가는 것을 보고는 기뻤다.

나는 노인 마요에게 사형을 언도한 사람들 발아래 엎드렸다. 등을 정원 쪽으로 향한 채 안채로 들어가는 문을 보고 앉았다. 안채의 처마가 정자의 처마와 닿았다. 나를 찾는 소리가 집안의 모든 한가한 사람을 불러냈다. 내 앞에, 사랑채 지붕 아래 기생들이 있었고 그들의 어깨 너머로 이 씨 집안의 가솔인 많은 여자 얼굴이 보였다.

정자에 있는 사람들을 정면으로 보라는 말이 들렸다. 곧바로 일어섰지만 무릎을 꿇었기에 이번에는 행랑채에 있는 사람들을 보게 되었다. 그들은 내가 매우 당황해서 그런다고 생각했기에 관대한 미소를 지었다. 그러자 나는 어깨를 펴고 매우 조심스럽게 발뒤축에 무게를 싣고 앞쪽으로 다리를 옮겨 그들과 동등한 자세를 한 후[2] 옆에 있는 방석에 앉았다. 긴장된 침묵의 순간이 이어졌고 하인 한 명이 앞에서 거칠게 속삭였지만 모든 사람이 들을 수 있었다.

"바보 자식아, 무릎을 꿇어!"

나는 일어나서 주인 앞으로 걸어가 정중하게 절을 한 후 말했다.

"존경하는 주인어른, 저는 음악과 노래로 주인어른을 즐겁게 해드린 후 죽을 운명입니다. 몇 시간 후 저는 저승 세계로 먼

---

2 양반다리를 지칭함

저 갈 것입니다. 장군의 지위에 있는 분을 제외하고 젊은 시절 저는 이 대단한 사람들 지위와 같았고 또 지금도 같기에 이렇게 동등하게 앉을 권리가 있다고 생각합니다. 성현의 법에 이렇게 쓰여 있습니다."

통역자는 거의 내 말을 동시에 통역했다.

손님들의 강력한 요구에 응해 주인은 음악을 연주하라고 명령했다. 나는 사랑채 쪽을 향한 방석에 앉았다. 하인이 내게 주의를 주러 왔을 때 장군이 그에게 물러가라고 손짓했다. 소년 시절 노인 마요가 내 마음을 흔들었던 전쟁 노래를 선택했다. 불안한 표정이 장교들 몇 사람 얼굴에 떠올랐다. 그들의 마음은 곧 다가올 불확실한 전투 생각으로 바빴다.

사랑과 충성의 노래를 연주하자 갑자기 모든 사람이 조용해졌다. 나는 마치 마요와 함께했던 그 아름다운 느티나무 아래 강둑 위로 돌아간 것 같았다. 발아래 물결치는 소리가 들렸고, 대기 속에는 수천의 향내가 났으며, 화창하고 행복한 날의 아지랑이 가운데서 완전히 잊었던 사람의 얼굴이 나타났다. 손가락 아래 비파 줄은 내 영혼을 가득 채웠던 그 깊은 슬픔에 답하여 열정적으로 노래하고 울었다. 기생들이 정자 가까이 몰려들었으며 그들 뒤에는 호기심을 충족시키려는 집안의 여자들이 있었다.

기생 두 명이 자리를 움직이자 거의 몰입되어 내 쪽으로 얼굴을 젖힌, 엎드린 처녀가 눈에 보였다. 머리를 기울이자 갓이 방패처럼 뒤로 넘어가 그 끝만이 머리 위에 남았다. 과거 동굴에서 보았던 것처럼 한 처녀의 눈을 뚫어지게 바라보았고 그녀 역시 내게 익숙한 그 놀라운 표정으로 나를 다시 쳐다보았다.

갑자기 포성 소리가 산에서 들려와 성벽을 포위하는 듯했다. 사람들은 놀라 본능적으로 일어났다. 포성 소리는 분명히 도시 앞에서 전초전이 일어났음을 알려주었다. 곧바로 집은 큰 혼돈에 사로잡혔다. 바깥에서 발걸음 소리가 났고 연락병이 원 장군에게 쪽지를 전했다. 장군은 조용히 쪽지를 읽은 후에 주인에게 즐거운 자리를 마련해주어서 고맙다는 인사를 건네는 것을 잊지 않았다.

날카로운 명령이 떨어지자 대문 저 편에서 50명의 호위병이 마당으로 들어왔다. 나는 이 갑작스러운 혼란 속에서 도망칠 생각을 했지만, 한 손이 내 어깨를 잡아 길고 낮은 집의 한 방으로 나를 데려가 가두었다. 그때 한 병사가 문 앞에서 걷기 시작했다. 나는 바닥에 몸을 던졌다. 그리고 조사를 할 때 내 상투가 머리에 붙어 있는 것이라고 강하게 주장하면 조선인임이 충분히 입증될 것이라 생각하며 마음을 편히 가졌다.

총소리가 멈추었고 가끔 개 짖는 소리와 나를 지키는 보초가 걷는 소리만이 들렸다. 선잠을 자면서 나는 내일의 소름 끼치는 장면으로 나아가고 있었다.

제13장
계약과 처형

바다를 내려다보는 옛날 동굴, 바위를 통과하는 조수의 흐느낌 소리에 대한 꿈을 꿨다. 한 목소리가 내 이름을 부르고 속삭였다. 그 목소리에는 웃음이 묻어 있었고 안개 속에서 한 얼굴, 가끔 내게 미소 짓던 예쁜 얼굴이 나타났다. 입술이 열리고 내게 따라오라고 손짓했다. 열정적으로 쫓아갔지만 그 얼굴은 바다 쪽으로 물러났다. 계속 환영을 따라가니 절벽 끝에서 미끄러져 도사 노인의 늙고 생명 없는 얼굴이 심연에서 보였다.

놀라서 깨어나니 누군가가 감옥에 있다는 생각이 들었다. 달빛이 내가 누워 있는 곳을 살짝 비추었지만 구석은 어둠에 깔려 있었다. 꿈이 나를 현혹시켰다고 믿으며 목침에 다시 누워 반대편 구석의 어둠을 응시했다. 점차로 빛이 퍼져 깊은 어둠이 밀려나는 것 같았다. 그러자 하얀 형체가 일어나 미동도 없이 선 채로 나를 응시했다.

"아, 신성한 도사님."

달콤한 속삭임이 귀를 스치자 갑작스러운 공포가 내 마음을 엄습했다. 그제야 상황을 파악했지만 일어나지는 않았다. 공포에서 감정이 격변하여 나약함과 욕지기가 느껴졌다. 달빛 아래에서 깊은 근심에 사로잡힌 이화의 얼굴을 알아보았다. 손을 내밀었지만 그녀는 머리를 흔들며 뒤로 물러났다. 그녀가 놀라 도망갈까 걱정하며 가만히 있었다. 여전히 꿈 속에 있는 것 같았다. 그녀는 곧바로 손과 무릎으로 기어 내 옆으로 왔다. 그녀는 속삭이기보다는 숨을 죽였다.

"신성한 도사님, 내일 일을 아세요?"

"도사가 아니오, 아가씨. 나는 동굴에 있는 도사가 더 이상 아니오. 내일 어떻게 되오?"

"죽게 되리라는 걸 모르시나요?"

"죽소? 무슨 죄로? 내 상투는 머리에 잘 붙어 있는데 또 이렇게 숱이 많은데 말이요. 이 상투는 내가 조선인이라는 것을 증명하지 않소?"

"풍각쟁이는 이미 사형선고를 받았다는 걸 모르세요? 재판이 또 있으리라 생각했나요? 저들에게 더 많은 증거가 필요할 것이라 생각하세요?"

무시무시한 진실을 점차로 알게 되자 나는 토하고 기절할 것 같았다. 오랜 침묵 후 간신히 입을 열어 물었다.

"언제? 이화, 언제?"

"저도 잘 모릅니다, 도사님. 하지만 동 틀 무렵이라고 생각합니다."

그녀는 몸을 숙여 내 얼굴을 보았다. 그녀의 숨결은 짧고 강해서 내 이마의 머리카락이 흔들렸다.

"어떻게 이곳에 들어왔소?"

"돈을 주고 들어왔어요. 하지만 하루 이틀 지나면 돈도 소용이 없을 거예요. 제가 어떻게 돈을 벌었는지 묻지 마세요."

"돈으로 나가게 해줄 수 없소?"

"우리 둘 다 죽을 거예요…. 한번 노력해 볼게요."

"안 되오, 그 일로 아가씨 목숨이 위험할 수 있소."

"보세요, 십자가."

그녀는 소매를 걷어 올리고 팔을 내 눈앞에 들이대며 말했다. 그녀의 흰 살에 새겨진 표시를 보고 놀랐다. 그녀는 팔을 움츠리고 주머니에서 바늘을 꺼내 내 손목 피부 아래로 솜씨 좋게 십자가 표시를 새겼다.

"내일은 십자가일 것이오?"

"모르겠어요. 하지만 제게 십자가는 항상 같아요."

나는 일에 찌든 자그마한 손을 들어 경건하게 그 십자가 표시를 만졌다. 그녀는 일어나 유령처럼 달빛 속으로 사라졌다. 나는 이 일이 실제인지 궁금했다. 미풍이 이마를 스친 것처럼 이마에 약간 느낌이 있었다. 그러자 사형된다는 사실이 나를 급습했고 내 얼굴은 어둠 속에서 창백해졌다. 일어나자 다리가 후들거렸다. 나는 이화가 사라졌던 어두운 구석으로 가서 더듬어 보았다. 바닥이 없는 부엌으로 통하는 조그만 문이 만져졌다. 그 문을 열려고 노력했지만 허사였다.

'왜 잠을 잤던가? 왜 밤새 진흙 벽을 파지 않았던가?' 하는 씁쓸한 생각이 들었다. 조그만 창문 역할을 한 격자무늬[1] 공간을 손가락으로 열심히 팠다. 구멍에 눈을 대자 새벽이 되어 동녘 빛이 비치는 게 보였다. 소리 나지 않게 격자 창문을 열려고 애를 썼지만 움직이지 않았다. 내 손이 미끄러졌고 갑작스럽게 소음이 났다. 그러자 사나운 중국어 욕 소리가 들리고 또 정문에 서 있던 보초의 총소리가 들렸다.

나는 앉아서 생각하려 애썼다. 이제야 내 처지를 완전히 이

---

[1] 바둑판처럼 가로세로를 일정한 간격으로 직각이 되게 만든 무늬

해하게 되었다. 잠시 망연자실한 감정이 내 안으로 밀려와 이성의 힘이 상실되었다. 정신이 돌아오자 얼마 되지 않은 삶의 장면들, 즉 우리 집, 집에서 느끼는 배려감과 보호, 부모님 얼굴, 넓은 어깨의 억센 동식이, 노인 마요와 흐느끼는 비파소리 등이 내 마음속에 주마등처럼 지나갔다. 햇빛이 한 구석을 비추자 비탄의 악기가 눈에 띄었다. 이웃 사람들이 가끔 음악의 귀재가 연주하는 소리를 들으려고 모였던 일이 기억났다. 노인의 손에서 악기를 받아들어 슬픈 줄 소리로 그들의 눈에 눈물 고이게 하면, 그들은 머리를 흔들며 말하곤 했다.

"정말 무섭네, 무서워. 제발 도련님에게 혼령의 목소리를 건드리지 말라고 하게. 신을 화나게 하지 말게, 그렇지 않으면 먹이의 흔적을 미친 듯이 쫓아가는 사냥개처럼 신이 저 도련님을 잡을 거야. 세상에, 음악 때문에 도련님은 죽을지도 몰라."

갑자기 멀리서 총성이 났고, 나는 이런 생각을 멈추었다. 평양 앞 진지에서 대단히 큰 총소리가 났다. 사악한 새처럼 냉혹한 기쁨이 내 영혼 안으로 날아왔다. 내가 그날 사형당하기로 한 유일한 사람은 아닐 것이다. 많은 사람이 쓰러지는 곳에는 아마도 도망갈 기회를 잡을 사람도 있을 것이다.

태양이 떠올랐지만 나는 아직 처형대로 끌려가지 않았다. 가끔 총알이 집의 지붕을 뚫어 깨진 기와 조각이 땅으로 떨어졌다. 아침에 두 번이나 집 근처에서 포탄이 떨어져 날카로운 폭발음 소리가 들렸다. 나는 정면의 격자 창문에서 창호지를 뚫었다. 수시로 다가오는 것 같은 전쟁 소리를 들으며 약간 떨어진 곳에 서 있는 보초를 보았다.

마침내 내 방문에서 덜컥거리는 소리가 났다. 많은 얼굴이 문을 채웠지만 두 사람만이 들어왔다. 그들은 발을 묶고 두 손을 뒤쪽으로 묶은 다음, 손과 발을 함께 묶었다. 나는 주인이 어깨 위로 걸칠 준비가 된 염소처럼 바닥에 누워 있었다. 긴 장대가 들어와 내 팔과 다리 사이를 꿰었다. 열두 개의 어깨가 장대를 들자 나는 이와 함께 위아래로 흔들렸다. 내 머리는 장대를 멘 사람들의 움직임에 따라 이리저리 흔들렸다. 군중이 문에서 나와 확 트인 곳으로 우리를 안내하자, 나를 멘 사람들이 성급한 말을 서로 주고받았다. 겁에 질린 마을 사람이 마당으로 나가는 입구에 모여들었다. "첩자, 반역자" 하는 소리가 전해졌고 내 슬픔도 더해졌다.

문을 나서자 나를 멘 사람들이 갑자기 북쪽으로 방향을 바꿔 반 시간 동안 평양 뒤편 언덕으로 올라갔다. 팔이 꼬이고 뒤틀리는 아픔으로 고통을 겪었지만 나는 입술을 깨물고 용사처럼 불평하지 않고 죽을 것이라 결심했다.

드디어 얼굴을 아래로 한 채 흙바닥에 던져졌다. 손은 여전히 뒤쪽으로 묶인 채였다. 갑자기 누군가 내 머리채를 잡아당겨 무릎을 꿇게 한 뒤 얼굴을 땅에 박게 했다. 얼굴을 앞으로 들자 덩치 큰 중국 사람이 양손에 큰 칼을 들고 옆에 서 있는 게 보였다. 곧 모든 게 끝날 것이다. 세상이 내 눈 아래서 도는 것 같았지만 잠시 후 시야가 분명해졌다. 나는 풀뿌리 아래 조약돌을 세었다. 조그만 개미 한 마리가 조약돌 사이로 굽이굽이 기어가고 있는 동안 다른 개미들이 풀잎 위를 기어오르고 있었다. 이들은 곧 내 피가 솟아나와 집 위로 홍수처럼 덮칠 것을 알지 못한다는 생각이 들었다. 높이 쳐든 칼 그림자가 내 눈 아래서 모래를 가로질러 떨어졌고 나는 숨을 멈추고 그 한칼을 견디려 했다.

그때 번개 소리 같은 날카로운 폭발음이 났다. 나는 옆으로 굴렀고 몸의 반이 흙에 덮였다. 곧바로 농부의 방패 같은 초립으로 얼굴에 그림자 진 한 사람이 나를 바라보았고, 날카로운 칼이 손과 발 사이를 지나갔다.

"도련님, 달려요."

마요의 목소리였다. 나는 간신히 일어나 손을 펴보니 따뜻하고 붉었다. 주변을 둘러보니 사정이 이해되었다. 폭탄이 우리 중간에 떨어졌고 내 목을 치려던 사람은 그 섬뜩한 칼을 깔고 시체가 되었다. 주위에 누워 있는 사람이 있었다. 전혀 움직이지 않는 사람도 있었지만 비명을 지르고 신음하는 사람도 있었다. 나는 발목에 피가 통할 때까지 달렸지만 실제로는 절뚝거린 것이었다. 피가 통하자 나는 다음 언덕진 곳을 넘어 조그만 시내로 들어가 큰 바위 뒤로 숨었다. 그곳에서 손의 붉은 피를 닦았다.

협곡 한쪽에서 마요가 내게 달리라고 온 힘을 다해 손짓했다. 군중 속에 숨기를 바라며 나는 계곡 아래를 따라 도시를 향해 달렸다. 큰 바위로 돌진하다가 비틀거리며 넘어졌다. 넘어진 이유가 궁금해 돌아보니 마을 사람의 시체가 보였다. 그는 강가에서 손에 곡괭이[2]를 든 채 얼굴을 바닥에 박고 죽어 있었다. 저 위 강둑의 풀은 붉은색이었다. 그가 곡괭이에 의존하여 강물에 입술을 축이려고 몸을 질질 끌고 왔지만 강가에 닿자마자 목숨이 끊어졌기 때문이었다. 그는 어리고 거의 소년같아 보였다. 나는 그의 머리에서 수건을 벗겨 내 머리에 묶었다. 겉옷을 벗기곤 피로 물든 내 옷을 대신 입혔다. 시내에서 돌을 찾아 그곳에 그의 피 묻은 옷을 달아 던졌으며 그의 곡괭이를 들고 달렸다. 앞쪽에서 들리는 목소리에 멈추었다.

20여 명의 병사와 마을 사람이 증오스런 첩자를 쫓아 달리기

---

[2] 쇠로 황새의 부리처럼 양쪽으로 길게 날을 내고 가운데 구멍에 긴 자루를 박은 괭이. 주로 단단한 땅을 파는 데 쓴다.

시작했다. 그들은 시내 골짜기 아래쪽에서 내 도주로를 차단했다. 돌아갈 수 없었기에 나는 곡괭이를 어깨에 메고 헐떡거리는 숨소리를 고르려고 노력하며 어슬렁거리며 걸었다. 그들이 골짜기로 들어서자 나는 그들이 지나가도록 한쪽으로 비켜섰다. 맨 앞 사람이 나를 잡고 중국어로 뭔가를 물었다. 곡괭이를 흔들며 나는 큰 소리로 지껄이고서는 배를 누르며 시장하다는 표시를 했다. 통역자가 나타나 내가 누구인지 물었다.

북쪽의 요새에서 먹을 것을 얻으려고 도시에 왔지만 돌아갈 것이라고, 정말로 돌아갈 것이라고 답했다. 나는 중국인 요새에서 일하는데 특별한 즐거움을 느끼고 있다고 말했다. 굶주림 때문에 일을 더 열심히 하지만, 집이 폭탄에 날아왔으며 이때 아버지가 돌아가셨다는 사실만을 안다고 말했다.

"곡괭이를 훔쳤군."

그가 손에 들은 곡괭이를 가리키며 말했다. 그러자 나는 아버지가 돌아가셨으면 그분을 묻으려고, 또 내가 자리를 비운 동안 일본인이 훔쳐갈까 걱정되어 가지고 왔다고 말했다.

청나라 병사가 웃으며 나를 잠시 쳐다보았다. 갑자기 골짜기로 급히 올라갔던 사람 중 한 사람이 외쳤기 때문에 그는 다른 사람을 쫓아가기 시작했다. 분명히 내 계략은 성공했다. 후에 알게 된 사실이지만 그들은 그 불쌍한 젊은이의 시체를 찾아 그의 목을 베었다. 그들은 중요한 사건이 일어나는 평양으로 돌아가기를 열망하였으므로, 길을 멈춰 시체를 묻어준 것이 아니라 급히 서둘러 사령부로 가 첩자가 죽었다는 보고를 했다. 운이 좋게도 내 얼굴을 가까이 보았던 사람들은 언덕에서 죽어 조용히 누워 있었다.

제14장

공포

이리저리 날아오는 총탄이 내 바로 위 강둑의 풀 위로 떨어졌다. 전투의 포탄 소리가 평양 전체에 무서울 정도로 크게 들렸다. 그리고 청나라 군대가 일본군을 퇴각시키는 것이 아니라 총성으로 볼 때 그들이 성벽 안으로 도망가고 있음을 처음으로 알게 되었다.

나는 밖에서 나는 전투의 충격으로 뒤흔들리는 집 사이를 하루 종일 걸었다. 폭탄이 떨어져 초가집 지붕 곳곳에서 불길이 솟았다. 부상자가 성벽에서 이송되었다. 고통으로 몸부림치고 신음하는 사람들이 긴 행렬을 이루었다. 성벽의 외곽 부분은 점차 피폐화되었다. 밤이 되면 군대는 성벽 뒤쪽 도시 안으로 집결해 싸웠다.

하지만 나는 빗발 같은 총알과 폭탄에 관심을 표하지 않았다. 질식할 것 같은 연기 사이에서도 이마에 느껴지는 시원한 촉감과 귓가에 울리는 달콤한 목소리가 있기에 나는 행복했다. 이래서 사람들은 지옥 가운데서도 천국을 느낄 수 있었다.

가끔 나는 부자 이 씨 대문 앞으로 갔지만 그곳은 원 장군 사령부였기 때문에 병사들이 보초를 서고 있었다. 난도질되고 죽어가는 사람들의 눈을 들여다보며 죽음이 얼마나 잔혹한지 생각해보았다. 그러자 깊은 동정심이 내 마음에 가득 찼다. 소금기 없는 우물의 물을 찾았다. 그 물을 박에 채운 후 오늘 하루도 무사했음에 감사를 표하는 내 입을 채워주었다. 나는 한 번 죽을 뻔했으므로 저승사자가 다시 나를 찾지 않을 것이라 생각했다. 내가 사형될 뻔 했던 곳을 방문하고 싶은 충동이 일었다. 그러나 그곳에서 도망친 이후 처음으로 목이 베어진 시체를 보자 공포감이 엄습했다.

저녁이 되자 총소리가 멈추었다. 이화가 머무는 집 담 위로 기어 올라갔지만 너무나 지쳐 바닥에 누워 잠을 잤다. 그리고 새벽이 되자 격렬한 총소리가 그날의 살육이 시작됨을 알렸다. 포위당한 쪽은 이기리라는 확신이 사그라진 채 싸웠다. 군인들은 많은 사람을 성벽으로 몰았다. 나는 잡혔고 그 전날 전쟁으로 부수어진 제방[1]을 곡괭이를 들고 수리했다.

아침에 내가 일하는 곳 근처 거적 위에 커다란 쌀밥 더미가 쌓였다. 나는 어깨에 곡괭이를 메고 그 주변에서 병사들과 함께 밥을 먹었지만 아무도 나를 제지하지 않았다.

전투는 치열해졌고 사람들이 여기저기서 쓰러졌다. 나는 성벽에서 부상자를 운반하는 것을 도우라는 명령을 받았다. 어제의 부상자 옆에 또 다른 부상자를 눕혔고 매번 그 줄은 점점 더 길어졌다. 많은 부상자는 거의 치료를 받지 못해 신음하다 더 이상 소리를 내지 않게 되었다.

밤이 다가오자 대혼란이 일어났다. 수백 명의 청나라 병사가 자리를 이탈하여 거리를 배회하며 약탈했고, 성벽으로 돌아가라는 장교들의 명령에 복종하지 않았다. 만약 일본군이 도시 안의 공포를 알았더라면 그들은 북쪽 요새를 수중에 넣어 청군의 포탄으로 평양을 조준하기 훨씬 이전에 평양을 점령했을 것이다. 저녁이 되자 장군은 휴전을 요구했고 일본인들은 이에 동의했다.

초저녁에 진영의 모닥불이 꺼졌다. 적군을 맞을 준비를 하는

---

[1] 물가에 흙이나 돌로 쌓은 둑. 홍수나 해일에 물이 넘어 들어오지 못하게 하거나 물을 막아 고이게 한다.

것처럼 서쪽 성문을 막았던 제방이 일부 제거되었다. 실제로 병사들은 도시의 성벽을 버렸고 방어도 포기했다. 이들은 총을 버리고 약탈에 참여했다. 마침내 청나라 군인들은 도망가 조선인들을 스스로의 운명에 맡기려 한다는 생각이 떠올랐다. 하지만 도시의 점령이 무차별한 대학살로 이어질 것이라는 걸 아무도 의심하지 않았다.

나는 조직이 해체된 군대의 물결치는 무리 사이로 헤치고 나가 여전히 보초가 서 있는 이 씨 집으로 갔다. 공포에 사로잡힌 병사들의 움직임을 주시하다가 흥분해 손짓하며 말하는 조선인 무리에 뛰어들었다. 모든 사람이 무언가를 외쳤지만 아무도 다른 사람이 무엇을 하려는지 알지 못했다.

"청나라 군사들이 서쪽 성문을 열 수 없어 남쪽 성문으로 도망가려 한대요. 우리도 갑시다!"

"그대로 있는 게 나아요. 평양 밖으로 나가면 일본군들이 총으로 죽일 거요!"

"도시에서 구멍 속의 쥐처럼 사는 것보다는 밖으로 나가 달리는 게 나아. 대학살을 피해야 하지 않겠소!"

"대학살! 대학살을 막아야 하오! 성문으로!"

사람들은 외쳤고 서쪽 성문을 향해 달렸다. 20여 명의 손이 돌과 흙더미를 간신히 떼어내고 있었다. 그 뒤로 수백 명이 그들을 향해 몰려들었다. 이제 그 일은 큰일이 되었을 뿐 아니라 병사들이 그들을 쫓았기에 사람들은 남쪽 성문으로 달아났다. 남쪽 성문을 지나가도 일본군 앞을 적어도 5리 이상 달려야 했지만 피난민들은 공포에 싸여 이것을 전혀 생각지 않았다.

나는 급히 서둘러 이 씨 집으로 갔다. 평양에 수많은 여성과 어린아이가 남아 있는 것을 보고 놀라움을 금치 못했다. 등에 아이를 업은 엄마들은 병사들 눈에 띄지 않게 몸싸움을 했다. 힘없는 여자 하나가 짓밟혔다. 발을 잡아 그녀를 끌어내자 그녀는 한마디 말도 없이 다시 혼잡한 무리로 들어갔다. 그날 밤은 칠흑같이 어두웠지만 적군이 보이지 않는 도시의 지역에는 여전히 길을 따라 장대에 등이 걸려 있었다. 이 씨 집에 도착하니 실망스럽게도 보초가 없었다. 집안으로 달려가 보니 아무도 없었다. 온 집안에서 돈이 될 만한 모든 것이 마을 사람에게 약탈당했다. 여자들 구역으로 달려갔지만 그곳도 비어 있었다. 공포와 실망감으로 집에서 나와 피난민들을 쫓아갔다. 집 밖에서 비단 두루마기를 입은 한 남자와 부딪혔다. 그는 심한 공포에 사로잡힌 것 같았다. 나는 큰 소리로 그에게 물었다.

"어디로 가시오?"

"관찰사의 관인을 찾으러."

그는 숨을 헐떡거리며 말했다.

"이 씨에게 맡겼는데, 보물 상자는 어디에 있지?"

그는 내가 하인이라 생각하며 물었다.

"관찰사는 어디에 계시오?"

"남여를 타고 서쪽 성문으로 갔지. 관인! 관인!"

나는 응답하지 않고 남쪽 성문으로 달려 사람들의 얼굴 하나하나를 찬찬히 쳐다보았다. 내가 찾는 사람의 얼굴을 찾았다고 생각했지만 번번이 모르는 사람의 얼굴이었다.

성문에는 많은 사람이 모여 있었다. 청나라인과 조선인이 다투며 서로를 짓밟고 있었다. 무리 가운데 가마잡이가 들었던, 판관의 남여가 있었다. 이들은 사람들에게 길을 비키라고 명했지만 아무도 그의 권위에 주의를 기울이지 않았다. 폭풍이 부는 바다 위 조그만 배처럼 그는 이쪽에서 저쪽으로 밀려났다. 무자비한 만족감을 느끼며 나는 그가 의자에서 떨어져 짓밟히는 것을 보았다. 충성스러운 하인들이 그를 일으켜 세웠고 그는 남여에 탄 후 다시 성문을 나가는 군중 속으로 밀려갔다.

성문 좌우에 높은 성벽이 있었다. 이 성벽은 너비가 15자 정도로 입구에서 좁아졌으며 혼잡이 최고도에 달한 지점은 바로 이 지점이었다.

나는 밖으로 나가는 무리에 쓸려 나갔다. 밀려 나가지 않으려고 애썼지만 소용이 없었다. 누군가가 발밑에 쓰러졌다. 고통의 소리가 났고 한 생명이 짓밟히고 있었다. 나는 간신히 그를 밟지 않고 지났다. 문을 20자 정도 나아갔더니 길이 넓어졌다. 거리 양쪽에 집이 다닥다닥 붙어 있었다. 그러나 툇마루가 무리에게 공간을 제공해 다소 적은 수의 사람이 늘었다 줄었다 했다. 툇마루를 지지하는 기둥이 방해가 되었다. 사람들은 강물 한가운데서 나무에 매달려 부유하는 풀처럼 그 기둥을 붙들거나 매달렸다. 나 역시 이 기둥 하나에 밀려났.

성 밖은 어두워 바로 옆에 있는 사람도 알아보기 힘들었다. 이화를 찾을 수 없다고 생각했기에 가슴이 무너졌다. 저항할 수 없는 사람의 물결에 들어간 어리석은 나 자신을 욕했다.

기둥까지 밀려난 나는 그 기둥에 매달렸다. 누군가 내 발아래서 몸을 일으키려 했다. 나는 몸을 낮게 구부려 팔로 그 남자를 잡았다. 그는 입에 흙이 가득 찬 것처럼 침을 뱉으며 일어나려 노력했다.

"괜찮소?"

말할 수 있게 되자 그가 헐떡거리며 물었다. 분명히 그는 내게 말한 것이 아니었다. 이때 처음으로 다른 쪽 어디선가 기둥을 잡고 있는 손이 있다는 걸 알았다. 목소리가 익숙했다. 그가 다시 말하자 나는 "오, 마요!"라 외쳤다. 그러자 그는 "네, 도련님!" 하고 말했다. 그러나 우리는 함께 사람의 물결 안으로 휩쓸렸다.

외침 소리가 나며 다른 쪽 기둥을 잡고 있는 손이 풀렸다. 외침 소리가 들리자 곧바로 나는 그 소리가 나는 곳으로 달려가 쓰러지는 사람의 팔을 잡았다. 그러곤 짓밟히는 사람의 어깨를 끌어안고 온 힘을 다해 들어 올렸다. 이 행동은 본능적인 것이지 칭송이나 비난받을 만한 그런 것은 아니었다. 1초도 지나지 않아 나는 그 사람과 함께 땅에 뒹굴었다. 몸을 일으키니 눈앞에 수천 개의 별들이 왔다 갔다 했다. 치명적이고 잔인하며 무시무시한 괴물처럼 무자비한 사람의 무리가 반쯤 쓰러진 소녀의 사지를 짓밟고 지나갔다.

가까이 오던 사람의 물결은 우리가 쓰러져 있는 기둥 앞에서 몇 자 갈라져 썰물처럼 밀려나가 기둥 한쪽에 자리를 약간 내주었다. 여기서 그녀를 일으켜 세울 수 있었다. 숨이 가빠 말을 할 수 없었기에 우리는 벽에 기댔다. 사람의 무리가 우리를 계속 밀어내어 우리는 한 집의 끝 쪽으로 밀렸다. 다행히 이곳에서 길이 확 트여 사람들이 충분한 공간을 가질 수 있었다.

그리고 나는 사람들의 아우성이 더 이상 들리지 않는다는 것을 깨달았다. 막힌 곳에서 넓은 벌판으로 도망가는, 가축 떼를 몰고 가는 그런 소리만이 들렸지만 여전히 서로 먼저가려는 투쟁은 계속되고 있었다. 사람들은 계속 걸었고, 아우성은 발자국 소리에 묻혔다. 나는 숨을 쉴 수 있게 되자 그녀에게 물었다.

"나를 알겠소, 이화?"

"네."

그녀의 목소리는 고통으로 떨렸다. 그녀는 내 품에서 벗어나 혼자 일어서려 했지만 땅에 쓰러졌다. 그러자 그녀가 부상을 입었음을 알았다. 지체할 시간이 없었다. 대규모의 군중이 이미 우리를 지나갔다. 만약 저들이 일본군 눈에 띈다면 우리의 운명은 끝난 것이다.

"등에 업히시오. 이화, 빨리요!"

"저는 무거워요."

"빨리, 빨리요!"

그녀를 일으켜 세운 후 무릎을 꿇고 등을 내밀었다. 그녀는 내 목에 팔을 두르고 일어섰다.

"무거워요. 걸을 수 있으세요?"

"이 세상 끝까지라도!"

나는 북쪽으로 몸을 돌려 청나라 군대를 따라가려 했다. 이들은 오백 리 떨어진 압록강을 향해 퇴각하는 중이었다.

나는 '일본군은 청나라 군대가 휴전 조약을 지킬 것이라고 단단히 믿는 게 틀림없어'라고 생각했다. 청나라 군대는 일본군의 총알받이 사정거리로부터 수십 리 달아날 것이 분명했다.

일본군은 청나라 군사들이 도망가는 것을 상관하지 않거나 모르는 듯했다. 그러나 곧 일본군이 복수할 생각을 저버리지 않았음이 드러났다.

나는 성벽 근처 길을 선택해 피난 무리와 떨어져서 열심히 걸었다. 분명히 고통스러울 텐데 이화는 꽉 다문 입술에서 전혀 신음하지 않았다. 성문에 있던 무리의 수가 줄어 우리 주변에는 가끔 낙오자만 보였다.

나중에 알게 된 일이지만 대다수 무리가 우리 반대쪽 방향으로 가 강물에 뛰어들었다. 강물은 얕은 곳에서는 쉽게 건너갈 수 있었다. 그러나 발을 헛디딘 사람은 물살에 쓸려가 다음 날 강변에서 물에 얼굴을 박은 채 발견되었다. 호기심 어린 뱃사람이 물살을 따라 흐르는 검은 물체를 잡아 물위로 끌어냈다. 이들 송장의 얼굴을 본 뱃사람들은 겁에 질려 비명을 지르곤 급히 집으로 돌아가 강물의 공포에서 몸을 숨겼다.

우리가 걷는 길은 쥐 죽은 듯 조용했다. 귀뚜라미와 여치의 노래만이 고요함을 깨뜨렸다. 나는 그녀를 내려놓고 잠시 쉬었다. 몇 시간 전 30자 높이의 성벽은 전쟁의 함성으로 뒤흔들렸다. 그러나 지금은 그 일이 언제 일어났냐는 듯 우리 앞에 어둠만이 펼쳐 있었다. 벌판 너머 저쪽에 희미한 불빛이 반짝였는데 이는 적군의 야영 불빛이었다. 우리와 저 불빛 사이 어둠 속

어딘가에 수천의 눈이 긴장한 상태로 우리 쪽을 바라보고 있을 것이고 수천의 손가락이 무시무시한 무라타[2]의 방아쇠를 찾고 있을 것이다. 다양한 형태의 죽음이 우리 눈앞에 그득했다. 살아 있는 것이란 얼마나 좋은 것인지! 나는 이화에게 많이 아프지 않은지 물었다.

"아픈 것은 생각하기 나름이에요. 고문과 죽음이 달콤한 상황도 있어요. 지금 같은 순간 아프다고 하는 것은 살 권리를 버리는 거예요."

그녀는 차분한 목소리로 말했다. 나는 배우지 못한 종 소녀의 지혜와 용기에 감탄하며 경건하게 그녀의 손을 잡았다. 그녀는 손을 뺐다. 나는 무릎을 꿇어 그녀에게 등을 내밀었고 우리는 계속 갔다. 우리는 수만 명이 오래 전에 잠들었던 옛 흙무덤을 지나 북쪽으로 서둘러 갔다. 내 왜곡된 상상력으로는 흙무덤은 인간 희생물을 받기 위해 내 발밑에서 게걸스럽게 입을 쩍 벌리고 하품하는 듯했다.

'노인 마요는 어디 있을까? 다른 사람들처럼 밟혀 죽은 건 아닐까?'

나는 스스로에게 물었다. 우리는 만나자마자 헤어졌다. 나는 그가 나와 함께 있어 충고해주기를 강렬히 원했다. 죽음이 정

---

[2] 일본 메이지 정부군의 자국선 연발소총으로. 청일전쟁당시 주력 소총으로 사용되었다.

적에 매달려 있는 듯했다. 숨이 찰 때까지 걷다 쉬고는 또다시 걸었다.

우리는 평양 외곽의 옛 도시로 나가는 문을 지났다. 옛 도시는 수세기 동안 평양 앞에서 보초를 서고 있었다. 이 앞쪽의 길로 들어서자 무리 안으로 다시 들어가게 되었다. 분산되었던 길이 다시 모여 무리를 이룬 것이다. 청나라 군사, 조선 군사, 남성과 여성, 아이들이 어둠 속에서 소리 없이 피난가고 있었다. 옛 대문을 지나 북쪽으로 난 경사면을 따라 갔다. 그러자 북경으로 가는 길에 접어들었다. 희망이 마음속에서 꿈틀거리기 시작했다. 반 시간만 더 가면 우리는 일본군 손에서 벗어나 안전할 것이다.

쉬려고 걸음을 잠시 멈추곤 이화를 내려놓았다. 이화가 내 소매를 잡아당기며 물었다.

"보세요! 저게 뭔가요?"

벌판 너머를 보니 저 멀리서 바위가 일렬로 늘어선 것 같은 검은 선이 위치를 바꿔 앞으로 움직이고 있었다.

"적군이오."

나는 쉰 목소리로 말하고 이화 앞에 엎드렸다. 섬광이 비치면서 눈이 부셨다. 천둥소리 같은 요란한 함성이 들렸으며 비명과 신음이 그 뒤를 뒤따랐다. 길은 온통 사람들로 가득 찬 것 같았다. 돌아선 사람도 있었지만 대부분이 앞으로 달려갔다. 어디선가 불빛이 튀어 올라 우리를 일본군의 살인적 포탄 앞에 드러냈다. 사람들이 혼자 또는 무리 지어 곳곳에 쓰러져 있었다.

누군가가 내 발에 걸렸다. 아이가 발밑에서 울고 있었는데, 그 아이는 미동도 하지 않고 누워 있는 어머니 등에 그냥 묶여 있었다. 어머니가 기절했는지 알아보려 몸을 뒤집자 땅위에 피가 흥건하게 고여 있었다. 나는 걸음을 재촉했고, 내 옆에서 한 여성이 울면서 달리고 있었다. 그 여자 등에는 두 살짜리 아이가 한쪽으로 힘없이 머리를 떨군 채 매달려 있었다. 그 여자는 잠시 멈춰 아이의 머리를 들어 올렸다. 그 여자는 놀라 커진 눈으로 자신의 손에 묻은 피를 바라보고 그 손을 치마에 닦았다. 시궁창에 판관의 남여가 있었고 그 옆에 가마잡이 두 명이 누워 있었다.

카메라의 원판 위에 비치는 섬광처럼 이 모든 것이 내 마음을 스쳤고 곧바로 공포가 나를 뒤덮었다. 나는 이화를 업은 채 일본인들이 품어내는 지옥 같은 총알을 지나가고 또 지나갔다. 엄청나게 달렸기에 숨이 찼으며 귀에서는 울림소리가 났다. 갑자기 빛의 섬광이 내 눈앞에서 퍼졌다. 내가 비틀거리자 이화는 땅으로 떨어졌다.

"갑시다, 갑시다, 이화! 몇 분만 더! 그러면 안전할 거요."

나는 말했다. 그 순간 나는 땅바닥에 쓰러졌고, 뜨뜻한 피가 뚝뚝 떨어지는 내 옆구리를 천으로 누르고 있는 이화가 보였다. 총소리는 멈추었다. 길에는 이 무리에서 저 무리로 움직이며 누군가의 얼굴을 찾는 일본군으로 가득 찼다. 눈앞 가까이에서 누군가가 빛을 비추었다. 그는 이화의 얼굴을 붙잡고 위쪽으로 들어본 후 우리를 그대로 남겨둔 채 다른 쪽으로 갔다. 나는 안도의 숨을 내쉰 후 눈을 감았다.

"이화, 우리는 계속 가야 하오. 그 옛날 동굴로. 제비꽃이 피고 바다가 태양 아래서 속삭이는 그곳 말이오."

나는 무언가에 홀린 듯 중얼거렸다. 멀리서 새벽이 밝아오고 있었다.

"이화, 당신을 원했소. 안락한 삶을 포기하고 당신을 찾아다녔소. 비록 사람들의 경멸을 받을지라도 당신 옆에서 종으로 사는 것, 이것이 바로 내가 바라는 전부요. 자긍심이 없다고 생각하지 마시오. 당신은 지위, 재물, 부모님보다 소중한 존재요. 나는 우리 발길에 채였던, 그 지독한 진흙더미 중 하나와 같은 존재가 될 것이오."

이화의 커다란 눈이 내게 가까이 왔고 그녀의 눈물이 내 얼굴 위로 떨어졌다.

"언젠간 사람들의 혼이 떠다니는 곳에서 우린 만날 거요. 맹세하오, 이화."

길게 끄는 울음소리가 났다. 나는 주위를 살펴 몸을 수그린 채 울고 있는 마요를 보며 말했다.

"울지 마시오, 마요. 가야만 하오. 이화를 데리고 도망가시오. 보시오. 불이 점점 더 밝아지고 있소. 서두르시오. 이화가 일본놈 손에 떨어지기 전에 빨리 서둘러 가시오. 가시오!"

나는 이렇게 말한 후 혼미한 상태에 빠졌다. 나를 쳐다보고 있는 얼굴이 희미해졌다. 이화가 나에게 뭔가를 말하고 있었지만 들리지 않았다. 정신을 차리니 나는 일본인 두 명이 든 간이침대에 실려 평양으로 향하고 있었다. 몸이 흔들려 고통스러웠고 햇빛이 직접 눈에 들어왔다.

제15장

회복기

나는 전에 관아였던 곳으로 이송되었다. 의사 근처에 있는 책상에 누운 채 상처를 치료받고 있었다. 군대의 부담을 없애기 위해 죽게 놔둘 것이라 생각했지만 조선 사람뿐 아니라 청나라 사람을 비롯한 많은 사람이 의사의 치료를 받고 있는 것이 보였다. 이 순간 전쟁터에서 받게 된 자비에 경탄했고 고마움을 느꼈다.

여러 날 아팠다. 그동안 갑자기 생명을 잃은 사람도 있었다. 마침내 혼란스러운 꿈과 중얼거림이 지나갔고 열과 불타는 갈증도 끝났다. 나는 편안히 누워 있었지만 쇠약했고 고통을 느졌다. 의사는 만족스러운 눈으로 나를 진찰했다. 빈방을 보니 처음 이곳에 이송되었을 때 이 방을 가득 채웠던 사람이 이제 얼마 남지 않게 된 것이 보였다. 나는 하루하루 저승의 경계선에서 물러나 기뻤다.

어느 날 아침 누군가가 내 침대 뒤에 앉아 있는 것을 느꼈지만 볼 수는 없었다. 내가 앓아 누워 있는 동안 옛 친구같이 익숙한 존재가 있었고 그에게 가끔 말을 걸려던 기억이 났다. 뒤를 돌아보려고 애쓰자 내 얼굴 위로 커다란 손이 올라와 조용히 있으라고 명했다. 친숙한 목소리였다. 손을 입술에 갖다대자 나약한 마음으로 눈물이 그 손 위에 흘렀다.

"동식이, 소중한 동식이."

"조용히 하게. 조용히 하지 않으면 나는 쫓겨날 거야. 자네가 울거나 한마디만 더 하면 이곳을 나가겠네."

그의 협박으로 나는 눈물을 멈추었다. 그런 후 말없이 그를 올려 보았다.

"많이 좋아졌네. 저들이 허용하는 한 자주 이곳에 와 자네를 돌보겠네. 회복되면 자네를 데리고 나가겠네. 할 이야기도 많고 물어볼 것도 많지만 자네는 아직 대답할 만한 기력이 없는 것 같네. 전에 자네를 바다에서 잃었고, 그다음 여기서 죽어가는 자네를 발견했네. 지금 자네는 살아 있네. 나는 기다리는 데

불만이 없어. 이보게, 의사의 말에 절대 복종하게. 그러면 모든 게 잘될 거야."

그는 물러나 내 머리 저편에 앉아 있었고, 내 시야에서 전혀 보이지 않았다. 의사가 들어왔다. 그는 동식이에게 일본어로 말했고 놀랍게도 동식이도 일본어로 답했다.

그날부터 동식이는 나를 간호했다. 그러나 그에게 물었던 질문의 답을 듣는 데는 오랜 시간이 걸렸다. 어느 날 그는 나를 일으켜 앉게 한 후 내 발밑에 앉았다. 내 무딘 이해력을 다 모으려는 것처럼 그는 잠시 쓸데없는 이야기를 주고받은 후 마침내 말했다.

"분명히 고향 소식을 듣고 싶을 거야. 청군 척후병이 자네 마을 근처까지 침입했고 그들 일부가 자네의 집에 갔지. 물자를 조금 주었더니 그들은 약탈하지는 않았네. 어머님은 건강하시지만 아버님은 아프시다네. 이제 늙으셨지. 아버님은 강에서 자네를 잃은 후 예전 같지 않으시네."

내가 입을 열어 말을 하려 하자 그는 고개를 흔들며 계속 말했다.

"분명히 자네는 살아계신 아버님을 만날 것이야. 물론 마음이 있다면…."

그는 내 얼굴을 뚫어지게 바라보며 말했다.

"자네는 말을 잘하네, 성요. 자네는 곱추, 종 처녀, 동굴, '도망쳐, 이화!'에 대해 할 말이 많을 거야. 분명히 이해한 이야기도 좀 있네. 하지만 남은 이야기도 참고 기다리겠네."

그는 열정적이고 친절한 어조로 이렇게 말했다. 그는 내 손을 잡았다. 내 손에는 노동의 흔적이 아직 있었다. 그는 내게 미소 지었다. 그의 웃음은 매우 쾌활하고 상대방도 함께 웃게 만드는 그런 웃음이었다.

"실수를 했을지도 모르지. 하지만 자네는 정직하려고 노력했네. 부와 안락함을 누릴 수 있는 상황에서 가난과 고통을 선택하는 자네는 강한 성격의 소유자야."

나는 얼굴이 부끄러움으로 붉어지는 것을 느꼈다. 자진해서 막일꾼이 된 것은 불타오른 열정 때문이지 이타적 원리 때문이 아니었음을 알고 있기 때문이었다. 내가 죽었다고 생각하신 아버님은 이로 인해 고통받으시고 계셨다.

"알았네, 알았네. 나중에 이야기하세."

위안조로 말한 후 그는 가려고 일어섰다. 그가 건물을 나가는 것을 바라보았다. 마치 의사의 칼을 동식이가 손에 들고, 생명을 살리기 위해서는 꼭 잘라야 하는 환부를 잘라 내 모든 병을 낫게 해준 느낌이었다. 눈을 감자 이화의 얼굴이 나를 쳐다보았다. 나는 마음속의 혼에게 그 맹세를 깊이 새겨달라 요구했다.

 '만약 네가 좋은 혼이면 그 맹세를 햇빛이 새벽의 황금빛 햇살에서 나오는 그곳, 희망과 승리가 있는 그곳에 기록하라. 네가 사악한 혼이라면 저승세계, 어둠이 지배하고 그림자가 함부로 날뛰는 그곳, 비참함이 왕이고 그의 제국이 고통인 그곳에 내 맹세를 기록하라. 빛이나 어둠의 혼들이여, 나는 운명과 내 의지를 겨룰 것이다. 무슨 일이 있어도 그녀를 가질 것이다.'

 흥분으로 피곤해졌기에 나는 다음 날 조용히 누워 있기를 원했다. 하루 종일 이화와 노인 마요가 어떻게 되었는지 궁금해하며 침대에 누워 있었다.

 열흘 후 나는 동쪽 성문 밖에 정박한 배에 태워졌다. 평양을 통하여 이송되었으므로 도시의 반 정도가 황폐해졌음을 볼 수 있었다. 군대는 거의 남아 있지 않았고 상인들이 조금씩 돌아오기 시작했다. 짓누르는 듯한 침묵이 도시 전체를 짓눌렀다. 개조차 거리에서 짖지 않았다. 뱃사람들이 배를 직접 밀어 강에 띄웠고 10월의 따뜻한 태양이 삶의 기쁨을 되살려주는 것 같았다.

 동식이는 그날 강에서 헤어진 후 일어난 일에 대해 말해주었다. 그의 말에 따르자면 그는 곧바로 아버지 일로 한양에 갔다. 그곳에서 그는 현 상황에 대해 불만스럽고 툴툴거리는 정치인들을 만나 그들의 이야기에 귀를 귀울였다.

"개혁을 바라지 않는 사람은 거의 없었네. 하지만 개혁을 위해 일하는 사람은 화약과 폭탄을 가진 무정부주의자처럼 행동하네."

그는 특권층의 사람들을 찾아다니며 조선의 권세 있는 가문이 연합해서 행동해야 한다는 생각을 제안했지만 몽상가로 간주되었다고 한다.

"안전하게 재산을 확보한 사람 중 누가 꿈을 위해 전 재산을 포기하겠나? 아무도 없어. 개혁이 꼭 필요하다면 개미떼처럼 수많은 사람이 궐기하여 폭군을 왕좌에서 쫓아내야 해. 힘은 사람이 많이 모이는 곳에 있지. 소수 개인이 아무리 강할지라도 힘은 소수에 있는 게 아니야. 이 모든 것은 수세기 내내 계속 반복되어 시도되었네. 우리 시대 이후로도 대중이 개혁을 바라며 추구하는 시대가 적지 않을 거야. 조선 사회는 응집해서 통일된 행동을 할 그런 단결력은 없네. 또 개혁을 표방하는 사람들 중 정부에 대항해 조직을 안전하게 이끌 정도로 충분히 정직한 사람은 없네. 그들은 대의에 종사할 준비가 되었다고 맹세하지만, 그다음 날에는 권력을 가진 자들이 무서워 동지들을 배반하지. 우리는 집과 길가의 사당에 부적을 걸고 절을 하지. 하지만 우리 민족이 가장 맹목적으로 숭배하는 부적은 계급이야. 사람의 발길에 차이는 멸시받는 거지가 우연히 왕실의 주의를 받으면 다음 날에는 정중하게 대접받는 것이 현실이야."

그는 잠시 생각하는 듯하더니 말을 덧붙였다.

"한양에 머무는 지난 몇 달 동안 지금까지 조선 안에 있다고 생각했던 것보다 더 많은 바보, 감상적인 주정뱅이, 더 공허한 허식이 있다는 걸 직면했네. 비단옷을 입는 것, 긴 담뱃대를 피우는 것, 손톱을 길게 기르는 것, 도덕적인 부패함을 자랑할 수 있는 것, 점잔 빼며 거리에서 걷는 것, 이것이 바로 한양의 대다수 사람이 갈망하는 야망이지. 노련한 정치적 술수가임을 자랑하지만 이들은 현명하지도 교활하지도 않네. 그들의 정치적 능력은 감상적인 술꾼의 평범한 행동일 뿐이야. 옳지 않은 정책이 발표되어 실행될 때도 놀라는 사람은 없어. 정책이 세워질 때 사람들은 다 이해하고 있었지. 정책이 백성의 피를 빨아먹는 것이라면 정책의 설립자는 그 교활함 때문에 지인의 칭송을 받아. 더 놀라운 점은 백성들은 그가 지닌 힘 때문에 그를 존경해. 우리 민족은 매 맞는 개처럼 바보 같은 폭군 앞에서 기어. 마치 주인이 손가락으로 딱 소리내어 부르면 바로 돌아서 주인의 손을 핥을 준비가 되어 있는 개처럼 말이네. 한양에서 지루함을 달래려 외국 담배를 피웠지. 담배는 정말 처음에는 메스꺼워. 하지만 나중에는 기분이 좋아지지."

나는 동식이가 이런 말을 쏟아내 웃었지만 그는 웃지 않고 강 너머를 바라보았다.

"물론 그게 다는 아니지. 우리에게는 큰 인물, 아니 큰 인물이 될 만한 자질을 가진 사람이 소수 있어. 이들은 우리 민족을 위해 무언가 하리라 기대하며 진지하게 앞으로 나아가고 있지. 하지만 우리 조선은 천천히 움직이고 있네. 현재의 상황에서 독립을 얻는다면 그것은 노예 상태의 독립일 것이야. 일본놈들이 우리의 독립을 위해 싸우고 있다고 말하고 있을 정도이니."

목소리를 낮추며 그가 말했다.

"우리나라가 나를 필요로한다는 생각과 이에 대한 열망으로 낮과 밤을 보내고 있네. 나는 이런 명분을 위해 부모, 부인, 아이들을 포기할 준비를 하는 우리나라의 수많은 사람과 감정을 공유했다고 믿네."

나는 이 말의 의미를 찾으려 그의 얼굴을 유심히 들여다보았다. 그러나 갑자기 나는 그의 말에 비난하고 싶은 충동이 일어났다.

"무슨 일인가?"

그가 나를 머리에서 발끝까지 훑어보며 물었다. 나도 모르게 홍조가 내 얼굴에 피어올랐기 때문이다.

"포기에 대해 뭐라고 했지?"

불편한 마음을 갖고 물었다. 그는 진심으로 웃었다. 그러나 내 찡그린 얼굴을 보며 환자를 즐겁게 해주려는 듯 친절하게 답했다.

"자네는 우리의 투쟁에서 여자가 도움이 된다고 생각하지, 그렇지? 그 여자 종이 자네를 도울 수 있다고 생각하지. 우리나라 여자들의 지위에 대해 다시 말할 필요는 없겠지. 이름을 지어주지도 않을 정도로 그렇게 우리는 여자를 중요하게 생각하지 않아. 우리 조선의 여자는 인간으로 취급받지 못해."

"황후마마를 잊었네."

"맞아. 하지만 우리 모두가 황후마마와 결혼할 수 없어."

"하지만 남편의 명분을 공감해주는 훌륭한 여성은 이 대단한 명분에서 도움이 되지 않나?"

나는 항변했다.

"어쩌면 그럴지도 모르지."

그는 자신 없이 대답했다.

"한 남자에게 단독으로 행동할 힘과 용기가 없다면 이런 남자가 무슨 소용이 있지? 여자의 지지를 받을 필요가 있는 남자는 이 나라에 차 있어. 굴보다 활기차지 못한 사람이 많이 있지.[1]

---

1 굴은 바위나 다른 조개 껍질에 붙어서 사므로 이런 모습보다 더 활기차지 못한 모습을 지칭한 것임

강한 여성이 가진 비전은 그런 남자들을 도망가게 할 거야. 자네의 사랑 이야기를 뒷받침해줄 성현이 한 사람도 없어 유감이네. 무릎에서 옹알거리는 아이를 가진 후에야 부인을 사랑하게 되었다고 말하는 남자들을 많이 보았지. 기생의 유혹을 받아 어리석은 공상의 희생자가 된 남자들도 보았네. 하지만 알지 못했던 여자, 더구나 여자 종과 사랑에 빠져 개가 주인을 쫓듯이 그녀를 쫓는 젊은이에 대해 들어본 적이 없네. 문명을 자랑하는 서구 사회에서 사람들은 이런 일이 일상적이라고 말하지. 하지만 저들에게는 이상한 관습이 많이 있어. 그것을 따르기보다는 술을 마시는 게 덜 위험하네."

"이익을 위해 바보 같은 곱추와 결혼하지 말라고 충고한 사람이 누구였던가?"

나는 그에게 물었다. 나약한 습관을 버리라고 촉구한 사람이 누구였던가? 긴 손톱을 잘랐을 때 기뻐한 자는 누구였던가? 모든 계급이 평등해야만 한다고 유창하게 선언하듯이 말하던 이가 누구였던가? 자네가 말하듯이 내가 주인을 따르는 개처럼 그녀를 따를 준비가 되었고, 또 이 야망을 이루기 위해 집안의 안락함, 계급에 대한 희망을 저버리고 막일꾼이 되어 목숨까지 버린다면, 이것은 내가 대단하고 훌륭한 명분에 헌신하는 것이 아니라고 논할 건가? 그 여자를 알기 전보다 자네를 덜 신임한다고 생각하나? 만약 아버지께서 나를 상속자로 선택하신다면 내가 그 상속자가 되는 것을 거절할까? 도승지의 아들로서 영향력뿐 아니라 상속권도 우리의 명분에 다 바치는 게 아닌가?

"아이고, 불쌍한 성요! 상속권은 이미 넘어갔네. 자네가 무릎을 꿇고 애원하더라도 돈 한 푼도 받을 수 없게 되었네. 아버님께서 자네가 종을 좋아한다는 소문을 듣고 형에게 모든 재산을 넘겼지. 우리 관습에 따르면 자네 형은 상속권을 갖고 태어난 게 아닌가. 앞으로 일어날 큰일에서 도움이 되고 싶다면 그것은 자네의 개인적 헌신을 통해서이네. 우리 명분에 도움을 주기 위해 자네가 권세 있는 집안과 결혼하기를 원하네. 성요, 앞으로도 나는 자네의 친구가 될 것이며 같은 싸움터에서 싸워 이길 거야."

"나의 근황을 아버님께 누가 말했나?"

"내가 알기에 호용이가 아버지를 찾아갔네. 호용이의 우정에 대한 보답으로 자네 형이 그에게 돈을 조금 주었네. 평양 전투 때 호용이는 관찰사를 따라 도망갔어. 하지만 그는 일본 사람이 조선 사람을 죽이지 않는다는 소식을 듣고 돌아와 수단과 방법을 가리지 않고 일본 관리들에게 아부를 했지. 그는 자신만의 비밀을 일본 관리들에게 가르쳐주어 몇몇 사람들의 재산을 쥐어짜게 했어. 일본놈들이 행동하기를 기다리지 않고 자신이 직접 그 일을 하기도 했지. 하지만 일본놈들이 자신을 체포하려 한다는 소식을 듣고는 그놈은 자네의 아버님을 방문하는 게 안전할 것이라 생각했지."

"그놈이 아버님께 내가 다친 것도 말했나?"

"아니네. 자네가 오랫동안 좋아했던 여자 종과 전쟁 중에 헤어져 그 여자를 찾고 있다고 말했네. 그놈은 자네가 젊어서 그런 것이니 모질게 대하지 말라고 아버님께 말했네. 이런 나쁜 소식을 알리는 게 자신에게도 힘든 일이지만 아들을 사랑하는 관대한 아버지가 모든 진실을 아는 게 당연하다고 말했네. 그는 많은 젊은이가 도시에서 자신을 옳은 길로 이끌 적절한 지인이 없어 타락한 경우가 많다고 말했네. 그가 이렇게 이야기하는 것은 자네를 타락시킨 것에 나를 탓하고자 하는 것이 아니라 그냥 젊은이에게는 많은 주의를 기울여야 한다는 것을 알려주기 위해서라 말했네. 도승지 어르신이 자신을 환영받지 못할 방문객으로 간주할 위험을 감수하고 오로지 도승지 어르신을 속임수와 슬픔으로부터 구하게 할 목적으로 온 사람을 용서해준다면 그는 감히 더 말할 것이 있다고 했네. 강에서 사고 나기 전 평양에서 있을 때 도승지의 아들이 친구에 이끌려 한 주막의 여자들 구역을 침범한 것을 보았다고 말했네. 강에서 사고가 나 사라진 것처럼 보이게 하는 것보다 사랑하는 여인과 함께 있게 해줄 더 자연스러운 일이 어디에 있느냐고 물었네. 호용이는 도승지 어른을 불편하게 만드는 말을 하고 싶지는 않으며, 분명히 그것은 소문이라고 짧게 말했네. 그는 의도하지 않았지만 지금 자신을 필요로 하지 않는 곳에 있게 되었다고 말했네. 그는 한숨을 쉬며 '이상하죠? 오해를 받는 게 얼마나 쉬운지요. 사심 없이 배려하려고 노력한 행동이 최고로 잘해야 실수일 수도 있습니다' 하고 말했지. 그리고 그는 떠날 것이라 말했지. 가족들이 계속 만류하자 그는 일주일 머물기로 동의했지. 우정은 모든 정원에서 자라지 않는 고귀한 식물이며, 이 난세에 우정을 위해 희생하지 않는 사람은 역적이라 부를 만하다고 말했네. 일본 관리들이 평양에서 자신을 찾고 있을 때 그는 3주 동안 자네의 집에서 지냈네. 재산 상속이 그때 결정되었지. 호용이는 자네의 형과 매우 친해졌어. 그가 떠날 때 손에 쥔 현금을 싣기 위해 당나귀가 필요했네. 어느 누구도 그가 어디에서 그 돈을 얻었는지 모르는 듯했어. 처음 왔을 때 그는 한 푼도 없었거든."

"오랜 시간 동안 왜 이 이야기를 하지 않았나?"

"적절한 시간을 기다렸네. 병원에 있을 때 이 이야기를 했다면 자네는 살겠다는 생각을 하지 않았을지도 몰라. 떠나기 전 이런 이야기를 했다면 자존심 때문에 돌아오려 하지 않았겠지.

할 수만 있다면 잘못을 바로잡게나."

그는 온화하게 말했다.

"하지만 재산은 자네에게서 떠났네."

제16장
새로운 신앙

그날 오후 배에 이상이 있어 우리는 하루 종일 정박해 있어야만 했다. 주막은 5리 정도 떨어져 있었고, 우리는 그곳까지 걸어가야만 했다.

마을에 도착하니 이상한 소동이 일어났다. 사방에서 온 사람들이 마을 외곽에 있는 학교 건물로 서둘러 가고 있었다. 누군가가 소리쳤다.

"외국 사람이다! 외국 사람을 보러 가자!"

개항장(開港場)[1]에서 멀리 떨어진 이곳에서도 벌써 한 사람

---
[1] 외국과 통상 무역을 하도록 개방한 항구

이 설교하고 있었다.

 우리 역시 호기심에 학교 문 쪽으로 갔다. 동식이는 군중 사이에 길을 내 나를 따라오게 했다. 우리는 문간에 앉았고, 그곳에서는 구경꾼이 서로를 밀쳐내고 있었다. 문과 창문에는 구경꾼들이 빽빽이 모여 있었고 일찍 와서 바닥에 앉은 사람들이 내뿜는 담배 연기 때문에 매우 어두웠다. 어둠이 눈에 익자 외국 사람이 학교 바닥의 가장 따뜻한 자리인 상석에 앉아 있는 게 보였다.

 그 외국인은 평양에서 본 사람이 아니었다. 키는 평양에서 본 사람만큼 컸는데 머리색은 더 밝았다. 그 외국 사람이 최소한의 필요한 말도 하지 않는 것을 보면서 사람들은 그가 우리 말을 모른다고 생각하는 듯했다. 그의 외모는 우리가 옛날부터 알고 있는 악마대왕과 놀라울 정도로 닮았다. 방의 열로 인해 불그스름해진 얼굴과 밝은 머리는 우스꽝스럽게도 우리 집 그림에서 본 악마 모습을 생각나게 했다. "외국놈, 악마"라 속삭이는 소리가 방에서 들리는 게 놀라운 일이 아니었다. 바로 옆에 앉은 사람은 그에게 더 다가가서 옷, 손, 다리를 만지며 계속 물었다.

 "이 사람은 느끼지 못하나? 말할 수 있나? 우리에게 미국말을 가르치려 한다고 생각해?"

그는 사람들의 호기심이 가라앉기를 기다리는 게 분명했다. 곧바로 그는 바로 옆에 앉은 사람들의 이름을 물었다. 이전에 만나 좋은 관계를 가진 사람이 몇 사람 있는 듯했다. 말을 하자 사람들은 그가 우리말을 잘하는 것을 보고 매우 놀랐다. 마침내 그는 사람들에게 중요한 이야기가 있으니 담뱃대를 내려놓고 경청해달라고 요구했다. 그는 많은 사람이 들어올 수 없어 밖에 서 있는 것을 보았다. 사람들이 창문과 문에 구멍을 뚫어 들여다보려 했다.

"문을 모두 여세요. 사람들이 문과 창문에 구멍을 더 이상 뚫지 않았으면 좋겠습니다."

그 설교자는 많은 것을 말했다. 여러 말 중에 그는 모든 사람은 죄인이며 사악한 귀신이 이렇게 만들었다고 말했다. 이 말을 듣자 설교자가 귀신과 닮았다는 생각으로 사람들 사이에서 킥킥 웃는 소리가 났다. 그는 한때 인간이었지만 인간을 구원하기 위해 죽은 예수라 불리는 지고한 존재의 능력에 대해 오랜 시간 설교했다. 나는 다른 사람들 못지않은 호기심을 보이며 이상한 사람의 얼굴에 시선을 고정했다.

설교가 끝나자 그는 저녁을 먹기 위해 자리를 잡았다. 저녁 먹는 모습이 가장 재미있는 부분이었다. 동식이는 설교가 끝난 후 곧바로 나갔지만 나는 그대로 앉아 있었다. 나는 그 사람과 그가 먹을 음식을 뚫어지게 바라보았는데 이 음식의 대부분은 그가 가져온 것이었다. 그가 사용하는 삼지창 같은 것[2], 그것으로 그가 음식을 입에 넣을 때 우리의 눈은 하나도 놓치지 않고 그것을 따라갔다. 그가 입술을 움직이는 것을 바라보며 어떤 음식을 좋아하는지, 또 그 음식 맛이 좋은지 궁금해 했다. 갑자기 그는 머리를 뒤로 젖히며 박장대소했고, 우리 모두는 바보 같은 웃음으로 대응했다.

"사랑하는 성도여, 여러분이 나를 쳐다보는 것이 좋습니다. 나는 당신들 사이에서 이상한 사람입니다. 그러니 당신들이 내가 하는 모든 행동을 바라보기를 원합니다. 하지만 나를 쳐다보는 동안 가끔 눈을 깜박여주지 않겠어요?"

나는 부끄러웠고 마치 누군가가 즐거운 꿈에서 나를 거칠게 깨운 것 같은 느낌이 들었다. 나는 그 사람이 불만족스러웠고 그의 밝은 머리와 붉은 얼굴이 싫었다. 그는 저녁에 또 모임이 있을 것이라고 공표했다. 모든 사람이 올 것인가? 나는 처음에는 가지 않으려고 결심했지만 후에 그 모임이 좋았다. 촛불이 켜지자 건물 끝에 동식이와 나란히 바닥에 앉아 있는 나를 발견했다.

너무나 놀랍게도 교실의 반은 여자들로 차 있었고 남자와 여

---

[2] '포크'를 말하는 것임.

자를 분리시키는 장막도 없었다. 방 안에 가득 찬 사람들은 진지했다. 그러나 밖에는 구경꾼들이 모여 방문 앞에서 서로를 밀치고 있었다. 곧바로 그는 확신에 가득 차 대단히 힘이 넘치는 설교를 시작했다. 설교하는 내내 그는 손을 움직였는데 이 움직임은 마치 주술에 걸린 것처럼 우리의 시선을 떼지 못하게 했다. 판결을 내리는 재판관에게 생명을 호소하는 것처럼 그는 간청했다. 눈에 눈물을 가득 담고 설교자는 열정적인 호소를 한 후 거의 끝나갈 무렵 외쳤다.

"예수께서 여러분에게 생명을 주실 것이오. 생명을!"

사람들은 깊이 몰입되어 추가 움직이는 것처럼 앞뒤로 계속 움직였다. 그가 "예수를 믿으시오. 오늘 밤 여러분은 영생의 선물을 받을 것입니다"라고 말하자 내 뒤에 앉은 노인이 내 어깨에 얼굴을 대고 가장 가까운 친구를 잃은 것처럼, 아니 엄마를 찾아 우는 아이처럼 흐느끼기 시작했다. 다른 사람들도 급속히 울기 시작했고 정말로 당황스럽게 모든 사람이 바닥에 몸을 굽히고 마음이 찢어지는 듯이 울었다. 동식이와 나만 똑바로 앉아 있었고, 가련하게도 그 자리에 어울리지 않는 듯했다. 나는 동식이를 힐끗 쳐다보았다. 그의 얼굴에는 부처의 엄숙함이 있었다. 많은 사람이 황홀경을 경험했다. 그들은 일어나 예수가 마음속에 있다고 외쳤다. 또한 자신과 남에게 행한 무서운 죄를 열거한 뒤 그들의 죄가 사하여졌다고, 그들은 선을 사랑한다고 외쳤다. 한 사람이 계속 반복해서 말했다.

"영생을 얻었다. 영생을 얻었다. 얻었다!"

동식이가 내 어깨를 쳤기에 우리는 조용히 문 밖으로 나와 주막으로 돌아갔다. 다른 사람들이 누워 있었기에 우리 두 사람이 충분히 누울 자리를 만드는 데 약간 어려움이 있었다. 동식이는 아무 말도 하지 않았다. 마침내 나는 다리를 쭉 뻗고 밤새 잤다. 동식이는 깊은 생각에 잠겨 촛불을 응시하며 불을 붙이는 것도 잊은 채 담뱃대를 손가락으로 만지작거리며 그곳에 앉아 있었다. 한참 자다 밤중에 깨니 동식이의 잘생긴 얼굴에 빛과 그림자가 숨바꼭질하고 있었다. 그는 무언가 매우 진지하게 생각하고 있었다.

제17장

고향집

이틀 뒤 우리는 고향 근처에 정박했다. 그리웠던 낯익은 경치를 보니 가슴이 벅찼다. 친구들과 뛰놀던 어린 시절, 가지가 축 늘어진 나무가 그림자를 만들어주었던 둑에서 나는 잠시 멈추었다. 초가을 산들바람이 노인 마요의 비파 소리를 실어 오는 것 같았다. 찬란한 태양은 강에서 뻗어 나온 길을 따뜻하게 비추었고 곳곳에서 가을꽃이 내게 인사했다. 내 옆의 시내는 오래 전 낚싯바늘과 줄로 유혹받았던 그 시절처럼 즐겁게 노래하고 있었다. 고향집을 보니 가슴이 뛰었다. 고향집은 낯익은 그 모습으로 넓게 펼쳐져 있었다.

어린 시절 친구였던 일꾼들이 들판에서 일을 하고 있었다. 그들은 우리를 보자 잇달아 놀라고 마침내 모든 사람이 급히 달려와 우리를 맞았다. 아버지로부터 유산을 받지도 못하고 치욕을 입은 아들을 만나 기뻐하는 이들의 모습을 보니 눈에서 눈물이 났다. 형이 다가와 내 손을 잡았고, 우리는 함께 걸었다. 큰 대문에 들어서자 나는 형의 얼굴을 보며 말했다.

"압니다, 형님. 모든 게 형님 것이지요. 정말 반갑습니다."

그는 시선을 떨어뜨리고 아무 말도 하지 않았다. 어머니를 찾았다. 어머니는 내 옆에 앉아 내 손을 잡고 우셨다. 어머니는 막일로 거칠어진 내 손과 병으로 수척해진 내 얼굴을 찬찬히 들여다보시더니 손으로 내 뺨을 만지시며 계속 우셨다. 어머니는 직접 손으로 내 짚신을 벗겨 그것을 소중하게 쓰다듬으셨다. 어머니는 부드럽게 내 머리를 손으로 만지시다가 머리카락 속으로 병원에서 치료받은 흔적을 발견하셨다. 어머니는 "사랑하는 성요야!" 하며 낮게 부르셨다. 나는 손으로 어머니의 뺨을 잡고 시선을 내 얼굴에 고정시켰다.

"어머니, 보세요. 사람들이 어머니께 뭐라고 했나요? 제가 이곳을 떠난 바로 그날처럼 제 삶은 아직도 순수하고 제 손은 깨끗해요."

어머니와 헤어져 평양으로 떠났던 순간부터 일어났던 모든 이야기를 했다. 지금 와 돌아보니 오래전의 일인 듯했다. 나는 아무것도 숨기지 않았다. 어머니께 옆구리의 흉터를 보여주었고 어머니는 그 위에 손을 얹으시곤 우셨다. 어머니의 손길과 눈물로 인해 내 안에 있는 모든 것이 꿈틀거렸다.

아버지가 많이 아프셨다. 무당이 다시 와서 굿을 했다. 그 결과 무당은 돈으로 가득 찬 상자를 받았지만 아버지는 소음과 체력 소진으로 더욱 상태가 나빠지셨다. 비단 방석에 의지한 아버지는 너무 수척하고 기운이 없어 보여 오랫동안 집을 비운 것에 대해 양심의 가책을 받았다. 나는 요 옆에 무릎을 꿇고 앉았다. 아버지는 예전의 부드러운 목소리로 말했다. 아버지의 얼굴을 바라보니 눈물이 뺨으로 흘렀다.

"동식이가 말해주었다. 네가 아버지의 이름을 더럽히는 일을 하지 않아 기쁘다."

나는 그날 하루 종일 아버지 옆에 앉아 강, 바다와 전쟁의 공포에서 어떻게 살아났는지 이야기했다. 그러나 이화에 대해서는 말할 수 없었다. 어머니는 이해하시겠지만 아버지는 어떨지 몰랐기 때문이었다. 그 말을 하면 쇠약한 아버지가 돌아가실지도 몰랐다. 곰곰이 생각하자 나는 점점 겁쟁이가 되어 이야기를 꺼낼 수 없었다. 아버지는 호용이에 대해 흥분하며 말씀하셨다.

"기다려라! 내가 일어나면 그놈을 손볼 것이다."

그러나 아버지는 일어나시지 않았다. 아버지는 내일이라도 당장 가겠다고 말씀하시곤 했지만, 정작 내일이 되면 또 다음 날을 기다리곤 하셨다.

마침내 아버지는 동식이와 장시간 의논한 후 형과 나를 부르셨다. 우리는 정중하게 절을 한 후 아버지가 유언하시기를 기다렸다. 더 가까이 오라고 하셔서 우리는 아버지 옆에 무릎을 꿇고 앉았다. 아버지는 평소와 다른 쇠약한 목소리로 당신의 삶, 투쟁과 승리에 대해 말씀하셨다. 임금님 옆에 있을 때의 그 영광스러운 시절과 조선의 온 세상이 아버지의 명령을 받았던 시절을 말씀하셨다. 남쪽 지방의 오만한 정적(政敵)[1]들에게 치욕을 입힌 일을 말할 때 아버지의 눈이 반짝거렸다.

"하지만 세상에! 여러 해 전부터 내 영향력은 사라지기 시작했다. 전쟁으로 모든 일이 개혁되었기에 궁정에서 내 영향력은 사라졌다. 내 정적들 몇몇도 지금 나와 함께 고통을 받고 있다. 내가 황천길로 떠나면 내가 가진 권력도 함께 가져갈 것이라 생각하는 사람도 있다. 내가 잘못을 전혀 저지르지 않았다고 말할 수는 없다. 내게 불평할 만한 일을 당한 사람도 있지만 그들은 실제 일보다 부풀려 말하고 있다."

---

[1] 정치에서 대립되는 처지에 있는 사람

형을 돌아보며 아버지가 말했다.

"창요야, 얼마 전 네게 전 재산을 물려주었다. 그 재산을 지켜야만 한다. 너는 경험이 있으니까 동생보다 그 재산을 잘 지킬 수 있다. 평양 근처에 이익이 나는 토지가 있다. 이것은 성요에게 주겠다. 성요의 충실한 친구인 동식이가 이것을 쓰고 내가 봉인할 것이다. 이 점에 있어서는 내 명령을 지켜다오."

아버지는 누워서 잠시 생각하다가 말을 이으셨다.

"장례는 내 지위에 맞게 치러라. 그래야만 정적들이 조롱하지 않을 것이다. 풍수쟁이가 이미 점지한 그곳, 네 할아버지가 묻히신 곳의 옆 산에 나를 묻어다오. 그러면 너희 모두 운이 좋을 것이다. 조상들의 혼이 네 할아버지의 아들인 나를 잘 돌봐주지 않았느냐. 아마도 나의 아들인 너희도 잘 돌봐줄 것이다."

아버지는 나를 향해 말씀하셨다.

"이 씨 집안은 모든 재산을 잃은 것 같구나. 성요야, 그 집안과의 혼인을 더 이상 마음에 두지 말아라. 내 말을 명심해라. 네 어머니와 동식이가 이 일을 처리할 것이고, 우리 가문의 이름에 명예를 가져올 적절한 혼사를 찾을 것이다. 전쟁에 승리한 일본인들이 변혁을 주도하기에 너희들이 조정에 들어갈 길이 열릴지도 모르겠다. 그런 일이 생기면 기회를 꼭 잡아라. 우리의 정적을 증오하거나 그들과 투쟁할 것이 두려워 이를 포기하지 마라. 친구들과 적들을 잘 지켜보고 모든 수단을 동원해 가문의 이름을 굳건하게 세워라. 영원히 가문의 명예를 지켜라. 조상의 그림자가 늘 너희들을 바라보고 있으니 그분들을 실망시키지 마라."

그날 밤 다른 사람들이 자고 있는 동안 나는 몰래 아버지 방으로 들어가 이화에 대해 말했다. 말을 끝내자 아버지는 벽 쪽으로 돌아누우셨고, 나는 방을 빠져 나왔다.

이틀 후 온 집안에서 통곡 소리가 났다. 이 통곡 소리는 강가까지 들렸기에 지나가는 뱃사람조차 도승지의 이름을 속삭였다. 우는 사람도 있고 웃는 사람도 있었다. 보호자를 잃었다고 생각하는 사람도 있었고, 말하기 두렵지만 압박에서 해방되었다고 생각하는 사람도 있었다.

아버지의 유언에 따라 성대한 장례를 치렀다. 근처에서 원하는 상여를 구할 수 없었기에 새것을 만들었다. "아버지가 충분히 지불할 수 있는 것을 아들도 충분히 지불할 수 있다"[2]라고 말하는 이도 있었다. "집의 기둥이 썩으면 항상 지붕에 새 기와를 얹지"라고 말하는 이도 있었다. 이는 우리가 가난을 숨기기 위해 허세를 부린다는 뜻이었다. 관찰사도 조문을 보내며 동정심을 표했고 아전들이 와서 재산 목록을 적어갔다. 이 일은 우

---

2 아들의 재력이 아버지만큼 된다는 의미

리 미래에 있을 불운을 예고하는 듯 보였다. 우리는 북쪽 지방에서 만들어진 상여 중 가장 큰 상여를 메기 위해 백오십 명의 상두꾼을 모았다. 상여는 두 개의 긴 채막대로 기본 구조가 만들어진 것으로 번쩍번쩍한 형상이 그려진 화려한 비단을 뚜껑으로 덮었다.

한 달이 지난 후 우리는 장지(葬地)[3]로 가는 장례를 경건하게 치렀다. 토지를 빼앗겨 아버지를 나쁘게 말했던 사람들 중에는 아버지를 장지까지 운반하는 데 도움을 준 사람도 있었다. 고용된 상두꾼들이 상여 앞에 서서 장대 위에 매단, 화려한 색의 종이등을 들고 선두에서 나갔다. 상여 바로 앞에서는 종을 울리는 사람이 걸어갔다. 그는 미친 듯이 종을 울리며 팽이처럼 빙글빙글 돌았다.

여자들은 장지까지 따라갈 수 없었기 때문에 어머니는 방에서 울고 계셨다. 행렬 맨 뒤에 형과 내가 남여를 타고 따라갔고, 우리 뒤로 집안의 친척들이 따라갔다. 상여 꼭대기 포장 앞에는 상두꾼에게 방향을 지시하도록 고용된 남자가 앉아 있었다. 그가 즉석에서 구슬픈 목소리로 선소리를 넣으면 모든 사람이 그를 따라 곡을 했다. 잠시 멈추면 그때마다 "아-이-고"라는 긴 통곡 소리가 들렸다. 잇달아 온 마을에 통곡 소리가 들렸으

---

[3] 장사하여 시체를 묻는 땅

며 도승지가 매장되는 것을 보기 위해 사람들이 모였다.

산에 도착하니 장례 준비가 다 끝났고, 장례 의식이 잠깐 멈추었다. 죽은 자가 무서워 시끌벅적하게 싸우는 것이 위대한 사람을 기억하는 데 최고의 방법인 것처럼 상두꾼들은 술을 마시고 싸웠다.

우리는 초저녁에 나갔고 돌아왔을 때는 매우 어두웠다. 남은 밤을 지내기 위해 많은 조문객이 우리 집에 모여 있었다. 상주가 떠난 혼을 혼자 만날 공포를 겪을 필요가 없도록 하기 위해서였다. 온 가족이 삼베 수의를 입었고 이웃은 우리에게 특별히 예의바르게 대했다.

동식이는 장례식을 감독했다. 우리는 그의 감독 하에 모든 일이 질서 있게 잘 진행되고 잘 치러진 것에 고마움을 느꼈다. 그는 먼 친척으로 조문객과 함께했지만 왠지 장례식에 완전히 참여하는 느낌은 아니었다. 그는 붉어진 눈으로 진실된 슬픔을 표현했지만, 소리 내어 곡을 하지는 않았다.

아버지가 돌아가신 후 방에 신주가 모셔졌다. 신주는 경배의 대상물이 되어 한동안 제사 의식을 받았다. 큰 집이 조용해지고 한적해졌다. 그렇게 오랫동안 머물던 식객들은 자신들을 돌봐주던 사람이 세상을 떠난 것을 발견하고는 이곳을 떠났다.

소작인들은 떠날 것이라고 말했지만 실제 마음속으로는 새 주인에게서 보다 나은 조건을 확보하기를 희망했다. 이전 해에 실제로 손실을 입었거나 아니면 그렇다고 생각한 사람들이 연합하여 보상을 요구하였기에 장례 일은 정리가 되지 않았다. 우리 집은 완전히 망하는 듯 보였다. 그들이 요구한 금액은 대단히 컸다. 그들은 동식이가 이 일을 주관하는 것을 알고 그와 이야기한 후 헤어졌다. 화해의 표시로 조그만 선물이 쌓였다.

위험한 순간이 지나가자 동식이는 그들을 가가호호 방문해 조심스럽게 그들의 불만에 대해 물었다. 그들이 요구한 것과는 근소한 차이가 있지만 동식이는 만족스럽게 그들의 불만을 해소해주었다. 이렇게 현명하게 동식이는 토지의 소작료를 확보했고 소작인들의 존경을 얻었을 뿐 아니라 놀랍게도 이들의 실제 손해를 보상해주었다.

동식이는 도승지의 유산을 적절한 상속인에게 분배하는 일에 착수했다. 형은 그에게 남아 토지를 관리해달라고 부탁했지만 동식이는 다른 일이 있다고 말했다. 그 일의 특성상 자신과 관련된 모든 이의 안전을 위협할 것이라 말했다. 이웃들은 이 말을 계속 전했다. 그들은 동식이는 위험한 사람이며 언젠가는 정부에 반역을 꾀할 것이라는 옛 소문을 기억해 냈다.

도승지는 영원한 휴식을 취했지만 집을 지배하는 그 힘은 결코 멈추지 않았다. 빠른 시간 안에 먼지로 변할 철통 같은 손이 우리의 모든 행동을 지시하였다. 우리는 여행을 할 수도 없었고 다른 일을 할 수 없었다. 우리는 즐거운 마음으로 이런 법도를 따랐다. 그러나 이화가 일본 군인의 수중에 있을 수도 있고 그녀를 찾기에는 내가 너무나 힘이 없다는 생각이 내 영혼을 갉아 먹고 있었다. 이 생각은 나를 비참하게 만들었다.

제18장

이화를 찾아서

겨울이 지났다. 많은 변화가 조정에서 발표되었다. 옛날의 악습은 폐지되었다. 조정에서 관찰사들을 소환했고 이들의 자리에 변화를 진지하게 받아들일 사람들이 임명되었다. 동식이는 새로운 정치 활동의 한가운데 있었지만 관리가 된 것은 아니었다. 그는 돌아가는 일의 추이를 주시하고 공부하며 한양에 머물고 있었다. 그는 내게 이런 내용의 편지를 썼다.

"개혁이 일어나는 듯하네. 황제에서부터 아랫사람에 이르기까지 본인의 선택이라기보다는 강제적으로 개혁을 받아들이도록 강압을 받았네. 하지만 반발이 발생하기 전에 이 새로운 정신이 어려움을 헤치고 나가길 희망하네."

 논을 돌보아야 하기 때문에 장례의 엄격한 규칙을 완화시켜도 된다는 허락을 받았다. 봄이 되자 평양으로 갔다. 논을 팔아 이화를 계속 찾을 방법을 모색했다. 평양에는 이화나 그녀의 주인, 부자 이 씨의 흔적이 없었다. 이화가 이 씨의 집에서 보호를 받을 것이라 믿었고 또 부자 이 씨가 관찰사와 친하게 지냈던 것을 알았기 때문에 나는 그 두 사람이 한양에 있을 수도 있다는 결론을 얻었다.

 그러나 나는 마음을 바꿔 청나라 인접 지역으로 가서 풍각쟁이 노인과 젊은 처녀에 대해 수소문했다. 그러나 전쟁이 끝나자 집에서 피난 갔던 사람들이 이제 막 돌아와 그들은 그 두 사람에 대해 전혀 아는 게 없었다. 한양으로 돌아간 것은 여름이 다 되어서였다. 한양에서는 콜레라가 한창 유행이었고, 수백 구의 시체가 성벽 너머 공동묘지에 묻혔다.

 놀랍게도 동식이는 학자이자 스승으로 보수정치인들 사이에 있었다. 많은 사람이 북쪽 지방 출신의 강한 지략가에게 조언을 얻고자 왔다. 나는 조선이 오래된 적, 일본의 수중에 들어가 무력해졌음을 알게 되었다. 일본인들은 군대를 점령했고 조선의 독립을 위협하고 있었다. 일본인들은 많은 개혁을 시도했지만, 탐욕의 음험한 손이 조선의 생명줄을 조아오기 시작했다. 온갖 지역에서 일본인들이 조선인과 충돌했지만 항상 조선인들의 혼란과 참패였다. 엄청난 수의 조선 노무자가 일본인들에게 고용되었고 곤봉에 맞아 피가 여기저기 터졌다. 우리 민족은 희생자였다. 나는 동식이가 왜 보수적 개혁가가 되었는지 알게 되었다.

동식이는 조 씨 성을 가진 사람의 집에 머물고 있었다. 조 씨는 큰 집을 열어 개혁파들이 감시하는 눈을 피할 수 있는, 은밀한 장소를 제공했다. 조 씨 집의 조그만 방을 차지한 동식이는 나를 매우 반기며 맞아들였다. 일상적인 인사와 안부를 친절하게 주고받은 후 그는 상냥하게 말했다.

"자네, 건강해보이는군! 자네를 만나려고 오랫동안 기다렸네. 자네는 운 좋게도 우리 조선의 역사, 어쩌면 동양 역사에서 큰 획을 그을 일에 참여하게 되었네. 무슨 생각으로 길을 떠났나? 물론 이곳에 머물며 중요한 일을 함께할 거지?"

"글쎄, 머무는 게 내 이해관계를 증진시킬 수 있는지 여부에 달렸네."

"자네의 이해관계라고! 자네는 변한 게 하나도 없군. 여전히 똑같아. '내 이해관계', 이것이 바로 우리나라의 저주야. 자넨 뭘 원하나? 관찰사나 판관? 어쩌면 조정의 한 자리를 찾고 있을지도 모르지. 자네만 야망이 있는 것은 아니네. 돈만 충분히 준다면 우리나라의 이익을 위해 기꺼이 희생할 사람은 많아. 하지만 매일 황제를 보좌하는 수많은 조언자에게 자네까지 지혜를 덧붙이려 한다는 걸 나는 전혀 몰랐네. 그 처녀에 대한 소식은 들었나?"

그는 갑자기 기분 좋은 농담을 관두고 진지하게 물었다. 나는 이화에 대한 소식을 듣지 못했음을 말했다.

"못 들었다고? 정말 그 처녀를 보고 싶네. 그 처녀는 분명히 대단한 여자일 거야. 종이라고 했지, 성요? 그 처녀에 대해 좀 더 말해주게. 자네는 아직도 확고한가?"

갑자기 그의 얼굴이 매우 다정해졌기에 그로부터 동정을 받고 싶어졌다.

"그 처녀의 아름다움, 지성, 매력에 대해서 말하고 싶지 않네. 다른 사람 발 밑에 내 우상을 가져와 놓는다고 그것이 똑같이 존경받는 건 아니지. 내 눈이 본 것을 자네가 똑같이 봐주기를 기대하지는 않네. 내가 아직도 확고한 지 물어보았나? 며칠 전 그녀를 찾다가 지쳐서 땅바닥에 주저앉았지. 내가 가진 마지막 음식을 보따리에서 꺼내 조금이라도 더 오래 먹으려고 천천히 씹었네. 그때 조그만 조각이 땅에 떨어졌어. 즉시 그 조각만한 크기의 개미가 음식 조각을 잡아 집으로 끌고 가기 시작했네. 그 순간 그 개미보다 더 큰 놈이 그 조각에 달려들었지. 대단한 싸움이 일어났네. 그놈들은 치열하게 싸웠고 결국 큰 놈이 모래 바닥에 너부러졌네. 작은 놈은 기어서 음식 조각 옆으로 가 그 옆에 너부러져 죽었지."

나는 마치 결연한 각오를 다지듯 의지를 불태우며 그에게 말했다.

"동식이, 이 개미들 싸움에서 난 용기를 얻었어. 나는 싸울 거야. 승리하기 위해 목숨을 바쳐야 하더라도, 그 여자를 소유하겠어. 추울 때도 더울 때도 그녀를 찾아 언덕과 평원을 돌아다녔지. 언제나 그녀의 목소리가 나를 향해 손짓하고 있어. 그러나 빛과 어둠 속에서 그녀의 형상을 잡으려는 순간 바로 사라져 버리네. 하지만 그녀의 형상은 옆 들판을 건너 바로 보이는 언덕 위에 있네. 아, 동식이, 자네는 그 처녀와 부자 이 씨, 혹은 노인 마요에 대한 소식을 들은 적이 있지 않은가?"

나는 몸을 앞으로 기울여 그의 눈을 들여다보았다. 그는 매우 친절하게 답했다.

"없네, 성요. 아무 소식도 듣지 못했네. 자네는 승리할 거야. 하지만…."

"하지만, 뭐?"

"자네가 생각하지 못했던 더 고결한 것이 있지…."

그는 다시 말을 멈추었고, 나는 듣고 있음을 그에게 알렸다.

"자네는 개인적 만족을 위해 싸우고 있지. 원리를 위해 싸운다면 훨씬 더 고결할 텐데! 그렇게 하려면 자네는 지금의 목적을 포기하고, 열정을 억제하며, 우리 민족의 지도자가 될 만한 사람으로 변해야 해. 자신을 위해 살려는 것이 전 세대의 열정이야. 생각해보게, 성요! 여기에 있는 민중은 여물통에서 여물을 먹는 돼지 같아. 저들은 우리 조상의 교훈을 결코 배운 적이 없고, 더구나 자신의 훌륭한 본성이 지시하는 것을 배운 적이 없어. 자네, 예수교 모임을 기억하나? 그들은 '자기 억제'라는 우리의 철학을 개량해 다른 사람들의 선을 위해 헌신하라고 요구하네. 그들의 가르침이 옳다는 것을 밝히는 데는 시간이 필요할 거야. 다른 사람을 위한 열정으로 가슴이 뛸 때까지 시대는 격렬한 활동과 열정을 요구하네. 자네는 자신만의 열정을 충족시키려고 누더기 같은 삶을 살고 있어. 누가 더 훌륭한 사람인가? 그 처녀인가? 누가 그렇다고 말할 수 있지? 자네 자신인가? 자네는 만족을 얻을지도 모르지만 이것으로 자네가 더 낫다고 주장하지는 못하네."

그는 잠시 감정을 추스르며 말을 이었다.

"자네 본성이 갈망하는 것을 억누르라고 요구하지는 않네. 그러나 나는 이보다 더 좋은 것을 배웠네. 나는 그 갈망이 다른 경로를 찾아 곤경에 처한 많은 사람에게 축복이 되어주기를 원하네. 서구 열강이 성공할 수 있었던 비결을 연구했네. 서구 열강이 우리의 정신을 배웠던 것보다 더 훌륭하게 내가 그들의 정신을 배우지 못했을지도 모르네. 하지만 관찰하면 할수록 보다 특별한 사실들이 명백하게 이해되었네. 많은 사람이 여기서 우호적인 무역을 한다며 공언하지만 저들은 우리를 착취할 생각으로 가득 찼고, 또 우리를 경멸하는 마음을 갖고 있어. 서구 사람들이 위대하다고 말하고 싶지 않아. 그냥 저들은 이방인일 뿐이야. 위대하다고 생각하면 이런 편견이 내 판단력에 영향을 줄 수도 있어. 위대함에는 관용, 예의바름과 공손함이 포함되는데 저들에게는 이런 덕목이 없네. 그러나 저들의 국가적 '이상'은 희생이고 저들의 영웅들은 이것을 몸소 실천했네. 이 사실 때문에 저들은 자유롭고 강하게 된 거야. 수백만 우리 조선인을 생각해보게. 우리는 벼슬아치의 압제 아래서 종처럼 살았지. 과거에 우리가 경멸했던 일본이 갑자기 강해져 매일 우리를 경멸과 모욕으로 대하는 것을 생각해보게. 우리의 친구라 말하며 일본은 적에게 보여주는 동정조차 우리에게 보여주지 않아. 우리 정치인들의 유치한 행동을 생각해보게. 성요, 우린 어른이 필요해. 어른들이…."

그는 열정적으로 말을 했고 그의 이런 모습은 소리가 아니라 잠재적 힘으로, 나로 하여금 산의 급류를 생각나게 했다. 나는 답했다.

"우리 철학은 그렇게 다르지 않아. 내가 개혁운동에 자네와 함께하기에 적합하지 않다고 생각하는 건 이상해. 자네의 명분에 대한 내 열정이 왜 작다고 생각하나? 배고프면 먹어야지. 그래야 무거운 의무를 질 만한 힘을 가지게 되는 거야. 내게 사랑의 열정이 있다면, 이것을 충족시켜야만 자네가 말하는 이타적 목적을 위해 심장의 힘줄을 가질 수 있지. 그렇다고 해서 내가 완전히 이기적이라 생각하지 말게. 그녀를 위해서라면 나는 기꺼이 죽을 수도 있어."

나의 말에 동식이는 약간 놀란 듯했다. 그러자 그가 말했다.

"이제 자네 과거의 평온함 속으로 무자비하지만 천천히 들어가 보겠네. 그 시절, 자네가 전혀 보지 못했을 뿐 아니라 사랑도 하지 않는, 자네를 위해 선택된 신부와 결혼하여 우리 오랜 관습의 희생자가 되었다고 가정해보세. 자네가 사랑의 열정과 그 고귀한 힘을 전혀 모르는 상태에서도 이 문제에서는 판단 능력이 없다고 추론하는 것은 내게 너무 주제넘은 짓이 아닌가? 희생의 문제에 있어 그녀를 포기하는 게 그녀에게 이익이라 확신이 든다면 나는 그녀를 더 이상 찾지 않겠네. 그녀가 유용하다는 게 무슨 의미인지 생각해보게."

동식이는 조선 사회에서 종을 부인으로 맞는 것이 무슨 의미인지 생각하며 잠시 말을 멈추었다. 그는 하인을 크게 불러 밥을 가져오라 했다. 이는 관대하게 나의 혼돈을 감싸주는 행동이었다. 하인이 상을 갖고 왔기에 우리는 잠시 그 문제에 대한 심도 있는 대화를 멈추었다.

"만약 부자 이 씨가 한양에 있었다면 사람들 앞에 이미 나타났을 것이야. 그에 대한 내 정보가 옳다면, 그는 벼슬아치의 마음에 들려고 손바닥이 근질거리는 사람이니.'

잠시 후 동식이는 말을 덧붙였다.

"그가 여기에 있다면, 그리고 죄를 지어 숨은 것이 아니라면, 그는 권력을 획득하기 위해 이 개혁의 움직임을 유리하게 이용할 거야. 운명은 정말 묘하네. 때때로 밖에 있는 사람이나 천한 자를 안으로 들어오게 하고, 또 안에 있는 자를 나가게 해서 우리를 놀라게 한다네."

"이 씨가 개화파같이 행동하나?"

"아니네! 정말 아니네. 자네의 순수함이란 얼마나 맑은지! 부자 이 씨와 같은 자들이 개혁의 문제를 중요하다고 생각하겠나? 만약 이 씨가 한양에 있다면 철저한 계획을 세워 미래가 안전하다고 생각했기 때문일 거야. 판관보다 더 좋은 줄을 갖고 있는 게 틀림없어. 그 판관은 자네와 내가 목격했던 그 박해의 시기에 황제의 명령에 복종하지 않았다고 총애를 잃은 상태이니. 충고하자면 거리를 이 잡듯이 뒤질 것이라 굳건히 마음먹고 평양을 철저히 찾아보게. 분명히 군중 사이에서 적을 알아보기도 하고, 친구도 알아보게 될 거야. 나도 그에 대해 알아보지. 내가 사람들에게 물어볼 것이니 자네는 비밀스럽게 알아보게나."

갓을 들어 쓰면서 이렇게 덧붙인 후 그는 내게 어떻게 시작하라는 암시 한마디 주지 않고 떠났다. 하지만 동식이가 철저히 평양을 뒤질 것이라는 걸 알기에 마음이 따뜻해졌다.

며칠 동안 나는 궁정 대문에 서 있었고, 그곳에서 출입하는 모든 관리의 이름과 그들의 이력을 많이 알게 되었다. 나는 많은 부자와 특권층에 속하는 사람들의 하인들을 알게 되었고 찾고 있는 정보를 얻기를 바라며 그들과 잡담을 나누었다. 아침마다 큰 희망을 갖고 길을 나가 밤에는 참담한 심정으로 돌아왔다.

동식이는 매일 쾌활하게 나를 맞았고, 내 마음을 짓누르던 주제에서 벗어나 능숙하게 대화를 이끌었다. 그는 내가 궁정의 관리들의 습관과 행동에 대해 거리낌 없이 말하면 기뻐하며 맞장구쳤다. 하지만 그는 여자 종, 이화에 대해서는 아무것도 듣지 않기를 결정한 듯했다. 그리고 할 수 없이 나는 그가 원하는 대로 따랐다.

동식이가 특권층 계급과 관계를 가지려고 노력한다고 말했을 때, 나는 그의 대단한 노력에 매우 놀랐다. 이들 특권층 계급은 개인적 이익을 위해 일본에게 조선 전체를 팔 준비가 되어 있는 집단이었다.

한때 그에게는 많은 추종자가 있었다. 하지만 모든 사람이 그를 떠나자 무한한 인내심으로 자신의 목적을 위해 그들을 다시 불러 모으려고 애썼던 시절도 있었다. 그는 끊임없이 동포에 대한 신념을 갖고 그들 앞에 개혁과 순수한 정부의 이상을 내놓곤 했지만, 그 공든 탑을 완성하기 바로 직전 자신의 손아래에서 무너지는 것을 보았다.

이익이 있는 곳에서 사람들은 조직적으로 단결하고 모험할 준비가 되었지만, 자신을 희생할 준비는 되어 있지 않았다. 그들은 자신의 부와 안락함을 너무 사랑해 개혁을 위한 어떤 계획에도 참가하지 않았다. 그 계획에는 위험 요소가 많았기 때문이다. 동식이는 여전히 노력했고 많은 친구와 적을 만들었다. 정부는 그가 만족할 것이라 생각하고 벼슬자리를 제안했지만 그는 이를 거절했다.

나는 벼슬아치의 하인들과 친구가 되어 여러 번 궁정의 뜰에 들어갔다. 그곳에서 건물의 위치와 그곳에 사는 사람을 알게 되었지만 그녀를 찾는 데에는 그다지 도움이 되지 않았다. 몇

주 동안 이화를 찾다가 어느 날 저녁 동식이에게 돌아갔다. 과거에 그랬던 것보다 더 실망해 나는 평양에서 이화를 찾는 것을 그만두고 청나라 경계 지역을 넘어 북으로 가겠다고 결심했다. 많은 조선 피난인이 평양 전투 후 그곳으로 도망갔다는 소식이 들렸기 때문이었다.

  방에 들어가니 동식이는 요에 앉은 채 당혹한 듯 눈썹을 깜빡이며 진지하게 종이 두루마리[1]를 보고 있었다. 그는 이것에 너무 열중해 내가 들어가는 것도 몰랐다. 잠시 나는 그가 종이 두루마리의 바깥 부분을 응시하는 것을 바라보았다. 마치 그는 불가사의한 것을 해결하려고 하는 것 같았다. 곧바로 그는 나를 올려다보고 환영의 미소를 지은 후 두루마리를 다시 응시하며 깊은 생각에 빠졌다.

  "공허한 마음과 빈 책."

  나는 우리 고전의 한 줄을 인용하며 쳐다보았다.

  "뭐라고?"

  그는 멍한 시선으로 손바닥에 있는 종이 두루마리를 놓으며 말했다.

  "이 두루마리는 지난 달 내가 받은 것 중 하나야. 소문, 소문일 뿐이야."

---

[1] 가로로 길게 이어 돌돌 둥글게 만 종이. 편지나 그 밖의 글을 쓸 때 쓴다.

"어떤 소문?"

"새로운 건 없어. 한양에서 머문 이래 나는 항상 반란과 폭동이 한양에서 시작해 지방으로 확산되어, 정부 관료들의 살해, 시해, 폭력과 유혈이 일어날 것이라는 소문을 계속 들어. 이 성벽에는 어슬렁거리는 당나귀 무리보다 더 많은 귀가 있다네. 모든 귀 아래에는 자네도 알다시피 바쁜 혀가 날름거리고 있어. 여기를 보게!"

그가 속삭임보다 더 듣기 어려운 낮은 목소리로 말했다.

"왕족의 생명을 위협하고 지금의 왕조를 없애려는 음모가 곧 드러날 것이라는 정보가 내 손에 있어. 이 음모에는 우리나라에서 가장 권세 있는 사람과 일본 공사(公使)[2]가 연루되어 있어. 이것은 유언비어라 생각하네. 하지만 내가 이런 편지를 갖고 있는 것을 어떤 관리가 안다면 내 머리를 잃게 될 것이야. 목숨을 잃어 분명한 선을 행한다면 내 몸의 소중한 부분을 잃는 것에 반대하지는 않아. 나는 이 소식을 누가 보냈는지 모르겠네. 두 시간 전 궁정의 뜰을 지나갈 때 이 종이 두루마리가 내 손안에 들어왔네. 이것 역시 간접적으로 내게 들어온 것 중 하나였지만 지금은 완전히 근거 없는 의심으로 판명되었네. 편지

---

[2] 국가를 대표하여 파견되는 외교 사절. 외교통상부 장관의 감독과 훈령을 받아 조약국에 상주하는 외교 사절로, 대사에 버금가는 계급이다.

의 내용은 임금의 아버지[3]가 왕비를 시해하려, 아마도 왕족 전부를 죽이려는 목적으로 일본인들의 도움을 받을 생각을 가졌거나 아니면 일본 공사의 도구가 되려 한다는 것이지. 그 노인 섭정자[4]가 자신의 길의 방해자가 되었던 왕비를 제거할 준비를 한다는 건 분명하지만 왕조를 없애기를 원한다는 것은 말도 안 되네. 일본인들이 이런 엄청난 죄악을 생각했다는 것도 믿을 수 없어. 특히 그들의 영향력이 우리 조선인들의 환심을 얻는 것에 달려 있는 이런 상황에서 말이야. 일본인들이 임금님의 사람들에게 손을 대려고 하는 순간 일본의 영향력은 사라질 것이고, 오직 군대의 힘으로만 일본은 우리나라를 지배하게 될 거야. 내가 생각하기에 이 편지의 내용은 단순히 미친놈의 망상일 거야. 우리 민족은 얼마나 섬뜩하게 꿈을 꾸는지!"

그는 성냥불을 켜 종이 두루마리에 불을 붙였다. 그는 그 불타는 두루마리를 응시했다. 나는 마치 연기에서 앞으로 일어날 일의 정보를 끄집어내려 노력하는 것처럼 그것을 노려보았다. 그는 분명히 확신에 찬 대답을 했지만 그래도 심기가 불편했다. 마지막 연기가 위로 천천히 둥글게 올라가는 것을 보며 그는 놀리는 듯한 표정으로 나를 쳐다보았다. 그의 다음 말을 들

---

[3] 흥선대원군
[4] 흥선대원군

는 순간 내 마음에서 종이 두루마리의 불꽃 같은 무언가가 번뜩거렸다.

"부자 이 씨를 보았지."

"그를 보았다고!"

나는 헐떡이며 답했고, 그는 감식가 같은 태도로 나를 이리저리 훑어보았다.

"궁정 뜰에서 나오는 것을 보았네. 그는 나와 약간의 안면이 있는 궁정 관리와 친분을 맺고 있네. 그래서 이틀 전에ㄱ 그를 발견했고, 오늘은 오랫동안 궁정 문에서 그가 나타나기를 기다렸다. 급한 일이 있었지만 자네의 야망과 갈망을 기억하며 인내심을 갖고 기다렸네. 그들이 나타나자 나는 그들에게 다가갔지. 그러곤 넌지시 이 씨에게 나를 소개했네. 이 씨는 거만하게 나를 쳐다보았지. 그는 집의 서까래 귀퉁이처럼 턱을 치켜들었네. 그는 한양에서 가장 기술적으로 점잔빼며 걷는 사람보다 더 거들먹거리며 걸었지. 무릎을 뻣뻣이 세워 다리를 높이 올리고 납작한 코 선을 따라 시선을 돌리며 걸었어. 그가 이렇게 거만을 떨면 그 뚱뚱한 몸은 주제넘게 행동하려는 어떤 젊은이도 무력화시킬 것이야. 내가 그의 거만함에 눌리지 않자 그는 놀란 듯했어. 나는 그의 대단한 허영심을 눌러버리려고 그의 많은 가난한 친척의 안부를 묻고 그들이 여전히 농사를 잘 짓고 있는지 물었지. 특히 얼마 전 그의 황소 등에서 떨어진 친척을 걱정했어. 물론 나는 그의 친척 중 누가 그렇게 다쳤는지 몰라. 하지만 이 씨가 그의 친척들에게 어떤 일이 일어났는지 분명히 알지 못한다는 것은 알았지. 그는 불편해하며 그의 동료들을 바라보았고 화제를 돌리려고 애를 썼네. 내가 아주 효과적으로 그의 자부심을 납작하게 만들어서, 그는 그 거만한 발걸음을 거의 잊었지. 동료들에게 미안하다고 말하며 나에게 그의 남여로 함께 가자고 청했네. 물론 나는 나와 동행하려는 그의 특별한 호의에 대해 적절하고 정중하게 고마움을 표현했네. 나는 그의 청을 받아들여 집으로 함께 가겠다고 말했지."

나는 동식이와 부자 이 씨가 어떤 대화를 나누었는지 무척 궁금했다. 그는 나의 이런 기분을 눈치챈 듯 말을 이었다.

"담배 연기 가득한 방에서 그와 한 시간 정도 이야기를 나누었지. 그곳에서 그는 갓과 망건을 벗었어. 그는 한 팔의 소매를 팔꿈치까지 걷었고 다른 한쪽 소매는 손 위까지 접어 올렸지. 이것은 한 손으로는 싸워야 하지만 다른 쪽에서는 항복을 해야만 하는 그런 상황을 의미하기도 했어. 그에게서 과거의 일을 비틀어 끄집어냈어. 나는 그에게 공자의 진부한 말을 계속 쏟아냈고 결국 그는 툴툴거리고 신음하며 젊은 시절 자신이 공부하기를 원했던 것들에 '그렇소'라 답했네. 그에게 나는 궁정생

활에서 얻은 지식과 내 손에 쥔 권력에 대해 넌지시 말했지. 그러자 그는 나와 친분관계를 가지려 했네. 내가 그의 미천한 출신에 대해 일대 타격을 가하자 그는 거의 나락으로 떨어졌지. 결국 그의 거만함은 완전히 사라졌고 그는 자신이 생각하는 계획을 도와줄 수 있느냐고 조심스럽게 물었네."

그러고 나서 그는 이제부터 중요한 정보가 있다는 듯 나를 힐끗 보며 말했다.

"그는 약간의 정보를 주었지. 상징적으로 말하자면 나는 내가 추구하는 것을 얻을 때까지 그의 상투를 비틀었네. 내가 관찰하기에 내시들은 일종의 봉사를 얻을 수 있는 좋은 도구이긴 하지만 그의 경우 내시들과 관계를 갖지 않는 것이 나았네. 마침내 그는 자신에게 아름다운 딸이 있고, 영향력 있는 내시에 그 딸을 맡겨 궁녀가 되도록 훈련받고 있다고 말했네. 그는 병약한 궁녀의 죽음으로 곧 자신의 딸에게 좋은 자리가 생길 것이라고 믿었지. 나는 그가 무슨 근거로 성공을 믿느냐고 물었지. 그는 무엇보다도 소녀의 아름다움과 마음의 영특함을 믿고 있는 듯했어. 만약 그 내시가 그 아이를 왕비의 주의를 받을 수 있게 한다면, 그 결과는 거의 확실하네. 나는 딸이 그곳에 가기를 반대하지 않았느냐고 물었지. 그러자 그가 답했네. 그 아이에게 궁궐에 가거나 아니면 한 늙은이의 첩이 되는 것 중에 선택하라고 하자, 그녀는 궁정에 가기로 동의했고 기분이 좋은 상태로 떠났다고 했네."

동식이가 말을 멈추자마자 나는 물었다.

"종인 이화, 그녀는 어떻게 되었나? 그녀에 관해서 어떤 소식도 알아내지 못했나?"

동식이는 잠시 나를 쳐다본 후 말했다.

"한 늙은이가 누구라고 생각하나? 그리고 그의 딸이 누구라고 생각하나?"

"아!"

그녀가 궁정으로 들어갔다는 말을 듣는 순간 나는 혼돈 상태에 빠졌다. 나는 그동안 미친 듯이 그녀를 찾아다녔지만 지금보다 그녀가 더 멀리 있다고 느껴본 적이 없었다. 나는 호위병으로 둘러싸인 궁정에서 그녀를 구하려고 시도하는 것보다 일본인들의 무시무시한 무라타의 총탄 아래로 달려가는 것이 훨씬 낫다는 생각을 했다. 무라타의 총알 아래에서 살아나는 것보다 궁정에서 그녀를 빼내는 것이 더 힘들다고 생각했기 때문이다.

저녁 식사가 들어오자 나는 상을 물리고 발밑에 있는 요를 바라보았다.

"습격이 언제 어디서 일어나지?"

나는 갑자기 어떤 생각이 떠올라 물었다.

"내일 저녁 광화문."

동식이는 취조하는 듯한 표정으로 나를 바라보며 답했다.

제19장
체포되다

    저녁 늦게 나는 문을 나섰다. 동식이를 보니 그는 양미간을 찌푸리며 아직도 불태운 종이 두루마리를 열심히 보고 있었다. 열린 문으로 바람 한 조각이 들어와 방에서 재가 소용돌이쳤고 동식이의 눈은 그 재를 따라갔다. 근심의 그림자가 그의 잘생긴 얼굴에서 점점 깊어졌다.

  참을 수 없는 불안함과 비참함에 이끌려 동식이가 말한 광화문으로 갔다. 거대한 평양의 종이 통금을 알리는 소리가 들릴 때까지 궁정의 성벽을 바라보며 오랜 시간 그곳에 서 있었다. 달이 서쪽으로 기울고 어둠 속에서 성벽이 전혀 보이지 않을 때까지 계속 그곳을 응시했다. 이화가 저곳 어디선가 살아 숨 쉬고 있다. '그녀의 주위는 어떤가? 그녀는 이미 희생된 것이 아닌가?' 이런 의문들이 나를 사로잡아 미치게 했다.

갑자기 성문 사이로 사람들이 낮은 소리로 대화하며 가는 소리가 들렸다. 누군가가 조심스럽게 불빛을 광화문과 성벽 쪽으로 돌렸다. 나는 보초가 없는 걸 의아해하며 그들에게 몰래 다가갔다. 불을 든 보초와 군복을 입은 병사 열두 명이 보였다. 갑자기 불빛이 일본인 관리에게 비추어졌다.

동식이에게 보고된 음모가 마음속에 떠올라 그에게 이 사실을 알리고자 돌아서 살금살금 나갔다. 몸을 숨기기에 도움이 될 만한 집에 거의 다다랐을 때 불빛이 나를 비추었다. 일본 군복을 입은 열두 명의 사람에게 잡혔다. 지휘자인 듯한 사람이 지시하자 그들은 나를 거칠게 잡은 손을 풀고 나를 한가운데로 몰았다.

"궁정의 문 주위를 왜 서성거렸는가? 이런 행동은 역모고, 역모는 죽음을 의미한다는 것을 알지 못하는가?"

그들은 나 같은 사람을 찾았고 이제 발견했으므로 나를 예증으로 만들어야만 했다.

"그놈을 죽여라!"

누군가의 분노한 소리가 들렸다. 그 소리를 들으니 과거에 나라의 가장 높은 관리 한 사람의 집에서 들었던 노인의 목소리임을 알았다. 그 목소리는 이전의 섭정자인 대원군이었다.

성문 밖에서 파수꾼으로 서 있는, 왕의 섭정자의 바보 같은 행동 때문에 나는 커다랗게 웃었다. 곧바로 손 하나가 내 입을 막았고 내 손은 뒤쪽으로 묶였다. 내가 들을 수 없는 소리로 의논하는 모습이 보였다. 곧바로 누군가가 내 소매를 잡아 소리 내지 말라는 말과 함께 끌고 갔다. 불빛이 비치는 지역으로 들어가니 나를 끌고 가는 사람은 조선의 경찰이었고 그의 발끝에서 칼이 끌리는 소리가 기분 나쁘게 덜걱덜걱 났다. 그는 질문에 전혀 답하지 않았고 내게 조용히 하라고 명했다. 그 시간에 거리에는 아무도 없었다. 나는 도시를 가로질러 일본인 구역으로 걸었고 일본인 감옥에 갇혔다.

무모함이 나를 사로잡았다. 그들은 손을 묶은 밧줄을 풀고 나를 감옥 안에 집어넣었다. 나는 내가 즐거워 웃는 것이 아니라는 사실을 깨닫기까지 큰 소리로 웃었다. 친절해 보이는 일본인 간수가 내게 담뱃대를 주었다. 나는 담뱃대를 산산조각으로 부수었고 그를 쫓아 문밖으로 나가 담배를 던졌다. 그는 뭐라 투덜거리더니 내 뒤에서 문을 잠갔다. 나는 이전의 어느 때보다 화가 났다. 나는 손이 닿는 부분을 모두 만지면서 작은 방을 이리저리 돌아다녔다.

작은 창문을 가로지른 나무 창살이 만져졌다. 그 창살을 흔들다 분노가 폭발하여 그중 하나를 잡아 세게 들어 올렸다. 그러자 거대한 폭발음이 나며 나무가 부서졌다. 자물쇠 소리가 덜걱거리며 났고 간수가 불을 들고 들어왔다. 그가 곤봉으로 나를 치려하자 나는 그의 팔을 잡았고 우리는 함께 바닥에 뒹굴었다. 나는 아래에 깔린 남자가 소리 없이 누워 있을 때까지 미친 듯 싸웠다. 문이 활짝 열렸지만 나는 달아나지 않았다. 나는 싸우고 싶었다.

이 소동으로 잠이 깬 다른 간수들이 곧바로 문 앞에 나타났다. 그들은 내 발밑에 쓰러진 동료를 질질 끌고 갔다. 의식이 돌아오자 그는 당황해 눈을 비볐다. 그들은 나를 지그시 바라보았다. 나는 손가락 끝이 콕콕 찍어대도록 분노를 느꼈고 한 구석으로 물러나 그들이 내게 다가오기를 기다렸다. 그들은 잠시 흥분해서 말했고 마침내 그 동료를 끌어내고는 문을 잠갔다.

다시 한 번 내 목소리에 내가 놀랄 때까지 크고 씁쓸하게 웃었다. 가장 최악의 감정은 인종적 편견이 내 영혼을 채웠다는 것이다. 나는 동식이의 손에 있었던 편지가 진실을 말해주었다는 생각이 들었다. 내일 밤 궁정에서 유혈사태가 일어날 것이며, 일본인들이 우리 왕비를 죽이려 할 것이다. 이 생각을 하자 그동안의 비이성적인 분노가 가라앉았다. 밤새 나는 감옥에서 서성거렸다.

아침의 빛이 창문으로 비추자 나는 바닥에 앉아 간수가 아침을 가져오기를 기다렸다. 심문을 받을 생각에 내 온 감각이 곧추 세워져 있었다. 오전 중반이 되자 쇠사슬 소리가 감옥 문에서 덜걱거리며 났다. 나는 밖으로 불려 나갔다. 손의 밧줄이 풀렸고, 일본 관리 앞에서 심문을 받았다.

밤에 왜 성문 주위를 소리 없이 서성거렸냐는 질문을 받았다. 나는 우연히 지나가다 갑자기 성문의 보초에게 잡혀 감옥으로 끌려왔다고 답했다. 나는 반항할 생각이 전혀 없었으며 우리나라의 황제와 법, 또는 위대하고 관대한 일본 사람들의 법에 해를 끼칠 생각은 전혀 없다고 답했다. 마지막 말에 웃음을 띠며 그들은 내가 그 전날 밤 보초들 중 누군가를 보았는지 아니면 그들 중 누군가를 알아보았는지 물었다. 나는 평양에서 생계를 위해 물장수를 하는 가난한 사람으로 친구를 찾으러 한양에 왔다고 답했다. 또 나는 궁정의 보초들과 안면을 트는 그런 은혜를 입은 사람이 아니라고 답했다.

곧바로 전날 밤 나와 싸웠던 간수가 불려 왔다. 그가 머리에 붕대를 묶고 나타나자 웃음이 이 얼굴에서 저 얼굴로 퍼졌다. 그는 일본어로 몇 마디 질문을 받았지만 나는 이해하지 못했다. 취조관이 내게 돌아서서 전날 밤 창문을 부수었는지 물었고, 나는 그렇다고 답했다.

"왜 그랬느냐?"

"나가려고 그랬습니다."

"그런 행동은 중죄로 처벌받을 걸 몰랐느냐?"

"감옥이 얼마나 허술한지 보여주면 도리어 나리께서 제게 고마워하실 것입니다."

"머리에 붕대를 감은 저 사람이 보이느냐?"

"네."

"감옥에서 저 사람을 공격해서 부상을 입혔느냐?"

"아니요, 저는 그를 공격하지 않았습니다. 하지만 그에게 부상을 입혔습니다."

"네 이야기를 해보아라."

나는 있는 그대로 일어난 일을 말한 후 덧붙였다.

"어디에서든 당신네 사람들은 우리를 만나기만 하면 때립니다. 전혀 폭력을 행사하지 않았음에도 불구하고 체포되면, 우리는 당신네들 법을 지키는 관리들에게 맞고 부상을 입습니다. 우리를 때리는 사람에게 반격하는 것은 당연한 일이 아닙니까? 야생의 사슴이나 토끼도 붙잡히면 자기를 괴롭히는 사람을 공격하지 않습니까? 창조주가 짐승의 마음에도 법을 주셨는데, 왜 인간이 이같은 권리를 가졌다는 사실을 무시하려 합니까? 왜 당신들은 조선인들을 경멸하고 철로 된 신발로 우리를 짓밟으려 합니까? 우리가 당신들의 매질에 몸을 숙이면 당신들은 우리를 경멸하고 매는 더 심해졌습니다. 감옥 간수가 자의로 감옥 문을 열고 아직 구형을 받지 않은 사람을 때리도록 허락하는 법이 있다고 들은 적이 없습니다. 난 불법적인 구타에 항거하며 당신들이 높이 사는 남자다움의 정신을 보여주었소. 그런데 왜 이런 환경에 처한 나와 내 민족을 비난하며 우리를 당신들이 개탄하고 경멸하는 존재로 만들려 합니까?"

"성문에 있게 된 네 진술은 받아들인다. 그러나 네가 정말로 좋은 행동을 하려 했는지 평가하기 위해 하루나 이틀 너를 억류하려 한다. 탈출하려고 하지 말아라."

마침내 판결이 내려졌다. 그들은 명령했고 나를 감옥이 아니라 개인 집으로 데려갔다. 나는 바닥에 요가 깔려 있는 방으로 들어갔고, 놀랍게도 문은 잠겨 있지 않았다. 누군가 들어오는지 알아보려고 잠시 문을 열었지만 밖에서 군인이 왔다 갔다 하는 게 보였다.

저녁이 되자 나는 완전히 지쳐 누워 잤다. 늦은 저녁 시각, 팔에 담요를 들고 들어온 일본인 병사 때문에 잠에서 깼다. 담요로 펴 즉석 침대를 만들고 그 위에 군복을 벗어놓았다. 곧바로 깊은 숨소리가 났다. 그는 깊이 잠이 들었다.

나는 군복이 있는 곳으로 살금살금 갔다. 내 옷을 벗고 소리 내지 않고 그의 군복을 입었다. 군복을 거의 다 입었을 때 그가 깼다. 그가 일어나 앉자 나는 다시 누워 깊은 숨소리를 내며 잠자는 척했다. 그는 아무 일도 없는 것에 만족해 다시 누웠고, 곧바로 깊은 잠에 빠졌다.

나는 문으로 다가가 문을 밀어서 열려고 했지만 어딘가가 고정이 되어 움직이지 않았다. 문틀을 손으로 더듬자 안쪽으로 자물쇠가 잠겨 있는 게 발견되었다. 군복의 주머니를 뒤졌지만 열쇠를 찾을 수 없었다. 열쇠는 잠자는 군인의 몸 어딘가에 있을 것이라는 생각이 들었다.

나는 군복 윗도리를 벗고 내 윗도리를 입고는 그의 담요를 만졌다. 그는 놀라서 깼고, 일본어로 뭔가를 중얼거린 후 손을 뻗어 불을 켰다. 방이 작아 나는 팔 하나 거리에 있었다. 나는 눈을 감고 그의 얼굴 쪽으로 얼굴을 돌리고 있었다. 실눈을 뜨고 보니, 그가 자물쇠를 확인하고 베개를 들어 열쇠를 점검하는 게 보였다. 그런 후 그는 발을 뻗어 나를 세차게 찼다. 나는 간신히 잠에서 깬 것처럼 일어나 앉아 바보같이 무슨 일이냐고 물었다.

잠시 후 큰 숨소리로 그가 잠이 든 것을 확인한 후 나는 그의 담요 곁으로 다가가 신중하게 손을 베개 위에 올려놓았다. 5분

후 나는 좀 더 깊은 곳에서 손가락을 꼬물거려 보았다. 다시 5분이 지나자 나는 손 전체를 베개 아래에 넣고 손가락으로 그가 머리를 베고 있는 부분을 만졌다. 자면서 그가 무의식적으로 머리를 나와 반대쪽으로 돌리기를 바라며 그가 머리를 벤 부분을 들어 올리기 위해 천천히 주먹에 두 배의 힘을 주었다.

갑자기 숨소리가 조용해졌다. 그가 깨어나려 한다는 생각이 들어 심장이 멈추는 듯했다. 뻗은 팔은 이미 딱딱해졌고 손가락은 마비가 되었다. 나는 손을 가만히 둘 수 있을지 걱정되었고 또 열쇠가 닿았을 때 그것을 잡을 수 있을지 걱정이 되었다. 그의 무거운 숨소리가 들리자 나는 더 강하게 손으로 그의 머리를 눌렀다. 그는 내 손의 압박에 못 이겨 머리를 돌렸고, 나는 손가락을 뻗어 조그만 열쇠를 잡았다.

5분 후 베개에서 손을 뺀 후 순환이 될 때까지 손가락을 비볐다. 문을 연 후 베개 아래 열쇠를 다시 놓았다. 그가 깨어 일어나 열쇠를 만지고는 다시 나를 발로 찼을 때 모든 일은 거의 끝나 있었다. 반 시간 후 나는 다시 일어나 군복 윗도리를 입었다. 자물쇠를 제거하자 밖으로 나가는 문이 보였다. 그 문을 열어 밖으로 나가니 이상하게 만들어놓은 빗장이 있었다. 곧바로 나는 밝고 반짝이는 하늘 아래 확 트인 곳으로 나갔다.

달리려 하니 발바닥이 쑤셨다. 나는 골목을 따라 천천히 걸었고 점차로 걸음을 빨리 했다. 큰길을 건너자 일본 경찰이 내게 말을 걸었지만 나는 대답하지 않았다. 그는 나를 의심하는 표정으로 쳐다보았다. 그는 가까이 다가와 나를 자세히 바라보았다.

"당신은 누구요?"

"광화문으로 가는 길이오."

"흠!"

그는 투덜거리더니 가버렸다. 평양의 조선인 구역에 도착했을 때 나는 자유롭게 숨을 쉴 수 있었다. 곧바로 심문하는 경찰이 없는 골목길로 접어들었다.

제20장

궁정 습격

동식이가 머무는 집에 도착했지만, 방 안으로 들어가지 않고 잠시 멈추었다. 곧바로 궁정이 습격될 것이므로 그에게 이를 말하는 것은 그의 목숨만 위험하게 만들 것이다. 또한 이 늦은 시간에 그가 도울 수 있는 건 거의 없을 것이라는 생각이 들었다. 그러다 문득 그에게 알려야만 한다는 생각이 다시 들어 방문을 두드렸지만 아무 대답이 없었다. 낮은 목소리로 다시 불렀지만 답이 없었다.

그는 아마 밖으로 나가 궁정에 있을 수도 있다는 생각이 들었다. 이 생각이 들자 나는 걸어서 30분 거리에 있는 궁정의 성문으로 향했다. 온갖 주의를 기울이며 궁정의 문에 다가가는 순간 갑자기 누군가가 내 어깨를 잡았다. 얼굴에 불이 비추어졌다. 나는 병원에서 상투가 잘렸고 또 머리끈으로 만든 가짜 상투도 감옥 간수와 싸울 때 떨어졌기에 나는 나와 같은 군복을 입고 기다리는 우리나라 사람 무리가 있는 곳으로 끌려갔다. 누군가 내 머리를 만지더니 괜찮다고 했다.

우리는 오랜 시간 아무 말도 하지 않고 서 있었다. 마침내 수많은 병사가 열을 맞춰 오는 발소리가 들렸다. 그들이 우리 옆으로 행군하자 우리는 뒤쪽에 붙었다. 광화문은 닫혀 있었다. 경첩[1]에서 삐걱 소리가 나며 안쪽에서 문을 열어줄 때까지 우리는 기다렸다. 우리 모두는 문 안으로 들어가 한동안 아치 모양의 성벽 아래에 서 있었다.

예행연습인 것처럼 지휘자들이 회의를 하고 있었다. 나는 그들에게 좀 더 가까이 가서 정보를 얻으려 했지만, 매우 낮은 소리로 말해 거의 알아들을 수 없었다. 그러나 그들이 말한 것을 종합해볼 때 목적은 편지 내용, 즉 저들이 왕비를 죽여 내각의 주도권을 잡으려는 것이었다.

어둠 속에서 누가 음모자인지 알아보려 했다. 일본인들이 중

---

1 여닫이문을 달 때 한쪽은 문틀에, 다른 한쪽은 문짝에 고정하여 문짝이나 창문을 다는 데 쓰는 철물

심을 이루고 청일전쟁 후 일본인 관리들에게 훈련받은 조선 병사들이 돕고 있다는 것은 분명한 사실이었다. 무리들 가운데 남여가 하나 있었다. 남여에 탄 사람이 이 습격자의 지휘자로 궁정 뜰에 가장 먼저 들어갈 사람이라는 생각이 들어 눈에 띄지 않게 다가갔다. 바로 그 순간 병사가 손에 들었던 등불이 직접 남여에 탄 사람의 얼굴을 비추었다. 나는 그 사람이 바로 황제의 아버지라는 것을 보고는 매우 놀랐다. 이전에 본 적이 있는 높은 자리의 일본인 장교가 가장 많은 관심을 받으며 신속하게 명령을 내리고 있었다.

그를 본 순간 나는 말할 수 없을 정도로 놀랐다. 잠시 후 놀라움은 분노로 변하였다. 한순간 저곳에 서 있는 사람을 공격하자는 엉뚱한 생각이 들었다. 그러나 일순간 다시 생각하니 이것은 황당무계하고 무모한 행동이었다.

동식이는 분명히 궁정 안에 있을 것이다. 갑자기 병사들에게서 멀어지자 몇 사람이 몸을 돌려 나를 의심의 눈으로 바라보았다. 이들의 의심을 눈치챈 나는, 걸음을 늦춰 무리들 주위를 서성거리다 군사열을 벗어났다. 그리고 곧바로 이 음모를 경고하기 위해 궁정으로 서둘러 갔다.

얼마 가지 못해 조선인 병사 여섯 명을 만났다. 이들 중 일본 군복을 입은 몇 사람이 나를 잡았다.

"여기서 뭘 하오?"

"쉿! 저들이 오고 있소."

순간적으로 그들이 주저하자 나는 병사들 무리로 다시 돌아왔다. 이들의 조직이 너무 완벽하기에 생각을 바꿔 병사들을 뒤따라가 황제와 황후마마에게 어떤 폭력적 행동을 하기 전에 경고를 주고자 했다. 무리 가운데로 들어가자 "황후! 황후의 목숨이다!"라는 소리가 들렸다.

무리가 궁중 건물 사이로 들어가자 회색 총알의 광선이 동쪽 하늘을 가로질렀다. 이를 보고 우리는 서둘러 움직였다. 누가 일본군인지 표시해주는 것이 아무것도 없었다. 낮은 목소리의 명령에 기민하게 반응하는 자만이 일본인임을 알 수 있었다.

우리는 죽 늘어서 있는 궁정 건물 사이로 이리저리 인솔되어, 황제가 머무는 건물로 향했다. 입구가 열려 있어 쉽게 들어갈 수 있었고, 또 저항이 전혀 없는 것에 놀랐다. 갑자기 공포 어린 비명이 그들에게 경고를 주었다. 그 순간 나는 멈추라는 명령을 받았고 무리는 공격 부대 대형을 취했다. 곧바로 등불 수백 개가 건물 사이에서 켜졌고 호위병을 찾는 날카로운 명령소리가 온 사방에 퍼졌다. 믿을 수 없을 만큼 짧은 시간 안에 우리는 희미하게 보이는 궁정의 호위병 대열과 마주쳤다.

명령을 받은 일본 병사들은 무질서하게 산재한 조선 병사들을 후위에 그대로 놔둔 채 놀랄 정도로 정확하게 앞으로 돌진했다. 앞쪽에서 총소리가 났지만 쓰러진 사람은 아무도 없었다. 일본 병사들은 무시무시한 무라타로 응수했고 곧바로 외침과 신음이 났다. 일본인들이 좁은 골목길로 돌격해 들어가자 궁정의 호위병이 일본군 앞에서 도망가는 것이 보였다. 이를 보자 나는 토할 것 같은 치욕감을 느꼈다.

나는 쓰러진 호위병에 걸려 넘어졌다. 그는 약한 소리로 도움을 청하고 있었다. 그를 일으켜 세운 후 늘 그랬던 것처럼 그의 웃옷을 열었다. 그러자 피범벅이 된 그의 옆구리가 보였다. 끔찍한 상처를 보자 그를 다시 땅에 내려놓았다. 등에 총을 맞았기에 죽게 놔두는 것이 낫다는 생각이 들었다. 그러나 동정심이 일어 잠시 멈춰 그를 도와주려 했지만 그는 이미 죽어 있었다. 나는 궁정을 포위한 대형을 헤쳐 나갔다.

한 무리의 소시[2]들이 황후를 소리쳐 부르며 왕궁 건물 사이를 이리저리 헤집고 다녔다. 바로 앞에는 왕궁 건물을 바라보며 서 있는 군대 대열이 있었다. 이들은 모두 멜빵바지를 입고 소리쳐 명령을 내릴 수 있는 누군가의 충성스러운 도구였다. 정적이 궁정 뜰을 휩쓸었다. 가끔 소시들의 외침이 들릴 뿐이었다.

---

2 일본의 전문 살인자들

곧바로 여자 처소에서 외침 소리가 들렸다. 이 소리를 듣고 나는 호위병 대열을 뚫고 나가 황제가 있다고 생각되는 건물의 문으로 달려갔다. 후방에서 외치는 소리가 들렸고 또 나를 빠르게 뒤쫓는 사람의 소리가 들렸다. 지난해 겪었던 곤경과 길거리에서의 삶으로 나는 이런 추적에 익숙해져 있었다. 나는 또 추적자들을 제쳤다.

갑자기 대단한 소동이 일어났다. 나와 같은 군복을 입은 조선인과 일본인이 체구가 거대한 조선인과 싸움을 벌이고 있었다. 그 조선인은 병사들 위로 높이 뛰어 오르며 대단한 힘으로 곤봉을 휘두르고 있었다. 불빛이 그의 얼굴을 비추자 가슴이 뛰었다. 그 사람은 동식이었다. 문에서 나는 팔다리를 흔들어대며 이리저리 밀치는 대중 속으로 들어갔다. 나는 동식이에게 소리쳤고 그에게 다가가기 위해 싸우는 무리 가운데로 뛰어들었다. 그는 나를 보았다. 나를 알아보았다는 그의 시선이 눈에 들어왔다. 그는 머리에서 피를 흘리고 있었다. 그곳은 너무 좁았고 또 좁은 공간에 너무 많은 사람이 몰려 있어 일본군들이 총검을 사용하기가 여의치 않았다.

그때까지 동식이는 벽에 등을 댄 채 양손에 철곤봉을 휘둘러 그렇게 불리한 입장은 아니었다. 그러나 곧 얇은 칸막이 벽이 오른쪽에서 쓰러졌고 이는 일본군들에게 움직일 공간을 주었다. 내 앞에 있던 일본인들이 동식이에게 달려들었지만 모두 머리에 일타를 받았다. 그 순간 싸우는 무리 머리 위로 총검이 올라가 동식이의 노출된 부분을 겨냥했다. 나는 그 총검을 한쪽으로 밀어젖히고, 전에 검을 한 번도 쓴 적이 없지만 동식이와 황제를 도울 거라는 헛된 희망을 갖고 칼을 찔렀다. 순간 나는 섬광처럼 수십 명이 나를 향해 팔을 쳐드는 것을 보았고 쓰러졌다.

막중한 의무감이 머릿속에 떠올라 몸을 일으키려고 노력했지만, 대단히 무거운 짐이 짓누르는 느낌을 받았다. 깨어나자 방에는 아무도 없었고 덩치가 큰 조선인이 내 위에 엎드려 있었다. 힘을 모아 그 사람을 치우려했지만 미끄러워 잡을 수 없었다. 두 손을 짚어 간신히 몸을 일으킨 후 그 무거운 사람 아래에서 간신히 기어나왔다. 어지러웠다.

당황했지만 왠지 친숙감이 느껴지는, 나를 덮었던 사람의 얼굴을 보았다. 시야가 분명해지며 심장이 멈추는 것 같았다. 동식이의 강인한 얼굴이었다. 그의 손을 잡았다 다시 내려놓았다. 백지장처럼 하얀 이마 위로 흘러내린 머리카락을 들어 올려 그의 머리를 만졌다. 이 순간 황제와 조선의 잘못된 점들을 잊었다. 옆방에서 탁탁거리는 발소리를 들으니 이전에 내가 결코 해본 적이 없는 어떤 행동을 하고 있는 듯했다. 뺨을 동식이에게 대고 눈물로 그의 피 묻은 얼굴을 씻었다. 무릎 위에 동식이의 머리를 올려놓았다. 머리 뒤통수에 칼로 베여 흉측하게 벌어진 상처가 있었다. 가까이 있는 겉옷을 찢어서 상처를 동여맸지만, 부질없었다.

싸우는 동안 칸막이가 쓰러져 화려한 방이 눈앞에 드러났다. 그 방은 황제가 썼던 방이었지만 그 방의 화려한 장식은 내게 전혀 흥미가 없었다. 몇 명 소시 일당이 방에서 나와 내 앞에 멈춰 서 일본어로 말을 주고받았다. 한 사람이 내 옆구리를 차며 울분을 풀고 지나갔지만 나는 이것에 대해 전혀 상관하지 않았다. 심한 갈증이 났다. 친구의 머리를 조심스럽게 방바닥에 내려놓은 후 방을 가로질러 물그릇을 가지러 갔다. 돌아와 입술을 그릇에 대자 제어할 수 없는 눈물이 쏟아졌다. 나는 동식이의 얼굴에 물을 부어 그 얼굴을 닦았다.

반대쪽 방에서 누군가가 걸어오는 소리가 났기에 주의를 기울였다. 열두 명이나 되는 소시들이 무언가를 메고 다가왔다. 방 한가운데로 시끌벅적하게 그들이 들어오자 아름다운 비단 옷을 입은 한 여성이 아침 햇살에 드러났다. 그들이 그녀를 방바닥에 내려놓자 얼굴이 시야에 들어왔다. 목에 깊은 칼자국이 나 있었다.

이를 보자 내 영혼 속의 혹독한 슬픔과 고통은 증오로 변하였다. 동식이의 곤봉이 가까운데 있었기에 기어가 그것을 잡았다. 곤봉 전체가 붉은 피로 물들어 있었다. 그것을 잡자 뜨거운 바람의 숨결이 나를 휩쓸었고, 음울한 쾌감이 나를 엄습했다. 동식이의 시체가 있는 곳으로 기어갔을 때 모든 광폭한 조상의 혼령이 기뻐하며 깨어나 외쳤다.

"죽여라!"

그들은 속삭였다. 나는 친구의 몸에 기댄 채 내가 죽기 전 몇 명이나 급습하여 죽일 수 있는지 냉정하게 그 수를 헤아리며 기다렸다. 그들은 죽은 여성의 얼굴 위에 돗자리를 덮었다. 그들을 공격할 준비를 한 채 방바닥에서 고통스럽게 발끝을 꼼지락거리는 것을 의식하며 나는 기다리고 있었다.

그 순간 예기치 않은 일이 일어나 나의 생각을 멈추게 하였다. 한 젊은 여성이 방으로 끌려왔다. 그녀의 등이 나를 향해 있었기에 얼굴을 볼 수 없었다. 그러나 그녀의 우아하고 유연한 모습의 무언가가 내 시선을 고정시켰다. 마치 장미향이 오래 전의 기억을 일깨워 마음속의 증오가 역겨운 수증기처럼 올라가는 것 같았다. 죽은 사람의 얼굴에서 급히 돗자리가 벗겨지자 궁정의 나인이 거칠게 앞으로 나갔다.

"황후마마! 황후마마!"

젊은 나인이 이렇게 외친 후 손으로 얼굴을 감쌌다. 풀려나자마자 젊은 나인은 사슴처럼 빠르게 도망갔다. 곧바로 두 번째 나인이 방으로 끌려왔다. 죽은 자의 얼굴에 덮은 돗자리를 들치자 그녀는 바닥에 쓰러져 왕비를 부르며 통곡했다. 그러자 살인자들은 희생자의 신원을 확인했다.

내가 웅크린 곳에는 깊은 그림자가 드리워 내 모든 움직임을 숨겼기에 나는 죽음에서 벗어날 수 있었다. 그 일을 목격하며 갈등하는 감정으로 마음이 갈기갈기 찢어졌다. 그러나 평양 전장에서의 아름다운 얼굴이 나를 내려다보자 증오, 복수, 슬픔의 감정이 사라졌다. 대리석 같은 동식이의 얼굴을 돌아보며 순화된 감정으로 그를 만졌다. 그리고 그의 이름과 이화의 이름을 속삭였다.

그들은 거친 거적으로 왕비의 시신을 급히 싸 날랐다. 그들이 내 옆을 지나 문으로 왕비의 시신을 들고 나갈 때 붉은 피가 뚝뚝 떨어졌다.

그들이 떠나자마자 내시의 주름진 얼굴이 방의 반대편 문에서 매우 조심스럽게 나타났다. 그는 두려워 커진 눈으로 주위를 바라보고 사라졌다. 곧이어 거대한 몸집의 사람이 나타났다. 아직 빛이 그렇게 강하지 않아 우리의 존재가 드러나지 않았다. 바로 도망갈 수 있게 하려는 것처럼 조심스럽게 그는 구석을 바라보며 돌아다녔다. 그가 지나가려 하자 나는 손에 동식이의 곤봉을 들고 그 앞을 가로막았다. 그는 공포에 질려 소리를 지르며 양손을 들고 뚱뚱한 다리를 덜덜 떨었다.

"도움이 필요하오."

나는 곤봉을 높이 들고 말했다. 그는 무릎을 꿇고 바닥에 머리를 조아리며 살려달라고 애원했다. 나는 그에게 해를 끼칠 생각이 없고 쓰러진 남자를 궁에서 데리고 나와 적일지로 모르는 사람의 수중에 떨어지지 않게 하는 데 도와달라고 부탁했다. 나는 그들이 왕비의 시체를 절단하고, 동식이를 역모자이자 왕비를 죽인 자로 만들까 두려웠다. 내 뜻을 이해하자 내시는 일꾼을 불러 시체를 기꺼이 날라주겠다고 말했다.

"맞소. 지금은 궁정이 더럽혀져서 이런 불결한 것을 치워야만 하니까."

"불결한 것이라고? 그 사람은 황후마마를 위해 자신의 목숨을 바쳤소."

"황후를 위해 목숨을 바쳐? 하층민 중 누가 그러한 권리를 가졌나?"

그는 눈을 깜박이며 나를 쳐다보며 말했다. 이 잔인한 말을 듣자 그가 공모해 왕비를 시해했다는 확신이 들었다. 나는 분노하여 피가 묻은 곤봉을 다시 휘둘렀다. 얼굴이 하얗게 질린 그는 내 발밑에 엎드렸다.

"일꾼을 부르겠소."

그는 겁에 질려 입술이 파랗게 된 채로 나가려 했다. 나는 그의 어깨를 잡고 명했다.

"자! 이 사람을 잡아 들이시오."

"싫소! 싫소!"

그는 울부짖었다. 내가 다시 곤봉을 휘두르자 그는 동식이 옆에 무릎을 꿇었다. 나는 그의 어깨 위에 동식이를 올린 후 살찐 팔로 그것을 꽉 잡으라고 힘으로 압박했다. 나 역시 동식이를 들었다.

"어디로?"

그는 헐떡거렸다. 땀이 그의 얼굴에서 흘러내렸다.

"네 방으로."

나는 명령했다. 그가 비틀거리자 나는 곤봉으로 칠 것 같은 몸짓을 했다. 그는 "알-았-소"라고 길게 끌며 답했다. 우리는 이전에 보지 못했던 문으로 출발했다. 동식이는 무거웠기에 우리는 온 힘을 다해 그를 들었다. 마침내 우리는 좁은 길에 다다랐고, 그곳에는 세심하게 가꿔진 가을의 꽃이 곳곳에 피어 있었다. 우리는 숨을 헐떡거리며 조그만 관목 아래 길 옆에 동식이를 내려놓았다.

내시의 옷은 피로 물들었다. 그는 비틀거리며 뜰을 가로질러

가 죽음에 대한 두려움으로 급히 옷을 벗었다. 나는 그에게 더 이상의 주의를 기울이지 않았다. 힘을 쓸 수 없다는 비참한 기분으로 친구 옆에 앉아 있었다. 뜰에는 사람들이 보였지만 그들에게 주의를 전혀 기울이지 않았다. 갑자기 누가 내 뒤에 서서 어깨 너머로 땅바닥을 보는 것이 느껴졌다. 나는 호기심을 갖고 급히 그를 쳐다보았고, 깜짝 놀라 자리에서 일어났다.

"이화!"

이렇게 외치고 그녀를 향해 걸어갔다. 그녀는 나를 쳐다보지 않았다. 듣지도 않는 것 같다. 그녀는 땅 위에 누워 있는 사람의 얼굴을 가리켰다. 그녀를 바라보자 충만한 기쁨의 물결이 나를 뒤덮었다. 동식이의 얼굴 근육이 조금씩 움직였다.

"물!"

나는 외쳤다. 이화는 재빨리 달려가 곧바로 물 한 바가지를 들고 돌아왔다. 그것을 받으려 하자 이화는 동식이 옆에 무릎을 꿇고 앉아 손으로 그의 이마를 씻기 시작했다.

화려한 색조의 비단옷을 입은 이화는 아름다웠고 넓은 소매를 팔꿈치까지 걷어 올려 손목의 십자가 표시가 보였다. 그녀의 숙인 머리가 내 가까이 있었고 그녀의 머리카락이 내 어깨를 스쳤다. 나는 여전히 일본인 군복을 입고 있었고 얼굴은 피범벅이었다. 그녀는 나를 알아보지 못했다. 그녀는 내가 평양의 전투에서 전사했다고 확실히 믿고 있는 듯했다. 그녀의 손이 능숙하게 동식이의 얼굴을 닦고 머리에 붕대를 감는 게 보였다. 그녀는 피가 묻은 손을 닦았다. 동식이는 눈을 뜨고 멍하니 쳐다보았으며 입술을 움직이려 하다 다시 눈을 감았다. 나는 웃고 울었으며 내 친구의 손을 잡고 부드럽게 쓰다듬었다. 어린 시절 장난 어린 태도로 그랬듯이 눈물 섞인 소리로 동식이에게 말했다.

"일어나, 동식아! 비파를 든 마요가 사랑스러운 버드나무 아래에 있어. 우리 태양이 비친 강을 보러 가자. 동식아, 가자! 배가 강물에서 춤추며 우리를 부르고 있어. 강둑으로 가는 모든 길에 꽃이 만개했지."

그는 눈을 떴고 나를 알아보았다는 표정으로 미소 지었다. 나는 웃으며 그의 뺨을 손으로 눌렀다. 그때 이화가 조용히 물러나 열심히 나를 쳐다보고 있는 게 눈에 띄었다. 그녀의 입술이 하얘졌고 조각상 같은 아름다운 얼굴의 근육이 모아졌다. 나는 일부러 물바가지를 잡아 얼굴과 손의 핏자국을 씻고 십자가 표시가 있는 손목을 드러냈다. 나는 드러낸 손목을 동식이의 이마 위에 놓았다. 한 무리의 여성이 모여들었다. 이들은 우리와 약간 떨어져 깊은 관심을 가진 채 동식이를 살리려고 애쓰는 우리를 바라보았다.

"이화, 당신은 내가 죽었다고 생각했을 것이오. 하지만 최근 몇 달간 당신을 찾아다녔소."

나는 이렇게 말하며 동식이를 바라보았다. 그리고 이화의 얼굴을 흘깃 바라보자 그녀는 가쁜 숨을 내쉬며 커다란 검은 눈으로 머리에서 발끝까지 나를 훑어보았다.

"내가 당신을 찾기를 원했소?"

마음속에서 솟아나오는, 형언할 수 없는 두려움을 느끼며 간청하듯 물었다.

"물!"

동식이가 나직이 말했다. 내가 멀리 서 있는 한 여자에게 외치자 그녀는 물을 가져와 내 손에 건네주었다. 동식이의 입에 물을 대었더니 그는 지친 듯 눈을 감았다. 이화를 바라보자 그녀는 여전히 같은 태도를 취하고 있었다.

"한마디 말도 없소? 이화?"

"황후마마 시해자!"

이화는 동식이를 힐끗 보며 말했다.

"아니오, 아니오! 그는 황제를 지키려다 쓰러졌소."

나는 말했다. 이화는 시선을 내 일본 군복에 돌렸다.

"나? 나는 그의 옆에 있었소. 이것은 위장이오."

그녀의 질문하는 듯한 시선에 해명하는 투로 답했다.

"도망칩시다!"

이렇게 말하곤 잠시 멈추었다. 왜냐하면 궁정에서 그녀의 위치가 떠올랐기 때문이다. 정말로 그녀가 나를 따라올까? 그녀는 자신의 발밑에 나라의 부를 가지고 있었다. 아름다움, 우아함과 총명함으로 그녀는 어디까지 올라갔을까? 나는 입을 다물었다. 순간 내 자신이 무기력해지는 느낌이었다.

그 순간 뜰의 문에서 소동이 일어났고 구경꾼 무리는 도망가 숨었다. 이화는 뒤로 약간 물러났지만 혼자 남아 있었다. 내시가 조야한 들것을 갖고 일꾼들과 왔다.

"이 시체를 궁정 마당에서 치워라."

그는 의기양양한 태도로 내 옆으로 걸어와서는 권위적으로 말했다. 그러나 그는 동식이가 살아 있는 걸 보고는 잠시 멈추었다. 내 일본 군복에 깊은 존경심을 보이는 것이 분명했다. 이를 보니 그가 이 음모의 공모자일 것이라는 생각이 더욱 분명해졌다.

"일꾼들을 내보내시오. 부상자를 위해 보다 좋은 들것을 가져오시오"

나의 명령에 그는 잠시 주저했지만 곧 들것과 담요를 들고 돌아왔다. 동식이를 들것에 실었다. 나는 내시에게 일본 군복을 입고 거리에 나가기에는 너무 대낮이고 또 만약 지금의 정변이 실패로 끝나면 내가 일본 군복을 입고 발각되는 것이 나와 그에게 모두 좋지 못할 것이라고 말한 후 조선 옷을 가져다 달라고 했다. 그의 얼굴이 분노로 벌개졌고 내가 그를 왕비 시해자로 규정짓는 것에 거칠게 항의했다.

"좋은 연기요. 계속 그렇게 연기하시오. 일본인들과 왕의 섭정가가 훌륭한 공모자를 선택하는 법을 이제야 알겠소."

그는 뭔가를 중얼거리며 사라졌다. 곧바로 옷 한 벌을 들고 와 자기 방 하나를 손짓으로 가리켰다. 내 모습을 점검하며 나를 일본군으로부터 도망갔던 사람으로 보기에는 어려울 것이라 확신했다.

"사람을 보내 요청할 때까지 그 군복을 숨기시오."

나는 지시했다. 그리고 나는 뜰로 내려가 들것을 어깨에 멘 채 나를 초조하게 기다리고 있는 일꾼들과 합류했다. 궁정 건물 한가운데의 커다란 관목 숲을 지나갈 때 흰색 옷이 가지 사이에서 반짝이며 지나가는 게 보였다. 나는 모자를 다시 쓰는 체하며 그 앞에서 멈춰 섰다.

"부자 이 씨 집에서 기다려요."

음악 같은 목소리가 낮게 말했다.

"어디서요?"

나는 물었지만 그녀는 사라졌다. 희망에 가득 차 궁정 건물 사이의 꼬불꼬불한 길 사이로 들것을 따라갔다. 잠시 후 길에 궁정 사람들이 많이 서 있어 그 옆에 우리는 멈추었다. 나는 일꾼들에게 기다리라 명령하고 겁에 질린 창백한 얼굴의 무리 한가운데에 길을 만들었다. 불타는 시체의 냄새가 땅에서 올라왔다. 누군가의 어깨 너머로 불타는 더미를 보며 나는 물었다.

"저게 무엇이오?"

"황후마마요!"

겁에 질린 대답이었다.

제21장
한양에서의 폭풍

나는 서둘러 들것이 있는 곳으로 가 일꾼들을 재촉했다. 우리는 안내자 이 씨가 나간 그 조그만 성문을 나와 시내를 가로질러 외국인 병원으로 갔다. 그곳에서 동식이는 친절하게 치료를 받았다.

병원의 따뜻한 바닥에 그를 조심스럽게 내려놓았다. 물을 달라고 한 후 동식이는 아무 말도 하지 않았다. 의사가 무표정한 얼굴로 그를 진찰했고, 내게 다음 날 다시 오라고 말했다. 의사가 잘 돌보아줄 것이며 결코 나를 병원에 머물게 하지 않을 것이란 확신이 들어 내 친구의 얼굴을 오래 쳐다본 후에 어쩔 수 없이 그곳을 나왔다.

  동식이는 나의 어떤 말에도 대답을 하지 않았다. 그는 정말로 아픈 것이 분명했다. 이후 수일간 나는 병원 주변을 어슬렁거리다 가끔 들여다보는 혜택을 얻었지만 그에게 말을 걸 수는 없었다. 부서진 뼈 조각이 그의 머리에서 제거되었고 점차 회복되고 있다는 말을 들었다.

  빈번하게 이 씨 집을 찾았지만 찾을 수 없었다. 동식이만이 그곳을 알고 있었다. 나는 그가 그곳을 말해줄 수 있는 때가 오기를 간절히 기다렸다. 동식이의 오랜 친구인 조 씨에게 그가 아프다는 소식을 전했지만 그는 이웃의 손가락이 부러졌을 때 보여주는 그런 정도의 슬픔만을 표했다. 동식이가 성공할 경우 정치적 이익을 기대하며 그의 발밑에서 아첨했던 많은 사람은 그의 부상에는 무관심했다. 동식이의 활력을 인정하고 칭송한 사람들은 많았다. 그들은 진실한 개혁을 돕고자 하는 욕구를 가졌지만, 단지 그의 엄격한 지도력만을 필요로 하는 이들도 있었다. 진실로 그들은 동식이가 없어서 유감으로 생각했다. 그러나 병원에 있는 그를 개인적으로 방문할 정도로 그렇게 깊은 슬픔을 지니고 있는 사람은 아무도 없었다. 음식과 편지를 보낸 사람들은 있었지만 동식이에게 전달되는 것이 허락되지 않았다.

동식이는 고열로 괴로워했다. 매일 나는 병원 문 계단에 앉아 그 어떤 질문에도 "여전히 똑같다"라는 단조로운 대답을 듣는 것으로 만족해야만 했다. 마침내 11월 청명한 날, 그를 면회해도 된다는 말을 들었다. 그는 어두운 방구석 요에 누워 있었다. 그는 놀라울 정도로 변해 있었다. 그는 뼈만 남았다. 피부가 그의 해골에 찰싹 달라붙어 머리가 이상할 정도로 크게 보였다. 눈은 푹 꺼졌다. 그가 섬뜩한 미소를 지을 때 얼굴 전체에 입이 가득 찼다.

"동식아!"

나는 거의 울부짖었다. 그는 영리한 눈빛으로 나를 바라보았다. 그는 약하지만 쾌활한 어조로 말했다.

"나아지고 있네. 자네와 함께 신부를 찾으러 갈 것이야."

왕비가 시해되자 정권을 가진 무리가 실제 죄인들을 감추기 위해 죄를 뒤집어씌울 사람을 끊임없이 찾았다. 많은 무고한 사람이 잡혔고, 교수형에 처했고, 머리가 잘렸다. 온 나라는 이 신물나는 장면에 넌더리가 났지만, 어떤 일도 왕비 시체를 불태운 그 일을 속일 수 없었다. 동식이도 수배 대상이 되었다. 아마 그가 죽었다면 시해를 계획한 많은 사람을 만족시켰을 것이다.

이 씨가 사는 곳을 알게 되자 급히 서둘러 그곳에 갔다. 그러나 이 씨가 체포될 것이 두려워 도망갔다는 사실을 알고는 매우 실망했다. 그리고 그가 황후 시해자들과 공모한 내시와 한편임에도 불구하고 도망가야 했음에 더욱 놀랐다. 내시의 미움을 받은 어떤 일이 일어났다는 생각이 들었다.

내시는 아마 그 처녀를 이 씨의 도움 없이 혼자 소유할 수 있는 방법을 알게 되었기에 그를 버리고 혼자만 부유해지기를 바랐을 것이다. 그러나 이 일을 생각하면 할수록 그 설명은 만족스럽지 못하였다. 이 씨는 부자다. 그러므로 만약 내시가 이 씨의 재산을 이미 모두 빼앗은 것이 아니라면 그와 관계를 계속 유지하는 게 이익이 되는 일일 것이다.

나는 하인으로 가장하고 과거에 이 씨의 집에 살았던 사람들을 방문했지만 그들은 전혀 소식을 알려주지 않았다. 도움을 받을 수 있는 어떤 계획을 써도 궁정 뜰에 들어가는 관리들의 하인과 교류할 수 없었다. 권력을 잡은 새 군대는 방심하지 않고 주의를 다하여 이익을 지켰다. 동식이가 다시 행동할 수 있기를 기다려야만 했다.

그동안 수구당(守舊黨)[1]이 왕위 요구자들을 체포할 계획을 세웠지만 궁정 공격 계획이 발각되어 이들 모두 체포되었다.

---

[1] 조선 후기 명성황후를 중심으로 형성된 친청적(親淸的) 보수정치집단. 사대당(事大黨)·사대수구당(事大守舊黨)이라고도 한다.

그 후에도 한양의 감옥에서 무자비한 학살이 반복되었다.

마침내 1월 동식이는 이전에 친구였던 조 씨의 집으로 돌아왔다. 병을 앓고 있는 동안 그를 멀리했던 사람들이 이제 그의 '부활'을 매우 기뻐하며 그의 주위에 모여 들었다. 동식이가 시작했던 작업은 완전히 무산되었다. 동식이는 일본인이나 수구당에 모두 아는 사람이 있었지만 그와 가까웠던 사람들 모두 칼에 쓰러졌다. 용기가 적은 사람은 이 일에 대단히 놀랄 것이므로 그는 모든 움직임을 비밀스럽게 행했다. 그러나 집권층에 속한 사람들 중 그와 친분관계를 갖지 않는 것이 자신들에게 이익이라 생각하고, 그를 어리석고 위험한 몽상가라 공개적으로 비난했다.

다시 한 번 놀라운 인간성과 조선인에 대한 깊은 믿음을 보여주며 그는 자신의 계획을 재구성하는 데 힘을 쏟았다. 자기희생이 그의 좌우명이었다. 이런 그의 좌우명은 그의 동료들에게 처음에는 광기로 보였지만, 결국 그의 인간성 덕분에 그의 수하로 들어왔다. 정의와 조국의 영광을 위한 마음이 그의 열정이 되었고, 먼 앞을 보는 그의 이론이 이를 뒷받침하였다.

드디어 그의 적들은 거짓 소문을 퍼뜨리기 시작했다. 동식이가 왕궁의 무력 정변시 궁내부 대신을 공격했고, 황제를 보호하기 위한 내시의 공격으로 깊은 상처를 입어 최근까지 숨어 있었다는 것이다. 이 소문은 사람들 사이에 계속 퍼졌다. 동식이에 대한 비난이 너무 거세어 많은 동료가 동식이에게서 멀어졌고, 그의 생명은 위협을 받았다.

이때 왕궁의 칙명(勅命)[2]이 선포되었다. 모든 궁정의 관리가 상투를 잘라야만 한다는 명이었다. 사람들은 황제가 증오하는 일본인에 의해 이렇게 강압받았다고, 또 최근에 궁정에서 일어난 모든 것도 이렇게 강압받아 행한 것이라고 말했다.

"우리의 아버지인 황제가 이렇게 우리에게 치욕을 줘 불교의 중처럼 머리가 없게 할 것인가?"

사람들은 저항했지만 일본인의 명령을 받은 군대의 철손이 그들을 복종시켰다. 동식이와 나는 의사가 칼을 댄 이후 선조들의 유산인 상투가 이미 없었다.

"개혁을 계속하게 해야 해. 황후 시해를 통해 우리 민족에게 수모를 준 일은 분명히 조선인들에게 일본에 대한 반감을 키웠을 것이야. 일본인들에게 지금 하는 것처럼 그렇게 하라고 하세."

그는 웃으며 말했다.

"모든 조선인이 일본의 적이 될 때까지 말이야. 현 상황에서 조선인 단 한 명은 거의 의미가 없어. 하지만 천이백만 조선인

---

[2] 임금이 내린 명령

이 한 생각 아래 뭉친다면 일본은 조선을 자신의 속국으로 만들기 위해 정치적 수완을 부리기보다는 외교에 더 중점을 둬야 할 거야. 물론 군대를 상륙시킬 수도 있지만 이것은 단지 하루만 갈 거야. 우리 민족은 영원히 이곳에 있을 거야. 우리는 여기서 살고 또 싸울 것이야. 오늘날 우리는 위대한 민족으로 간주되지 못할지도 몰라. 하지만 우리는 거대하다고 알려진 많은 국가가 이 지구의 표면에서 사라진 것을 보아왔지. 삼천 년의 세월이 영광의 왕관처럼 우리 머리 위에 있네. 더 열심히 또 더 똑똑하게 싸운 민족이 있을 수도 있지만 우리가 견딘 것처럼 견딘 민족은 없네. 지난 몇 세기 동안 우리의 성벽을 부수고 집을 짓밟느라 적이 온 힘을 다 소진하자 우리는 폐허에서 일어나 그들을 해안에서 몰아냈지."

그의 말투는 확신으로 가득했다. 그는 무언가를 떠올리며 말을 이었다.

"병원에서 나는 여러 가지 이야기를 들었지만 '검에게 호소하는 자는 검으로 죽을 것이다'라는 철학적 이야기를 들은 것이 기억나네. 조선은 오랜 역사 동안 자기방어가 아니라면 칼을 뽑지 않았어. '조선의 파괴자'라고 자칭하는 사람들이 우리 국토에 있을 때 바로 그때 칼을 뽑았지. 한 나라가 외국 군대를 무찌르고 그 나라의 백성을 정복했다고 자랑할 때 그들은 운명의 수레바퀴를 기억해야만 해. 운명은 백성들의 정맥으로부터 흘러내린 모든 피의 대가를 받아가네. 정치가들은 정의의 철학에서 유용한 교훈을 배울 것이야. 일본이 힘을 사용해 우리를 모욕하도록 그대로 놔두게. 아마도 거인 같은 힘이 솟아나 일본을 우리 발밑에 두고 박살을 낼 거야. 내가 왜 그렇게 확실한 신념을 갖고 개혁의 문제와 씨름했는지 자네는 아나? 나는 죽을 수도 있겠지. 하지만 정의는 승리할 거야. 이것이 바로 성현의 법칙이고 기독교 법칙이야. 병원에서 서양의 새로운 종교를 깊게 생각할 충분한 시간이 있었지. '새로운'이라 했던가? 하지만 그것은 긴 세월을 지니고 있어. 하나님이 인간을 통해 작용하신다는 거야. 그 안에는 많은 것이 있고 나는 여전히 그것을 배우는 보잘것없는 학생이라네. 정의와 희생, 이것이 믿는 사람들의 입에서 가장 많이 들리는 말이야. 우주의 법칙인 정의가 조선의 몫이 될 거야."

곧바로 거대한 변화가 한양에서 일어났다. 황제는 러시아 공사관으로 이전했고 그곳에 왕실을 세웠다. 이제 권력의 광채를 빼앗긴 명성황후 시해자들의 죄는 엄청나게 큰 것이 되었다. 이 시기에 동식이는 그의 영향력을 발휘할 수 있었다.

독립운동을 시작한 지도자들도 있었지만 동식이는 이 운동에 합류하지 않았다. 그는 군중의 통치를 두려워했다. 군중의 통치에 대해 의견을 묻자 동식이는 군중은 대단한 열정을 지녔지만 이성이 없는 조직체라고 답했다. 군중은 지도자로서 자리를 가질 수 있지만 무정부 상태를 맛볼 수 있다고 했다.

황제에 대한 일본인의 영향력이 제거되었다는 것이 이해되자, 온 나라가 함께 기뻐했다. 동식이는 증오스러운 적이 나라에서 제거되는 것이 개혁을 의미하거나 백성들의 상황이 좋아지는 것은 아니라고 자축하는 정치가들에게 말했다.

동식이가 다시 궁정에 출입할 수 있게 되자 부자 이 씨와 종 소녀를 열심히 찾아다녔다. 마침내 소녀와 이 씨는 한양에서 도망가 숨었으며 아마도 처녀는 그와 함께 있을 것이라는 사실을 알았다. 오랜 시간이 지나서야 나는 동식이가 내시를 만나 강압적으로 그에게서 정보를 알아냈다는 사실을 알아냈다. 게다가 동식이는 이 일에 많은 돈을 지불했고, 또 이것을 알아내는 과정에서 그를 증오했던 권력 있는 대신들에게 가까이 접근해 거의 목숨을 잃을 뻔 했다는 사실도 알게 되었다.

그는 이 모든 사실을 내게 비밀에 부쳤고 온갖 노력을 다해 이 씨가 숨어 있는 곳을 찾으라고 내게 말했다. 궁정에서 일하던 나인이 이전의 주인에게 도망갔다는 사실이 온 세상에 밝혀졌다. 그러자 내시는 이것을 구체제를 파괴시키고 황후 시해 과정에 참가한 사실을 폭로함으로써 자신을 함정에 빠뜨리려는 계획으로 생각했다. 이제 일본인들의 영향력이 사라졌기 때문에 이런 사실이 하나라도 밝혀지면 내시의 목숨은 위태로울 것이다. 그러므로 내시는 이 씨를 모함하기 시작했고, 이 씨는 자신이 곧 체포될 것이라는 소식을 듣고 공포에 질려 시골의 은신처로 도망갔다.

제22장
계속된 수색

평양으로 돌아와 남은 재산의 대부분을 팔았다. 그러고는 이화를 찾기 위해 내륙 지방으로 긴 여행을 떠났다. 마침내 나는 이들이 연안 여객선을 탄 것을 알아냈고, 같은 항로를 따라갔다. 모든 상륙지에 내려 부지런히 그녀를 찾았다. 수많은 여정, 끝없는 추적, 숱한 실망이 뒤따랐다.

마치 땅이 열려 이 씨 집안을 삼킨 것처럼, 행방을 찾기가 쉽지 않았다. 나는 변장을 하고 전에 있었던 동굴을 찾아가 예전에 만났던 늙은 하녀를 발견했다. 그녀는 그들의 소재를 알지 못했고, 이제 이 씨가 가난해졌다고 믿고 있었다. 그녀는 청일

전쟁 때 평양에서 피난하여 동굴에 머물며 젊음이 돌아오기를 신실하게 바라고 있었다. 이 씨 집안에 대해 철저히 알아봐 그의 친척을 찾았고, 몇 번이나 그들을 방문했다. 그러나 이 씨는 자신의 흔적을 완전히 감추기 위해 어느 누구와도 연락하지 않는 신중함을 보였다. 그의 재산을 팔았던 사람이 살았다고 하는 마을을 방문하면 그곳에는 그런 사람이 더 이상 존재하지 않는다는 말을 들었다.

이러한 사건이 내게 정신없이 밀려온 지 2년이 지났다. 전라도 남쪽 지방이었다. 다리가 아프고 지쳐 쉴 수 있는 마을로 향하는 산길로 올라갔다. 늦은 장마가 지난 5일간 계속 되었다. 산꼭대기에 도착하자 나는 저 아래 계곡 이상 갈 수 없다는 말을 들었다. 저 아래 계곡 지점의 물이 불어나 홍수가 되어 지나갈 수 없다고 했다. 떠난 마을로 되돌아가는 것도 너무 오래 걸렸다.

한 시간만 걸으면 앞마을에 도착한다고 했기에 냇가로 가 그곳에서 건널 기회를 기다리기로 결심했다. 산꼭대기 길에서 조금 떨어진 냇물은 바위 위로 튀어 올랐다가 확 품어 나왔다. 이는 마치 산등성이 깊은 웅덩이 짙게 괸 물속에 숨었던, 눈에 안 보이는 힘이 박차를 가한 것 같았다. 길을 계속 걷자 물은 점점 더 불어 마치 아래쪽으로 튕겨 나가는 것처럼 포효하고 울부짖었다.

  골짜기 아래쪽에서 물의 양은 급속하게 불었다. 산의 근원이 전율할 때까지 물은 튀고 우레 같은 소리를 냈다. 골짜기 아래에서 급류가 좁은 평원으로 쏟아져 나왔으며, 산귀신에 쫓기듯 무서울 정도로 급격하게 넘쳐흘렀다. 조금 더 나아가 급류는 갑자기 내가 접어든 길로 방향을 틀었다.

  길 저쪽에는 내가 쉬려 했던 마을이 있었다. 평범한 작은 시내에 다가가니 돌 여섯 개로 이루어진 징검다리가 있었던 그곳은 둥근 돌로 가득 찬 넓은 개울이 되었다. 그 주위로 급류가 불만스럽게 징징거리며 이리저리 흐르며 급히 계곡으로 물을 쏟아내고 있었다. 앞에 다른 사람들도 있었는데 이들은 자신들의 집의 연기가 보이는데도 멈춰 섰다. 둑에는 덩치 큰 조선인이 초조하게 큰 걸음으로 왔다 갔다 했다. 가마꾼들은 주인의 초조함과 자신들의 발아래 사납게 흐르는 물길에 모두 무관심한 것처럼 땅에 누워 있었다.

  내가 그들에게 가까이 가자 가마꾼들은 땅에서 일어났고, 불어난 물을 바라보는 주인에게 뭐라고 항의하는 것 같았다. 잠시 후 주인은 옷을 벗어 급하게 봇짐으로 만들어 머리 뒤에 달고는 물속으로 들어가 저쪽 강변으로 나아갔다. 나는 강둑으로 달려가 그가 앞으로 나아가는 것을 보았다. 그는 물살의 세기를 잘못 계산했다. 그가 물살에 떠내려가자 우리는 강둑을 달려 그를 놓치지 않으려 했다. 한순간 그는 물살을 이기는 듯했지만, 다음 순간 바위 뒤에서 그는 둥근 돌 뒤로부터 그를 공격하는 새로운 힘에 사로잡혀 물살 가운데로 쓸려 나갔다.

처음에 그는 수영을 잘했다. 냉철하게 기회를 포착하고 서두르지 않고 적절하게 힘을 저축하며 수영을 하는 듯했다. 하지만 곧 지나치게 과중한 짐을 든 사람처럼 헐떡거리며 비틀거렸다. 세찬 급류가 시작되는 저 먼 곳에서 물은 더 사납게 휘몰아쳤고 격렬하게 끓어올랐다. 튀어나온 바위를 향해 저항할 수 없이 쓸려가는 것을 알고 그는 온 힘을 다해 앞쪽으로 돌진해 강변으로 가려 했다.

우리는 그의 용기를 북돋아주기 위해 소리쳤다. 처음에 그는 큰 물살을 이기는 듯했지만 곧바로 힘이 사라졌다. 별로 강하지 않는 물살로 그는 다시 용솟음치는 냇물 한가운데로 밀려났다. 저 앞에서 물보라가 공기 중으로 높이 튀어 올랐고, 물살은 반쯤 올라온 바위 위로 힘차게 퍼져 나갔다. 이런 바위에 부딪히면 목숨을 부지하기 어려우므로 용솟음치며 소용돌이치는 물거품 속으로 그가 빌려갈 때 우리는 우리가 서 있는 곳에서 숨을 죽이며 바라보았다. 그는 앞을 바라보았고, 그의 눈이 공포로 커지는 것이 보였다.

내 옆에 있는 사람이 그에게 소리쳤다. 이 상황에서 그가 이 외침을 들을 수 있는지 알 수 없었다. 급류가 시작되는 곳에서 물길은 좁아졌고, 저 위의 큰 물길에서 나와 가공할 만한 속도로 앞쪽으로 용솟음쳤다. 물길의 변화를 목격하고 나는 막연하나마 어떤 물살이 그를 강가로 밀어내지 않을까 생각하며 앞으로 달렸다. 나는 물길이 방향을 바꾸어 수백 자 아래에서 구부러져 다른 강가와 만나는 지점에 도착했다. 그 사람은 이미 급류에 휩쓸려 들어갔다. 상류를 보자 모여든 물살이 그를 잡아 수면 아래로 밀어넣었다. 곧바로 그는 거의 내 반대쪽에 있었다. 무의식적으로 나는 달리면서 옷을 벗어던진 후 머리 위로 손을 올린 채 서 있었다.

그 남자가 수면에 나타나자 허리 주변에 검은 원이 얼핏 보였다. 나는 그가 허리에 묶은 구릿돈 한 줄 때문에 죽게 될 것이라는 생각이 들었다. 나는 물속으로 뛰어들었다. 흔들리지 않고 수영해 여기저기 얼핏 눈에 들어오는 하얀 몸뚱이를 잡았다. 그러나 큰 물속에 다시 잠겨 저쪽으로 미끄러져 그를 놓쳤다. 바위에 부딪히지 않고 빠져나가는 것이 매우 신기했다.

처음에는 물에 빠진 사람을 잡으려고 노력했다. 그러나 저편의 사투를 위해 힘을 저축해야겠다는 생각이 들어 그를 계속 따라가기만 했다. 한순간 열심히 따라가다 급히 그를 잡은 적도 있었지만 그의 미끄러운 몸은 내 손에서 빠져나갔다. 이 행동으로 우리는 방향이 잘못 들어 울퉁불퉁한 바위 더미에 거의 부딪힐 뻔 했다. 저편 굽은 곳에서 물살은 돌이 많은 둑을 향해 돌진했고, 우리를 삼키려고 소리치고 포효했다.

이 모습에 공포를 느낀 나는 앞에 있는 사람에게 달려들어 허리를 두른 짚끈을 잡아 던졌다. 동전의 무게가 사라지자 그의 몸은 표면으로 떠올랐고 나는 이를 보고 기뻤다. 이 순간 물 위로 떠오른 그의 머리를 잡고 매 순간 이 위험한 바위 쪽으로 우리를 밀어내는 물살에 대항하여 싸웠다. 이 격렬한 싸움으로 힘이 빠져 혼미해졌다. 어쩔 수 없이 바위에 부딪힐 뻔 했던 순간, 우리는 물보라처럼 공중으로 던져졌다는 생각이 어렴풋이 들었다.

강 한가운데서 갑자기 눈앞에 바위가 나타났다. 나는 손으로 바위의 돌출부를 꽉 잡고 잠시 그곳에 매달렸다. 나는 바위에 세게 부딪혔지만 그것조차 의식하지 못했다. 내가 매달린 바위는 물살을 따라 흘러 내려갔고, 강변의 바위와는 먼 곳으로 흘러갔다. 그 순간 나는 바위를 잡았던 손을 놓았다. 우리는 격렬하게 파도치는 강변으로 돌진해갔다. 물이 머리 위로 올라오자 나는 숨을 멈추었고 소용돌이치는 큰물 아래 한동안 갇혀 있었다는 느낌이 들었다. 머리는 터질 것 같았다.

나는 기독교의 신에게 기도했고 갑자기 우리는 수면으로 떠올랐다. 숨을 쉴 수 있게 되자 나는 우리가 소용돌이 끝자락에 있음을 알게 되었다. 미친 듯이 아래쪽으로 돌진하는 소용돌이 물살은 강둑의 돌출된 부분에서 갈라졌고 물살 하나는 강가로 밀려가고 있었다. 몇 번 손발을 놀렸더니 아주 부드럽게 우리는 강에서 뜰 수 있었다.

나는 그를 힘들게 붙잡아 강가로 헤엄쳐갔다. 발이 바닥에 닿자 얕은 곳으로 비틀거리며 갔다. 물이 허리쯤 차는 곳에 이르자 고통스럽게 헐떡거리면서 주저앉았다. 팔로 물에 빠진 사람의 머리를 잡아 그를 수면에 떠오르게 하려고 노력했다. 이전까지 그 얼굴을 명확히 보지 못했다. 나는 그의 얼굴을 본 순간 놀라서 그의 몸을 잡은 손을 풀자 그는 좀 더 깊은 물로 미끄러져 갔다. 그 얼굴은 부자 이 씨의 얼굴이었다.

나는 그의 몸을 다시 잡아 강가로 끌었다. 맥없이 머리를 푹 숙인 몸을 간신히 강둑으로 끌고 간 뒤 그곳에 누웠다. 힘이 결코 회복되지 않을 것이라는 생각이 들었다. 나는 억지로 일어나 강가로 끌고 온 이 씨에게 물을 토하게 하려고 노력했다. 그의 몸을 만지면 만질수록 점점 더 역겨워졌다. 그를 그냥 놔두고 분명히 근처에 있을 이화를 찾으면 모든 나의 고통과 방황의 시기는 끝날 것이다. 내 마음에 '이것이 정말 최선인가'라는 질문이 반복해서 떠올랐다.

  나는 몇 번이나 그를 소생시키는 노력을 멈추고자 했다. 그때마다 동식이의 얼굴이 내 앞에 나타나, "희생, 그것이 성현들과 예수쟁이들의 법칙이네"라는 말이 들렸다. 그래서 나는 계속 그를 살리려 노력했다. 얼마 안 되어 앞에 있는 남자의 얼굴에 화색이 돌아왔다. 그는 눈꺼풀을 깜빡였고 먼 곳을 바라보는 멍한 표정으로 나를 올려보았다. 나는 기뻤다. 그는 기침을 심하게 하기 시작했다.

  완전히 회복되자 그는 일어나 주위를 돌아보곤 무슨 일이 일어났는지 알기를 원하였다. 나는 그에게 일어났던 일을 하나도 빼놓지 않고 말했다. 내 이야기를 들은 후 그는 감사를 표했다. 그러고 나서 허리에서 돈다발을 찾기 시작하며 나를 의심스러운 눈으로 바라보았다.

"보시오."

나는 경멸감을 느끼며 말했다.

"나도 벌거벗었는데 돈을 갖고 있겠소?"

  그는 수치심을 느끼며 눈을 내리깔았다. 우리가 마을로 향하기 시작했을 때 해는 중천에 있었다. 나는 이화를 만날 수 있을 거라는 희망으로 즐거웠다. 종 처녀의 근황과 안부를 물어보고 싶은 생각으로 입이 근질거렸지만 감히 이런 질문을 하지 못했다. 그 처녀가 여전히 그의 종이라면 그는 대단한 질투로 그녀를 감시할 것이며, 또 물에서 구해준 그 고마운 마음도 나를 폭행하는 것을 막지 못할 것이라는 직감을 가졌기 때문이다. 나는 그녀가 여기에 있다면 이 세상의 어떤 힘도 우리를 다시 갈라놓지 못할 것이라 결단했다. 이런 결심은 격렬한 열정으로 변하였고, 나는 앞에 있는 남자의 힘과 의지를 초조하게 측정하고 있었다.

마을의 외곽에서 이 씨는 이웃을 불러 옷을 청했다. 나는 그를 따라 마을로 들어갔다. 한양의 격노한 관리에게서 몸을 숨기기에 이보다 더 적합한 장소를 찾을 수 없었다. 마을은 산으로 에워싸여 있어 어느 방향으로도 접근하기 어려웠다. 사람들은 무척 가난했고, 외부 세상과 거의 소통을 하지 않는 게 분명했다. 집도 초라한 오두막집이었다. 이 씨의 집은 이 마을에서 가장 컸지만 조그만 방이 몇 개 있는 초가집일 뿐이었다. 후에 나는 그가 이 마을 가까운 곳의 농토를 모두 샀다는 사실을 알게 되었다.

내가 평양에서 그의 대문에 물을 길러주었던 사람이고 또 그의 발아래서 비파를 연주했던 사람이었다는 것을 알지 못해 기뻤다. 이미 많은 시간이 지났으며 밖에서 일을 많이 해 내 외모는 많이 변해 있었다.

마을길로 접어들자 장옷으로 얼굴을 가린 한 소녀가 이 씨 뒤로 걸어왔다. 이 씨는 그녀를 알아보고 진심으로 반겼다. 그녀가 이 씨 바로 뒤를 따라왔기에 나는 그녀가 그의 가솔 중 한 사람이라 생각했다. 우리 사이에서 타박타박 걷는, 키가 작은 땅딸막한 형체를 보니 이전에 보았던 누군가가 생각났다. 꼬불꼬불한 좁은 길을 따라 걷자 많은 사람이 우리 가까이 모여 이 씨가 어떻게 물에서 빠져나왔는지에 대해 수없이 물었다. 어쩔 수 없이 그런다는 생각이 들었지만 이 씨는 내 도움으로 강에서 살아났다는 것을 인정했다. 사람들은 나를 영웅으로 취급했다. 내가 어디서 왔고 왜 이곳에 왔는가? 내 이름이 무엇인가? 얼마나 오랫동안 머물 것인가? 수많은 질문이 쏟아졌고 나는 솔직하게 답했다.

내 앞에 있는, 그 땅딸막한 여인은 우리를 충실하게 따라오고 있었다. 이곳 진흙 웅덩이를 돌아 쓰레기 더미를 넘어 자그마한 발로 이 씨 뒤를 계속 따라갔다. 집에 도착하자 나는 적절한 예절을 지키기 위해 대문에서 멈춰 섰다. 이 씨는 돌아서서 나를 사랑방으로 안내했다. 그 처녀는 머리에서 장옷을 벗고 우리를 바라보았다. 나는 마법에 걸린 것처럼 놀라 그녀를 쳐다보았다. 그녀는 못생긴 곱추로 수년전 평양에서 창문으로 엿보았던 그 얼굴이었다. 그녀는 바로 나의 정혼자였다. 나는 그 처녀가 다시 얼굴을 장옷으로 덮을 때까지 환영을 본 것처럼 그녀를 뚫어지게 바라보았다. 이 씨가 내가 사는 지방에는 젊은 여성을 그렇게 쳐다보는 것이 관습이냐고 물을 때 비로소 정신을 차렸다. 그는 얼굴을 내게 가까이 대고 거칠게 숨을 쉬며 말하고 있었다.

나는 더듬거리며 사과의 말을 하고 동네 사람들이 이미 모여 있는 방으로 들어갔다. 그들은 우리가 물에서 빠져나온 이야기를 더 듣고자 했다. 나는 정신이 혼미한 상태로 앉아 건성으로 그들의 질문에 답했다. 그들은 나의 불친절한 행동에 대해 불평하다 결국 방을 나갔다.

아름다운 종 처녀를 소유한 사람은 아버지가 돈 궤짝을 채우려 했던, 곱추 처녀의 아버지였다. 내가 누군지 알게 되면 이 씨는 몇 시간 안에 근처 관찰사의 손에서 계약서를 찾을 것이며 그러면 나는 다시 비참한 상태에 빠질 것이다.

맨 나중에 남은 동네 사람이 짚신을 신고 사라지자 나는 홀로 남았다. 나는 방 안을 돌아다녔고, 그렇게 오랫동안 열정적으로 찾았던 그녀의 모습을 보기를 희망하며 문틈 사이로 집 마당을 내다보았다.

저녁 식사 때 이 씨가 들어왔다. 나는 혹시 그 종 처녀가 음식을 갖고 들어오지 않을까 기대했다. 드디어 문이 열려 두근거리는 마음으로 쳐다보았지만 그녀가 아니었다. 상을 치울 때도 그녀는 나타나지 않았다. 마침내 식사가 끝났고 나는 이 씨에게 그의 생활을 물었다. 그는 아이들에 대해 질문하자 말을 흐렸다. 그에게는 지금 딸이 두 명 있고 아들은 모두 죽었다고 했다. 그에게는 지금 노예가 없으며 노예는 가치가 있다기보다는 오히려 말썽을 일으킨다고 답했다. 그는 한양에 있었고 그곳에서 중요한 위치에 있었다고 답했다. 한양에서 살았던 이야기를 하며 그는 자신이 중요한 사람이 된 듯한 태도를 보였다.

나는 한 내시가 일본인의 궁정 습격에 참가했다는 추측이 있다고 말했다. 그러자 그는 나를 날카롭게 쳐다보며 이 마을에 온 내 의도를 의심하는 듯했다. 내가 그에게 내시가 정치적 영향을 상실했다고 말하자 이 씨는 기뻐하며 보다 자유롭게 이야기했다. 나는 궁정의 가장 재주 있고 아름다운 한 나인이 갑자기 사라져 전혀 찾을 수 없다고 말했다. 그녀가 자살했다고 생각하는 사람도 있고, 그녀가 왕비 시해 때 죽었다고 생각하는 사람도 있다고 말했다. 또 그 나인이 유괴되어 지금까지 은신처에서 살고 있으며, 그녀를 납치한 사람들이 이익이 된다고 생각할 때 그녀를 왕가에 돌려줄 것이라고 말하는 사람도 있다고 전했다. 나는 온 나라가 그녀를 찾고 있으며 그녀 때문에 법의 손에 떨어진 사람에게 동정이 간다고 넌지시 암시했다. 그는 불안한 듯 보였으며 은근 슬쩍 내 얼굴을 쳐다보았다.

"알았소. 나는 왕가 사람들의 분노를 살 만한 그런 위치에 있는 사람이 되기를 원하지 않소."

"그런 위치에 있는 사람이 해결할 수 있는 유일한 방식은 가능한 한 빨리 그 처녀를 결혼시켜 없애는 것인 듯하오."

그의 놀란 표정을 보니 내가 일을 너무 빠르게 몰아가고 있다는 생각이 들었다. 나는 급히 화제를 바꾸었다. 나는 그날 저녁 그 일에 대해 다시 언급하지 않았으며 남쪽 지방에 사는 친구를 방문하려 한다는 것만 말했다.

이렇게 말하는 동안 그는 나를 천천히 훑어보았다. 그는 노동으로 두꺼워진 내 손과 태양 아래 구릿빛으로 탄 내 피부를 보고 기뻐하는 듯했다. 나는 그에게 매우 솔직한 인상을 주려 노력했다. 나는 어린 시절부터 썼던 북쪽 지방 사투리로 계속 말을 했다. 처음에 그는 한양의 일에 대해 내가 알고 있는 것을 알아내려고 서툴게 노력했다.

저녁 늦게 헤어질 때 그는 진심으로 자신의 목숨을 구해준 것에 감사하고 그 빚을 갚고 싶다고 말했다. 그는 내가 겉옷을 잃은 것을 미안해하며 감사의 표시로 내게 옷을 주겠다고 했다. 나는 한 사람의 생명에 비교할 때 옷 한 벌이야 아무것도 아니라고 말했다. 그는 또 내가 봇짐에 돈을 가지고 있었을 텐데

액수만 말하면 대체해줄 것이라 말했다. 돈 몇 꾸러미는 자신이 두 배로 쳐줄 테니 친구를 만날 여정을 늦출 필요는 없다고 말했다. 그는 친구와 헤어져야 하는 것이 얼마나 괴로운지 잘 알고 있다고 말했다. 그는 아침 일찍 밥을 준비할 것이니 해가 뜨면 바로 떠날 수 있을 것이라 말했다. 또한 자신의 감사하는 마음을 표현하기 위해 사람을 보내 내가 길을 가는데 도움을 주도록 할 것이라 했다. 그에게는 나귀가 한 마리 있는데 내가 받아들이기만 한다면 그 나귀를 타게 해줄 것이라 말했다. 그리고 그는 당분간 나와 동행할 것이라 말했다.

내가 이를 거절하자 그는 내게 간곡히 부탁했다. 그는 나귀에 안장을 올리고 새벽에 문가에 둘 것이고, 적어도 이틀 동안 나와 동행할 것이며, 이 일이 다 끝나면 그는 내가 그렇게 따뜻하게 말했던 친구와 인사를 나누고 싶다고 말했다. 마침내 그가 방을 나가자 나는 그의 꾀에 말렸다는 혐오감이 들어 견딜 수 없었다.

밤새 나는 이곳에 남을 계획을 세웠고, 조금 전에 대화를 매끄럽게 하지 못해 주인이 나를 내보내도록 결정하게 만든 것에 대해 치욕감을 느꼈다. 그가 두려워한 이유는 내가 그 처녀에 대해 무언가를 알고 있으며 한양의 관리에게 그녀의 근황을 보고할 것이라 생각했기 때문이었다. 이런 경우 그는 나를 떠나게 만들거나 처녀를 멀리 보낼 것이 분명했다.

자정쯤 나는 조심스럽게 문 밖으로 나갔다. 내가 있는 곳을 확인한 후 집의 외곽을 한 바퀴 돌며 세심하게 살펴보았다. 돌아와 나는 방을 지나 안채로 들어가려 했다. 그러자 개 한 마리가 격렬하게 짖으며 튀어나와 마당에 들어가지도 못했다. 나는 소리 내지 않고 방에 들어와 자리에 누웠다. 자리에 눕자마자 주인이 발을 끌며 마당을 다니는 소리가 들렸다. 개가 내 방문으로 와 디딤돌 위에 누웠다.

주인은 등을 가지고 와 발자국을 검사하는 듯했다. 나는 그의 기민한 행동에 놀랐다. 나는 짚신을 들어 바닥을 만져보았다. 마른 흙가루가 손가락 아래에서 떨어졌다. 급히 신발 바닥을 닦아 바깥문 쪽에 놓았다. 나는 그가 내 발자국을 발견했는지 확인하기 위해 짧은 시간 고통스럽게 기다렸다. 등불이 가까이 왔다. 손바닥으로 개를 때리는 소리가 났고 개는 마당을 가로질러 달려갔다. 개가 내 짚신 발자국을 없애버렸기 때문에 보다 편한 마음이 들었다.

전날 밤에 말한 대로 아침상이 새벽 일찍 나왔다. 곧바로 말발굽 소리와 당나귀의 성급한 울음소리가 들렸다. 이는 모두 어젯밤에 주인이 말했던 것을 증명하는 것이었다. 약 30분 후 이 씨가 왔다. 음식을 하나도 손대지 않은 것을 보고 그는 급히 이유를 물었다. 나는 폐를 끼쳐 미안하지만 강에서의 사투로 인해 전날부터 아프다고 답했다. 그의 얼굴에 실망감이 분명히 드러났다. 내 얼굴은 고통으로 가득 찼지만 마음속으로는 크게 웃고 있었다. 어제 오후에 격렬하게 사투를 벌였고 또 밤에 충분히 잠을 자지 못했기에 눈이 따갑고 빨갛게 되었다. 그래서 지난 세 시간 동안 아픈 표정을 짓는 연습을 했다. 그에게 상을 치우라고 간청했지만 유감스럽게도 나의 눈은 그 상을 따라갔다. 의사가 곧 왔고 그가 준 약을 먹자 메스꺼웠다. 하지만 아프다는 것이 입증되어 기뻤다.

하루 종일 나는 집안의 모든 발자국을 알아보려 노력했다. 이 씨가 이화를 다른 곳으로 보내더라도 저녁이 되어서야 그녀를 보낼 것이라는 확신이 들었다. 정오에 이 씨는 나에게 무언가를 먹으라고 설득했고 실제로 이것은 이 씨가 정말로 바라는 것이었다. 그러나 밤이 되자 나의 병은 눈에 보일 정도로 더 악화되었고, 주인의 근심은 더욱 심해졌다.

한밤중에 발을 질질 끄는 소리와 조그만 목소리로 속삭이는 소리가 들렸다. 나는 안채 쪽으로 열려 있는 방문으로 가 창호지에 조그만 구멍을 뚫었다. 두 명의 여자를 포함하여 몇 사람이 떠날 준비를 하는 것이 보였다. 그들이 길을 건너자 나는 따라갈 준비를 했다.

집을 지나자 그들은 불을 켰다. 이 씨의 얼굴이 보였다. 그들은 길을 건너 확 트인 벌판으로 갔고 나는 이들을 뒤따라갔다. 나는 한두 시간 째 계속 그들이 걷고 있는 것을 보고는 놀라움을 금치 못했다. 드디어 그들은 머리 위로 산의 바위가 튀어나온 곳에 위치한 작은 마을로 갔다. 나는 일정 거리를 유지하며 그들을 시야에서 놓치지 않으려 노력했다. 누군가가 대문에서 그들을 맞았으며 그들은 경계하지 않고 거리낌 없이 서로 말을 주고받았다. 그들이 집으로 들어가는 것을 본 후 나는 가까이 다가갔다. 그곳에서 이 씨가 위엄 있게 명령하는 소리가 들렸다. 그 집은 이 씨 소유임이 분명했다. 당나귀를 타고 돌아가겠다는 그의 말소리를 듣고 나는 빠르게 달렸다. 온 힘을 다해 달려 그가 탄 당나귀를 앞섰다.

새벽 수탉이 울 때 나는 떠났던 방으로 다시 몰래 들어갔다. 나는 곧바로 깊은 잠에 빠졌고 거의 정오가 다 돼서 일어났다. 식사가 들어왔다. 나는 이제 몸이 많이 나아 떠날 것이라 말했다. 주인은 진심으로 호의 어린 말을 했고 완전히 나을 때까지 머물라고 청했다. 그러나 나는 오후 늦게 떠나기로 결정했고 이 씨도 이에 동의했다. 자신이 약속한 대로 이 씨는 당나귀를 타고 마을에서 40리 떨어진 주막에 도착할 때까지 우리를 배웅했다. 나는 그의 호의에 감사하다고 말했고 그는 별로 호의를 베푼 것이 없다고 답했다. 마침내 우리는 헤어졌다. 그는 집으로 갔고 나는 정성 어린 저녁과 요 위에서 충분한 휴식의 밤을 보냈다.

하루가 빨리 지나가기를 바라며 방바닥에 누워 있었다. 머리 위를 쳐다보니 손잡이 같이 생긴 것이 튀어나온 호리병박[1] 같은 것이 걸려 있었다. 나는 한동안 아무 생각 없이 그것을 바라보았다. 나는 어리석은 맹세를 많이 했다. 힘 있는 이 씨와의 싸움에서 내가 이기든지 아니면 싸우다가 죽게 해달라고 신에게 기도했다.

머리 위 대들보로 바람이 살짝 불어 호리병박에 매달려 있는 줄이 앞뒤로 흔들리며 내 주의를 끌었다. 일어나 자세히 본 후 그것을 잡아당겼다. 조롱박[2] 대신 먼지로 덮힌 비파가 내 손에 잡혔다. 이상한 느낌이 내 몸을 사로잡았다. 나는 문으로 가지고 가 먼지를 털었다. 그러자 손이 떨렸다.

'마요, 사랑하는 노인, 마요!'

나는 마음속으로 계속 외쳤다. 아마도 그는 음울한 감옥 어디선가 누워 있을 것이며 그의 음악은 영원히 소리를 못 내고 침묵할 것이다. 나는 주막 주인을 불러 비파를 갖게 된 연유를

---

[1] 박과의 한해살이 덩굴풀. 줄기는 덩굴지고 덩굴손에 의해서 다른 물체에 감아 붙으며, 잎은 어긋나고 심장 모양인데 털이 있다. 열매의 껍질이 단단하여 말려서 그릇으로 쓴다.
[2] 호리병박으로 만든 바가지

들었다.

"약 1년 전 북쪽으로 50리 떨어진 곳에서 노인이 발견되었소. 사람들은 노인이 그곳에서 죽으면 자신들이 직접 그의 무덤을 파야 한다는 생각에 밤중에 그를 옆 마을로 날랐소. 옆 마을도 그런 일을 원하지 않아 다시 그 노인을 이 마을로 날랐소. 이런 일이 계속되었고 마침내 그 노인은 손에 비파를 든 채 이 길에 버려졌소. 그는 음식을 먹지 못해 매우 쇠약했소. 밥 한 그릇 주자 그는 감사의 눈물을 흘리며 내 손에 입맞춤했소. 누가 노인에게 먹었던 음식 값으로 비파를 달라고 하자 그는 음식을 거절하고 악기에 매달렸소. 우리 중 아무도 병자를 돌보기를 원하지 않았고 더더구나 집에서 초상나기는 원하지 않았소. 따뜻한 계절이었으므로 그는 길가에서 지냈소. 밤이면 비파의 아름다운 음악 소리에 맞춰 풍각쟁이의 떨리고 멈추는 노랫소리가 들렸소. 그는 예수쟁이들이 부르는 이상한 노래를 불렀소. 그 노래의 제목은 〈우리 아버지는 집과 땅이 많으시다〉[3]였소. 어린아이 울음소리처럼 누군가를 그리워하는 이 곡조가 밤새도록 동네에서 들렸소. 새벽 동이 트자 그를 보러 나갔소. 하지만 그는 나를 보지 않고 시선은 먼 곳에 고정되어 있었소. 연주

---

3 'My father is rich in houses and lands.' A chind of the king이란 제목으로 1877년 2월 1일 John Sumner가 The Northern Christina Advocate에 실은 시의 첫행. 이 시를 John의 친구이자 선생인 Philip Loss가 복음성가로 바꾸었다.

를 멈추었지만 손가락은 비파 줄 위에 그냥 있었소. 그는 '아버지! 어머니!'라고 나직이 불렀소. 그 후 그는 입을 다물었지만 시선은 여전히 먼 곳에 고정되었소."

주막집 주인이 간략하게 이야기를 끝내자 나는 소매로 눈물을 닦으며 그가 어디에 묻혔는지 물었다.

"마을 사람 반 이상이 그의 노래를 듣고 울었소. 다음 날 아침 우리는 그를 합당하게 묻어주기로 동의했소. 우리는 그를 거적에 쌌고 십여 명의 장정이 그를 메고 가 저 언덕 너머에 묻어주었소."

그는 마을 위로 약간 떨어진 곳을 가리키며 말했다.

"내가 비파를 가져왔소. 내가 수의 값을 거의 치루었기 때문이오. 그 노인의 굳은 손가락에서 비파를 잡아당겨 뺐소. 사람들이 그것을 버리라 했지만 나는 그것이 두렵지 않았소."

"노인은 위대한 사람이오. 그의 유품인 비파를 갖고 싶소."

내가 비파를 연주할 수 있다는 것을 알고 주막집 주인은 옷 값만 받기로 하고 비파를 내게 가져왔다. 부자 이 씨에게 잃어버린 돈보다 더 많이 받기를 거절하지 않은 것이 다행이라는 생각이 들었다. 주막집 주인이 장례 수의 한 벌 값으로 얻은 비파를 그렇게 높은 가격으로 파는 것에 대해 전혀 불평하지 않았다.

제23장
다시 만난 이화

마을은 장날이었다. 나는 농부의 삿갓을 샀는데, 얼굴을 전부 충분히 가릴 수 있었다. 태양이 서쪽으로 완전히 지자 전에 방문했던 그 마을에 가기 위해 에움길에 들어섰다. 마을 위 조그만 숲 속 큰 나무 아래에서 나는 밤을 보냈다. 마을은 너무 작아 주막이라고 할 만한 것이 없었으며 또 밤새 사람들과 함께 있고 싶지 않았다.

아침이 되자 나는 마을의 한쪽 끝에서 시작하여 집과 가게 앞에서 연주하고 노래했다. 여기저기서 현금을 받아 아침을 먹을 정도의 돈을 벌었다. 드디어 부자 이 씨가 들어가는 것을 보았던 집에 도착했다. 길 건너편으로 가며 비파를 연주했지만 집에서 인기척이란 없었다. 나는 천천히 집 앞으로 가 집안 내부 곳곳을 상세히 보았다. 근처에 있는 수십 채의 집들과 마찬가지로 그 집은 초라했다. 나는 대문에서 오랫동안 연주하고 노래했지만 아무도 나를 맞아들이지 않으므로 마음이 우울했다. 소년들이 내 주위에 모였기에 움직일 필요가 있었다.

그녀가 그 안에 없을 수도 있지 않을까? 교활한 이 씨가 전날 밤 나간 것이 내가 눈여겨보고 뒤따라갈 걸 눈치채고 계략을 부린 것이 아니었을까? 그러나 그 처녀의 강인한 성격이 기억났다. 그녀가 나의 첫 목소리를 듣고 우리의 관계가 폭로될 위험을 무릅쓰고 달려와 나를 맞이할 것이라고 기대했던 것이 부끄러웠다. 오후에 나는 다시 마을 일부를 돌았다. 이 씨 집의 대문 앞에서 멈추었지만 그 안에는 인기척이 전혀 없었다. 뒤돌아섰을 때 그 혹독한 실망감은 대단했다.

어두워지기 전 나는 산등성이로 올라가 이 씨 집에서 쉽게 보이는 커다란 바위 위에 서 있었다. 밤의 그림자가 점점 깊어가자 오만 가지 의심의 귀신이 나를 덮쳤다. 그녀를 처음 본 지, 아니 그녀에 대해 조금이라도 알게 된 지 벌써 2년이 지났다. 그동안 어떤 변화가 있을 수도 있지 않은가? 여러 차례 그녀가 강제로 다른 남자의 부인이 될 뻔 했던 일을 기억하니 몸서리가 쳐졌다. 누가 영원히 무자비한 학대 제도에 반항할 수 있을까?

그러자 그녀를 첩으로 삼으려는 부자 이 씨의 의도가 생각이 났다. 곧바로 나는 둥글고 뚱뚱한 얼굴을 가진 그녀의 주인에 대해 오한의 냉기와 증오에 사로잡혔다. 그를 강에서 끌어낸 후 왜 그가 죽게 놔두지 않았는지 하는 후회가 들었다. 그의 머리를 내리지 말고 올렸다면! 아니, 그를 그대로 놔두기만 했다면! 동식이의 얼굴이 어둠 속에서 나타났고, 나는 내 생각이 살인이라는 것을 알았다. 완전히 비참한 상태로 나는 앉아 있었다.

열띤 기대에서 실망에 이르기까지 지난 며칠간 일어났던 일에 대한 반응으로 내 영혼은 절망의 상태였다. 이화가 그 집에 있고 자유로웠다면 나를 알아보았다는 어떤 표시가 있었을 것이라는 생각이 떠올랐다. 저녁에 연기가 피어오른 것을 보니 그 집에 사람이 있음이 분명했다. 이는 그녀가 다른 사람의 아내가 되었음을 의미하는 것은 아닌지 불안한 마음이 들었다. 절망에 빠져 그곳에 앉아 있자 귀뚜라미와 여치 울음소리가 내 마음을 치곤 했다. 그 순간 나는 아무것도 들리지 않았고, 어떤 느낌도 가질 수 없었다. 오로지 미칠 것 같은 비참함만이 느껴졌다.

그렇게 앉아 있으니 저 아래 있는 집의 반짝이는 불빛이 꺼지고 사람들 모두 조용한 잠의 나라로 갔다. 늦은 달이 떠올라 마을과 저 멀리까지 비추며 내 뒤에 있는 산의 그림자를 만들었다. 마치 질투하듯이 사람들의 사악한 생각을 감추고 또 동정심을 갖고 이들의 열정과 비참함을 감춰주는 것 같았다.

노인 마요의 놀라운 재주 그리고 그의 위대한 헌신의 마음을 생각했다. 그리고 길거리에서 죽은 그의 운명을 생각했다. 음악은 항상 그를 이끌어주는 것이었지만 방향이 없었다. 이화의 달콤한 목소리와 친절한 표정에 대한 기억만으로 만족해야 한다면, 나도 마요처럼 도깨비불을 찾아 수년을 낭비한 것이 아닌가? 절망감에 빠져 내 영혼은 그렇게 될 것이라 속삭였다.

앞을 바라보니 갑자기 어둠 속에서 흰옷이 번뜩거렸다. 한 형체가 소리를 내지 않고 내 쪽으로 길을 따라 올라오는 게 보였다. 그것은 다가오며 길을 잘 모르는 듯 이따금 멈춰 섰다. 큰 희망이 내 안에서 용솟았고 나는 아무 표시도 하지 않고 기다렸다. 무의식적으로 나는 손을 뻗어 비파를 잡았다. 그것을 집어 손가락으로 연주하자 환영은 잠시 멈추었다 도망갈 자세를 취했다.

"이화."

나는 불렀다. 잠시 후 그녀는 내 옆에 있었다. 나는 그녀를 큰 바위 아래로 데려갔다. 몇 년 전 은둔지에서 처음 보았을 때처럼 그녀는 순결했다. 그녀가 내 팔에 기대어 얼마나 오래 그곳에 앉아 있었는지 알지 못했다. 마을 밖에서 수탉이 낭랑하게 울려 퍼지는 음조로 울었다. 그러자 여기저기 창밖으로 불빛이 반짝거렸다. 우리에게 침입자 같은 날이 다가오고 있음을 알려주는 것이었다.

그녀는 나를 위해 처녀성을 지키려 노력했던 수년간의 이야기를 해주었다. 내가 그녀를 찾을 것을 알고 있었으므로 그녀는 얼마나 주의 깊게 모든 낯선 자의 얼굴을 주시하고, 또 얼마나 관심 있게 그들의 목소리를 들었는지에 대해 말했다. 그날 아침에도 내가 그녀의 집에 도착하기 전 내 목소리를 듣고 나인 줄 알고서는 하루 종일 나를 주시했다고 말했다. 자신을 다시 궁정으로 넣어 부와 권력을 잡으라고 그녀가 주인을 어떻게 설득했는지에 대해서도 말했다.

그녀는 주인보다 내시에 대해 더 많이 알고 있었다. 비록 그녀의 주인이 내시를 대단히 두려워했지만, 지위에 대한 그의 열정이 그 모든 것을 능가하도록 만들었다고 했다. 그녀는 한양에서 오랫동안 도망 다닌 것에 대해 말했다. 그리고 어떻게 그녀가 계획을 세워 주인의 친척 사이에서조차 종적이 발견될 수 없게 했고, 이로 인해 자신이 어떻게 주인을 통제할 능력을 가지게 되었는지에 대해 말해주었다. 이 일로 그녀는 내게서도 숨게 되겠지만 이것이 이 씨 집안의 압제로부터 그녀를 보호할 수 있는 유일한 길이었다고 말했다.

결국 그녀의 주인인 이 씨가 그녀를 궁정에 다시 넣을 기회를 포기하고 강제적으로 그녀를 첩으로 삼으려 했던 일, 또 그녀가 산의 절벽으로 도망가 그가 다가오면 투신하겠다고 위협한 일에 대해서도 말했다. 결국 이 씨는 그녀를 첩으로 삼는 것을 포기하고 매일 전령이 돌아오기를 기다리고 있는 중이라 말했다. 그래서 내가 그의 가족에 대해 자세히 물었을 때 이 씨가 그렇게 놀란 것이었다. 이 씨는 내가 그의 목숨을 노리는 첩자라 생각하여 두려워했다고 한다.

그녀는 부자 이 씨의 금과 지위에 대한 탐욕을 오랫동안 이용했지만 그녀를 소유하려는 열정이 탐욕을 넘어설 때가 올 것이라는 생각에 두렵다고 했다. 이제 내가 그녀를 찾아왔으므로 자신은 더 이상 고통을 겪지 않을 것이며, 행복한 미소가 있는 미래는 두렵지 않다고 말했다.

"견디기가 힘들면 북쪽을 바라보며 당신이 돌아오기를 기도했어요. 한번은 도망갔었고 거의 도망칠 수 있었죠. 그런데 어디로 갔나고요? 운 좋게도 기독교 가족이었어요. 아! 성요 씨! 저는 복종과 희생이라는 큰 교훈을 얻었어요. 저는 기독교의 하나님을 배웠어요. 그래서 내 주인을 섬기러 돌아왔죠. 그는 내가 돌아온 것을 보고 매우 기뻐했어요. 그의 법을 어겼을 때 그러는 것처럼 사납게 날뛰지도 않았어요. 저는 그에게 기독교가 나를 보냈다고 말했어요. 그는 기독교가 좋은 종교임에 틀림없다고 생각하며 그것에 대해 많은 질문을 했어요. 그러나 기독교는 남을 위해 희생하는 것이라 말하고, 이기적인 목적을 지녔다면 야망도 포기해야 한다고 말했어요. 그러자 그는 더 이상 질문하지 않았어요. 그 종교는 하인을 위해서는 좋지만 자신처럼 사업을 하는 사람에게는 어리석고 바람직하지 못한 것이라고 말했어요. 당신이 돌아오기를 얼마나 기도했는지 몰라요! 하나님께서 제 기도에 응답하신 거예요. 기독교의 하나님은 저의 하나님이에요. 저는 영원히 하나님께 복종할 거예요. 노예로 있으면서 원하지 않으면 그 누구에게도 절대로 복종하지 않았어요. 제가 복종할 사람은 오로지 두 사람이에요. 하나님, 그리고 당신. 제 인생을 헌신하게 돼서 얼마나 좋은지요. 저는 영원히 또 영원히 당신 거예요. 저는 행복해요."

그녀의 긴 속눈썹에서 눈물이 솟아나왔다. 황홀감이 내 온몸을 뚫고 지나갔다. 영혼의 본질적 영역 어디선가 나온, 말로 표현할 수 없는 목소리가 나를 보듬는 것 같았다. 모든 투쟁과 고통의 세월이 전혀 없었던 것 같았다. 달빛이 산의 어둠을 물리자 그녀의 커다란 검은 눈이 나를 바라보고 있는 것이 보였다. 나는 많은 말을 했고, 그녀는 내 기억의 성역에서 오랫동안 숨어 들어갔던 목소리로 답했다. 나는 그 기억의 성역에 강압적으로 들어가려 하지는 않을 것이다. 홀로 있으면 나는 부드러운 발길로 닫힌 그 성역의 벽 주위를 걸었고 한마디 말도 없이 성벽의 표면을 만졌다. 성벽에 입술을 대면 그것은 결코 사라지지 않을 정다운 말과 시선으로 빛나고 고동쳤다.

달빛이 서쪽으로 기울어 우리 얼굴 위로 비스듬히 비출 때, 나는 내 이야기를 했다. 나는 그녀에게 내 가족에 대해 말했고, 그녀의 주인을 홍수에서 구해주었던 날 두 번째로 보았던 곱추 처녀에 대해서도 말했다. 그러자 그녀는 즐겁게 웃은 후 진지하게 말했다.

"잘못 아셨어요. 그녀가 곱추인 것은 사실이지만 그녀는 똑똑하고 무엇보다도 사랑스러워요. 저는 그녀를 사랑해요."

나는 그녀에게 아직 평양에 농토 몇 마지기[1]를 가지고 있다고 말했다. 나는 그녀에게 달아나자고 했다. 다음 날 초저녁에 떠나면 우리는 추격받기 전 강가에 도착할 수 있을 것이다. 배를 빌려 북쪽으로 갈 것이며, 거기서 우리는 궁정 성벽의 그늘

---

[1] 논밭 넓이의 단위. 한 마지기는 볍씨 한 말의 모 또는 씨앗을 심을 만한 넓이로, 지방마다 다르나 논은 약 150~300평, 밭은 약 100평 정도이다.

아래에서 안전할 것이다. 도승지였던 아버지께서 비록 돌아가셨지만, 돈을 조금만 준다면 잘해줄 친구들이 아직 있다고 말했다.

    나는 찬란한 빛깔로 미래를 채색했다. 동식이가 어떻게 새로운 질서를 이끌고 가는지, 또 조선을 위한 그의 일에 어떻게 내 삶을 바치었는지에 대해 말했다. 그리고 그녀와 내가 어떻게 우리의 삶으로 우리 민족을 위할 수 있는지에 대해서도 말했다. 여성이 해방되고 남성들과 동등한 권리를 갖는 그날, 노비 제도가 사라지는 그날, 그녀가 어린아이의 얼굴을 바라보는 어머니처럼, 대중의 얼굴을 어떻게 바라보고 그들의 눈물을 닦아주어야 하는지에 대해서도 말했다. 그녀는 아무 말도 하지 않았다. 나는 그녀의 얼굴에서 거부의 표시를 보았고, 이상한 공포가 내 마음속에 엄습했다.

    "나라가 당신을 부르고 있소. 바닷가로 밀려오는 파도가 이화의 이름을 중얼거리고 있소. 들어보시오! 이 험한 봉우리 위로 부는 미풍이 당신을 부르고 있소. 산의 모든 야생화가 이화에게 고개를 끄덕이고, 길가에서 짓밟힌 모든 상처받은 얼굴이 당신에게 손짓하고 있소. 태양은 당신에게 내리쬐지 않을 것이고, 추위가 다른 길로 지나갈 것이오. 자연도 당신을 보호하는 데 참여할 것이오."

나는 외쳤다. 내 목소리가 끊기자 그녀는 내 목에 팔을 두르고 말했다.

"저는 오로지 당신만을 위해 존재해요. 그렇게 하는 것이 당신의 팔을 강하게 하고 당신의 심장을 용감하게 한다면 저는 만족할 거예요. 하지만 들어보세요. 여기서 50리 떨어진 곳에 기독교 예배당이 있어요. 때로는 거기서 혼례식도 해요. 저는 기독교인이에요. 저는 노예로 태어나지 않았어요. 저는 당연한 권리로 자유로운 여성이에요. 할 수만 있다면 그곳으로 당신을 데려가고 싶어요."

잠시 후 우리는 일어나서 언덕 아래로 함께 걸어갔다. 나는 오랫동안 서서 그녀가 사라진, 달빛 비치는 길을 바라보았다.

제24장
죽음이 다가올 때까지

 날이 밝자 나는 이 집 저 집 노래하며 남쪽으로 20리 정도 갔다. 오전 내내 돈이 계속 손에 들어왔다. 정오쯤 나는 저녁거리를 산 후 주막집 마루에 누워 깊은 잠에 빠졌다.

 촛불이 켜지자 화들짝 놀라 일어나 이화가 숨은 마을로 서둘러 돌아갔다. 두 시간 뒤 회색 바위 옆에서 그녀를 만났다. 우리는 조용히 인사를 나누었다. 그녀는 산길로 나를 안내했고, 우리는 북쪽을 향했다. 나는 달콤한 소유권을 누리며 그녀의 짐을 내 것에 묶었다. 밤새 우리는 걸었다. 그녀가 쾌활하게 지치지 않고 걷는 것에 놀랐다.

동이 트자 아침의 노래로 우리를 깨웠던 많은 새들에 응답하여 그녀는 즐겁게 노래했다. 그녀는 새침하고 구슬퍼 보이는 처녀라기보다 생명으로 충만한 여자였다. 그녀는 산에 사는 새들과 동물의 습성에 대해 말했다. 그녀는 내게 가만히 서 있으라고 말하고는 참새가 거의 손안에 잡힐 때까지 새의 울음소리를 냈다. 그러고는 음악적이며 사랑스러운 웃음소리를 냈다.

나는 열등감을 느끼며 활기 없이 그녀 옆에서 무겁게 타박타박 걸었다. 매 순간 그녀는 내게 신선한 기쁨을 주었다. 나는 놀라움을 느끼며 그녀와 다른 여성들을 비교해보았다. '전형적인 여성은 아니야. 우리나라 여성 치곤 드문 모습이야'라고 생각했다.

목적지 마을에 도착하자 그녀는 장옷으로 머리를 덮었다. 그녀가 이끄는 대로 나는 마을 중앙에 있는 집으로 갔고, 거기서 우리는 헤어졌다. 그녀는 여인들이 거처하는 곳으로 갔고, 반가운 인사 소리가 들려 우리가 친구들과 있다는 것을 확신시켜 주었다. 교회 관리인이 앞에서 문을 열어주었다. 그는 나를 진심으로 환대하며 안으로 들어가게 했다. 일상적인 인사를 주고받은 후 나는 우리의 방문 목적을 이야기했다.

"때맞춰 잘 왔습니다. 목사님께서 오늘 오후에 여기에 오실 것입니다. 기독교인이었다고요? 아니라고요? 그녀가 누구라고 말했죠? 종 처녀, 그렇게 말했나요?"

활기찬 인사말이 오고가는 게 들렸다. 생기발랄함이 모두 사라진 이화가 여느 시골 처녀처럼 예의바르게 인사하는 것이 보였다. 잠시 후 교회 관리자가 되돌아왔다. 의아해하는 내 표정을 바라보며 그는 쾌활하게 말했다.

"물론 이해가 안 될 것입니다. 기독교 공동체는 다르게 생활합니다. 남성들이 여성들과 자연스럽게 대화를 합니다. 우리는 모두 평등합니다. 창조주가 의도하신 대로 여성들은 저들의 위치가 있고, 우리 남성들은 우리의 위치가 있습니다. 존경이나 특권에 있어 여성들이 우리보다 아래에 있지 않습니다. 그렇습니다. 처음에는 어려웠습니다. 우리는 보잘것없는 자존심이 아니라 오래된 관습의 폐물을 폐기해야 했습니다. 우리의 잘못된 점을 바로잡아주는 힘이 십자가 안에 있습니다. 부정이 더 이상 없고, 남성과 여성이 모두 자신의 권리를 누리며, 우리의 땅에서 관아의 곤장이 떨어지는 소리가 더 이상 들리지 않을 때가 곧 올 것입니다."

이것은 그가 좋아하는 주제 중 하나였다. 나는 기독교인들이 자신들의 공동체에서 이룬 것과 그들이 하려고 제안한 것에 놀라움을 금치 못했다. 동식이가 우리가 해야 할 것에 대해 말하듯 그는 그들이 이룬 것에 대해 말했지만, 나는 생각했다.

'그들은 글자를 모르는 일부 사람들을 대상으로 하고 있다. 하지만 우리는 우리나라의 우두머리 역할을 하는 권세가들과 일을 하고 있지. 성공만 한다면 기독교인들이 수년에 걸쳐 이룬 것을 우리는 분명히 하루 만에 이룰 거야.'

목사님이 왔다. 나는 그가 키 큰 서양인인 것을 알고는 놀랐다. 그는 진심으로 나를 반겼다. 그는 기독교인들에게 저녁 모임을 준비시키느라 매우 바빴다. 저녁 모임에서 교회의 환영회와 관련된 의식이 있을 예정이었다. 기독교 교사들의 모순된 태도는 매우 놀라운 일이었다. 그들은 온갖 방법을 동원해 한 사람을 교회로 데려오지만 그 사람이 규율을 배우지 않고 쉽게 교회에 들어가는 것을 엄격히 금했다. 그 규율은 근대의 규율만큼이나 엄격했다. 그러나 사람들은 자기들을 지도하는 사람을 사랑했고 그를 위해서는 눈이라도 빼줄 준비가 되었음이 분명했다.

오후 늦게 혼례식 준비가 모두 이루어졌다. 나는 신앙고백문을 배웠으나 전혀 기억이 나지 않았다. 이곳에 온 후 나는 이화를 보지 못했다. 마침내 이화가 이끌려 들어왔는데 머리에는 장옷을 쓰고 있었다. 수많은 기독교인과 마을 사람 몇몇이 그곳에 모였다. 이들은 열정적인 얼굴로 문을 막았고 서로 밀치는 사람들은 문 뒤에서 먼지 나는 거리까지 길게 늘어섰다. 우리는 넓은 마당으로 안내되었지만 그곳에도 더 이상의 공간은 없어 보였다. 바닥에 거적이 깔려 있었고 누군가가 대나무 장대 위로 천막을 쳤다.

매우 중요한 일이 있는 듯했기에, 나는 당황하여 내가 할 일에 대해 물었다. 배웠던 신앙고백문은 기억이 나지 않았다. 그러자 하라는 대로 하라는 소리가 들렸다. 이화에게도 하라는 대로 하라는 소리가 들렸다. 내가 정말 그녀인지 알아보려고 장옷[1]을 살짝 들치자 사람들은 이를 보고 웃었다. 내 미소에 답해 그녀가 미소 지었다. 몸을 세우자 그녀의 사랑스러운 얼굴만이 보였고 주변 사람들은 희미하게 보였다.

"그녀를 사랑할 것인가?"

밝은 머리색을 가진 목사님이 물었다.

"네, 물론입니다. 저는 그럴 수밖에 없습니다."

내가 답하자 킥킥 웃는 소리가 뒤따랐고 이 소리에 나는 놀랐다. 그런 후 나는 "죽음이 우리를 갈라놓을 때까지"라 따라 했다. 그다음 이화는 서두르지 않은 채 모든 질문에 답하고 말했다.

혼례식은 끝났다. 그들은 신부를 데려갔고 나는 군중 속으로 끌려 들어갔다. 나에 대한 관심이 사라진 듯했다. 나는 이화를

---

[1] 여성의 얼굴을 가리기 위해 쓴 것

찾았다. 처음에는 제삼자를 통해 대화해야만 했지만 곧바로 그녀가 나타나 여기서 며칠 머물자고 했다.

   내가 새로운 신앙에 대해 더 배우기를 그녀가 원한다는 생각이 들었다. 그들은 내 손에 책을 주었고, 3일 동안 나는 그 책과 충실히 씨름했다. 나는 결코 우둔한 학생이 아니었지만 이 경우만은 완전히 실패였다. 지겨울 정도로 계속 책을 읽고 열정적인 호소를 듣는 동안에도 내 마음은 다른 곳에 가 있었다. 북쪽 지방으로 떠날 계획만 세웠다. 서둘러 강변으로 가 즉각 배를 타야 한다는 생각이 들었다. 나는 모든 것에 기꺼이 동의했다. 기독교인들은 좋아 보였고 세상도 좋아 보였으며 심지어 부자 이 씨의 둥근 얼굴도 참을 수 있을 것만 같았다.

   이렇게 머무는 동안 여성 숙소 문 앞에서 조용히 인사하거나 다른 예배자들 사이에 서 있을 때 잠깐 보는 것 이외에는 이화를 만난 적이 거의 없었다. 어느 날 오후 나는 그녀를 따라 소나무가 에워싼 언덕 위로 갔다. 그곳에서 이화는 자신의 삶에 대해 모두 말했다. 양반집 아이들과 함께 자란 것, 그들이 배웠던 모든 것을 열심히 관찰해서 배운 것, 또 양반집 아이들이 기꺼운 마음으로 그녀의 친구가 되어준 것, 그리고 양반집 아이들로 하여금 자신을 찾아 도와달라고 요청하게 만든 방법 등에 대해 자세히 말해주었다. 또 비록 처음에는 장난으로 그녀에게 글을 가르쳐준 사람이 있었지만 후에 그 사람에게 한자(漢子)를 더 배우려 얼마나 애썼는지에 대해서도 말했다. 관찰사에게 편지를 쓰다가 찾았던 한자를 그녀가 가르쳐줌으로써 그녀의 주인이 매우 놀랐다고 한다. 또 새들, 말 못하는 짐승들, 곤충들과 친해져 많은 시간을 숲 속에서 보냈던 일, 이 때문에 사람들이 미신적인 경외감을 갖고 그녀를 매우 존경했던 일에 대해서도 말했다. 뿐만 아니라 어떻게 그녀가 주인을 이겼으며 이 싸움에 그녀가 어떻게 목숨을 걸었는지, 또 주인이 그녀를 두려워하면서도 얼마나 사랑하는지, 그리고 그녀가 얼마나 주인을 두려워하는지에 대해서도 말했다. 이렇게 말하며 그녀는 진지하게 내 얼굴을 쳐다보며 갑자기 물었다.

"당신은 믿어요?"

"물론이오. 맞소! 그렇다고 생각하오. 나는 당신을 믿고 종교는 당신의 일부분이오."

그녀는 당황한 듯 시선을 돌렸다. 그녀가 고민하는 것을 보고 나는 "말해주시오. 들을 것이오"라고 재촉했다.

"아무도 당신에게 더 말해줄 수 없어요. 그것은 듣는 게 아니라 행동하는 거예요."

고통의 표정이 그녀의 얼굴에 떠올랐다. 나는 기독교인들에게 화가 났지만 내가 뭐라고 말하기 전 그녀가 먼저 말했다.

"여기서 나가면 제가 어디로 가야 한다고 생각하세요?"

"간다고? 그러면 추격에서 안전하게 벗어날 수 있는 한양으로 갈 것이오."

우리가 안전해지기 위해 구체적으로 실현하려던 계획과 우리 앞에 펼쳐진 행복한 미래에 대해 말하려는 순간 그녀는 고통의 표정이 깊어지며 내 말을 막았다.

"제가 당신을 어떤 사람으로 만들었는지 아세요?"

"행복한 사람으로."

나는 답하며 크게 웃었다. 그녀의 눈에서 눈물이 흘렀다. 나는 장난스러운 웃음으로 그녀의 가라앉은 분위기를 없애보려고 몸을 웅크렸다. 그러자 그녀가 손을 들었고 나는 그녀의 옆에 진지하게 앉았다. 그녀가 손목을 펼치며 말했다.

"보세요. 오래 전 어떤 미신적 충동 때문에 제 주인이 제게 이렇게 문신을 그려놨어요. 제 주인은 우리 민족의 오래된 미신인, 선조들이 몸에 문신했던 그 방식을 기억했어요. 제 주인은 어떤 생각에 빠지면 그 생각이 아무리 잘못되어도 결코 그 생각을 바꾸지 않아요. 어느 날 그는 바늘과 물감을 가져와 제 팔에 십자가 형상 문신을 했어요. 자신의 손으로 직접 했죠. 그의 미신은 저까지도 전염시켰어요. 저는 제가 십자가 형틀의 희생자가 될 것이라 믿었어요. 하지만 그 십자가 형틀이 다가오는 위험에서 나를 구해줄지도 모른다는 생각이 든 적도 있어요. 그때는 이 고문 기구를 기꺼이 받아들이려 했고 그래서 가끔 무거운 십자가 형틀이 있는 창고로 가 그 위에 내 손을 올려놓곤 했어요. 그것은 무시무시해 보였어요. 하지만 가끔 저는 그 옆에 앉아 그것이 살아 있는 것인 것처럼 손으로 만졌어요. 당신도 알 거예요. 거리 구석에 무서운 얼굴을 한, 거대한 장승을 만날 수 있어요. 십자가 형틀의 거친 앞면에서 그 장승의 얼굴이 보여요. 어린 시절 저는 미신에 사로잡혀 그 형틀에 말을 걸었고, 언젠가는 그것을 품고 목숨을 바칠 것이라 말했어요. 저는 가끔 십자가 형틀 위에 손목과 발목이 끈으로 묶인 채 누워 있는 꿈을 꿔요."

그녀는 온화한 미소를 품은 채 계속 말을 이었다.

"당신이 평양에서 처형될 것이라는 생각이 들었을 때 저는 제 온 영혼을 다해 당신을 원했어요. 당신이 양반 출신이며 노예를 사랑함으로 몸소 행한 낮춤의 행동도 알아요. 당신이 저와 결혼할 수 없다는 것을 알면서도 당신에게 종의 표시를 해주고 싶었어요. 그렇게 해야 당신의 무덤에 가 그 무덤이 내 것이라고 주장할 수 있기 때문이에요. 그래서 저는 평양에서 그 무시무시한 밤 당신이 있는 감옥으로 몰래 들어간 거예요. 결국 저는 기독교인이 되었어요. 수치와 죽음이 기대되어진 형틀, 이것이 신성함과 승리의 상징이라는 걸 알게 되었어요."

그녀는 잠시 멈추었다가 슬프고 낮은 목소리로 노래를 불렀다. 나중에서야 알게 되었지만 그 노래는 기독교 찬송인 〈주 십자가 안에서 찬양하네〉[2]였다.

"그러자 묵중한 십자가 형틀에 대한 두려움이 사라졌어요. 팔에 새겨진 표시를 자랑스러워하게 되었어요. 십자가에서 돌아가신 주님께 충실할 것이라 맹세한 걸 자랑스러워하게 되었어요. 십자가에서 저는 조선의 비참함과 파멸이 아니라 희망을 보았어요. 성요 씨, 당신은 제가 바라고 또 두려워했던 것처럼 저를 찾았어요. 당신이 왔어요. 제 영혼은 당신을 주인으로 알아보았어요. 당신은 제 영혼의 주인인 유일한 사람이죠."

여기서 그녀의 목소리는 속삭이는 소리로 변했다. 처음으로 그녀는 시선을 땅으로 떨어뜨렸다. 그러고는 말을 이었다.

"저는 당신에게 제 마음을 바쳤어요. 아니, 폭풍이 저를 사로잡아 당신에게로 밀어냈죠. 저는 돌이킬 수 없는 일을 하고 제 맹세를 깼어요. 하지만 당신이 기독교 신자가 되어 이 모든 것을 이해해줄 것이라 생각했어요."

"이해하오!"

---

[2] 1825년 John Bowering이 지은 찬송가. 우리 찬송가에는 없음. 'In the cross of Christ I glory'.

나는 헐떡거리며 답했다.

"주님을 알게 되면 당신은 의무가 의미하는 바를 알 것이라 생각했어요. 사랑, 희망과 생명 때문에 그동안 희생하며 얻은 결실을 포기하는 것도요."

그녀의 얼굴은 백지장처럼 하얗게 변했다. 침으로 입술을 적시고 경이로운 눈을 들어 내 얼굴을 바라보며 그녀는 말했다.

"저는 주인에게 돌아가야만 해요."

나는 잠시 그녀를 바라보았다. 스멀스멀 다가오는 무감각을 느끼며 나는 그 수수께끼 같은 말을 이해하려 노력했다.

"돌아간다고? 당신의 주인에게로 돌아간다고? 하지만 당신은 내 사람이오. 당신은 종으로 태어나지 않았소. 당신은 자유를 빼앗긴 것이오. 당신의 아버지는 살해되었고, 어머니 역시 아이를 강제로 빼앗긴 채 종보다 더 나쁜 상태로 팔렸소. 당신은 어린 시절 채찍질 아래서 살아야 할 정도로 그렇게 나쁜 짓을 했었소? 도대체 어떤 법 때문에 그에게 돌아가려 하오? 안 되오. 정당한 법의 주장에 따르면 당신은 자유의 권리를 가지고 있는 게 아니었소? 기독교 법이란 이런 것이었소? 사악한 자와 잔인한 자의 손을 강하게 해주고 힘없고 다친 포로를 잡아 기꺼이 괴물 같은 주인에게 돌려주어 발아래 찢기고 밟히게 하는 것 말이오. 안 되오, 내 사랑. 당신의 새로운 신앙보다 내가 더 귀한 존재요. 당신의 신도 포함하여 선한 모든 것에 걸고 맹세하오. 당신이 이전 주인의 손아귀에 떨어지게 하지 않기 위해 내 온 육체의 살, 피의 마지막 방울까지도 바칠 것이오. 기독교 법으로 당신은 내 사람이 되었소. 우리는 이 법 아래서 결혼하지 않았소? 저들이 당신을 내 사람이라 하지 않았소? 내 사람이라면 어떻게 그의 소유가 되오? 죽을 때까지 내 사람이라 하지 않았소? 당신은 내 사람이오! 내 사람! 내 사람!"

나는 온 힘을 다해 말했다. 마음속에서 갑자기 부자 이 씨에 대한 강한 증오가 솟아올랐다. 마음속으로 '그를 죽일 거야'라고 말했다. 내가 흥분으로 온 몸을 떨자 그녀는 내 손을 잡아 자신의 뺨에 댄 후 나를 진정시키려 노력했다. 그녀는 어떤 음조의 노래를 불렀는데, 가사가 없이 그냥 쿠쿠거리는 비둘기의 부드러운 음조였다. 그 간절한 부드러움이 내게서 분노감을 몰아냈다. 마침내 그녀가 말했다.

"그것이 바로 제가 맹세를 깼다고 말한 이유예요. 저는 무시무시하고 대단한 잘못을 저질렀어요."

내가 답하려하자 그녀는 제지했다.

"제가 약해서 당신과 결혼할 방법을 제안했고 그래서 행복했어요. 정말로 아쉬운 우리의 행복! 하지만 저는 이제 강해졌어요. 저와 제 가족에게 행한 잔인함과 파멸에 대해서는 당신의 말이 옳아요. 저들이 아버지를 죽이고 어머니를 노예로 팔았기 때문에 제 주인에게 돌아가려 하는 건 아니에요. 그보다는 법을 피해 죄인이 도망치듯이 제가 주인에게서 도망친 거예요. 법의 눈으로 볼 때 저는 처벌받아 마땅하죠. 저의 이런 행동 때문에 새로운 신앙이 경멸의 대상이 되었어요. 사람들은 기독교 신자는 도둑이며 무법을 권장한다고 말할 거예요. 저는 종의 속박을 정말로 증오해요. 제 영혼은 부자 이 씨 존재 자체를 혐오해요. 물론 당신과의 삶이 너무나 달콤하죠. 하지만 제게는 복종해야만 하는 다른 주인이 있어요. 그분을 위해 저는 행복을 포기해야만 하고, 예전의 무시무시한 속박으로 돌아가야만 해요."

그녀는 잠시 멈추었다. 그런 후 용기를 잃는 게 두려운 것처럼 빠르게 말했다.

"제가 돌아간다는 것은 우리 법의 눈으로 볼 때 당신 역시 종이 된다는 걸 의미해요. 당신은 친구 동식 씨와 위대한 일을 해야만 해요. 당신의 집에서 종 소녀는 저주일 거예요. 마음이 젊었을 때는 다른 사람들의 의견을 무시할 수 있어요. 하지만 종 부인이 당신의 삶에 어두운 그림자가 될 때가 올 거예요. 제게 묶여 있는 한 당신은 종이나 다름없는데 오만한 한양에서 누가 당신을 받아들이겠어요? 부자 이 씨를 한양의 벼슬아치로 만들어주지 않으면 그는 절대로 저를 놔주지 않을 거예요. 그 희망은 헛된 것이에요. 설령 당신이 이런 일을 할 수 있더라도 당신은 자신의 원칙 때문에 이런 일을 하지 않을 거예요. 저는 당신의 부인이에요. 언젠간 잔인한 죽음이 저를 찾을 것이지만 당신의 순결한 부인으로 죽을 것이에요."

그녀는 목소리를 점점 낮추었고 마침내 말을 멈추었다.

"언제 갈 것이오?"

나는 그녀의 계획을 받아들이는 것처럼 물었다.

"오늘 밤 해가 지면요."

그녀는 내 얼굴 표정을 살피며 말했다. 다음 날 밤, 우리는 함께 돌아갔다. 내가 그녀와 함께 갈 것이라 말하자 반대하던 그녀의 목소리가 점점 줄어들었다. 그녀의 목소리에서 긍정적인 행복감이 울려 퍼졌다.

제25장

양심을 위해서

부자 이 씨가 사는 마을에 도착하자 새벽이 수천의 빛을 풀어 놓고 있는 중이었다. 우리가 집에 들어가자 흥분의 목소리가 온 집을 덮었다. 어느 누구도 이화가 도망친 것을 몰랐다. 사람들은 모두 이화가 그동안 계속 그 비밀의 집에 있었고, 이제 그녀가 그곳에서 주인에게 돌아왔다고 생각했다. 주인이라는 존재가 없을 때 이화는 본인의 뜻대로 행동하곤 했다. 떠난다고 넌지시 말해도 아무도 물어보지 않았다. 내가 그녀와 함께 있는 것을 보자 사람들은 한양에서 무슨 일이 일어났는지 논했고, 내가 첩자라고 확신했다.

이화의 주인이 허겁지겁 나타났다. 나를 보고 놀랐는지 그의 턱은 벌어졌다. 그는 내가 언제 돌아왔고 어디로 가는 중인지 더듬거리며 물었다. 이화는 이 문제를 혼자 힘으로 다루려는 듯했다. 주인과 나를 자리에 앉게 한 후 그녀는 존경을 표시하는 태도로 서 있었다.

"말씀 드리고 싶은 게 있습니다. 어린 시절 아버지가 계셨습니다. 아버지는 부자이셨습니다. 제 기억이 맞다면, 주인님께서 누렸던 부보다 더 많은 부를 누리셨습니다. 어느 날 아버지는 관찰사에게 붙잡혀 모든 재산을 포기한다고 서명할 때까지 맞으셨습니다. 결국 만신창이가 된 몸으로 집에 돌아오셨고, 우리는 하인 지역에 숨었습니다. 그 당시 주인님과 같은 이름을 가진 한 남자가 마을에서 살고 있었습니다. 정부와 관찰사의 도움으로 그 사람이 제 아버지 재산의 많은 부분을 가졌습니다. 아버지의 장례식을 치렀던 날 밤, 젊은 사람의 무리가 이웃 남자의 집에서 왔습니다. 이웃 남자는 바로 우리를 파멸시키고 어머니를 잡아 끌고가 종보다 더 비참한 삶을 살게 만든 장본인입니다. 어머니는 저를 등에 업고 달아나셨습니다. 얼마 동안 행운은 저희 편이었습니다. 하지만 거리에서의 삶, 굶주림과 피로 때문에 곧바로 우리는 잡혔습니다. 주인님이 말이나 소를 팔았던 것처럼 어머니는 길거리에서 팔렸고 저는 억지로 어머니의 품에서 떨어졌습니다. 이 일에 대한 기억을 희미하게 만들기 위해 저는 팔린다는 핑계로 여러 사람들의 손을 거쳤습니다. 그리고 마침내 아버지를 돌아가시도록 만든 사람의 종이 되었습니다."

이화가 이렇게 말하는 동안 부자 이 씨는 불편한 듯 움직였고 얼굴은 창백해졌다. 그가 어떤 말을 하려 하자 이화는 "기다리십시오!"라고 말했다.

"말할 것이 더 있습니다. 저는 제게 음식을 준 그 손을 증오합니다. 저는 그 손에서 부모님의 피를 보았습니다. 그래서 저는 복종적이었지만 가끔 제 얼굴에서 깊은 그늘이 서렸습니다. 살인자의 지배 아래 참을 수 없는 삶을 언젠가는 버릴 것이라 결심했습니다. 그런데 제 삶에 진실하고 순박한 한 남성의 얼굴이 다가왔습니다. 그 사람은 말이 아니라 행동으로 그 자신을 제게 주었습니다. 그래서 저는 살고 싶었습니다. 그가 총을 맞고 쓰러진 것을 보고 전쟁에서 죽었을 것이라 생각했었습니다. 그 일을 겪은 후 저는 탈출을 결심했습니다. 결국 저는 주인님의 집에서 도망쳤고, 기독교의 하나님을 만났습니다. 그분은 저에게 주인님을 용서하라 하셨고 주인님의 피 묻은 손을 마음속에서 평화롭게 바라보라고 가르치셨습니다. 그리고 며칠 전, 죽은 줄 알았던 사람이 제게 돌아왔습니다."

그녀는 말하며 손을 내게 올려놓았다.

"우리는 기독교 예배당에 가 하나님의 의식에 따라 결혼했습니다. 이분은 이제 제 남편입니다. 네, 저는 영원히 이분의 것입니다. 한양에서 권세 있는 친구들의 보호를 받고 있을 수도 있었지만, 제가 기독교 신자이고 또 이분도 기독교 신자라서 이렇게 돌아왔습니다."

이화는 처음부터 그녀의 주인의 얼굴에 시선을 고정한 채 낮은 목소리로 명확하게 말했다. 부자 이 씨는 시선을 그녀의 얼굴에서 내 얼굴로 옮겼고 그녀가 결혼했다고 말할 때는 숨을 멈추었다. 그녀가 말을 끝내자, 마치 그는 치명타를 맞은 사람 같았다.

"결혼했다고? 그렇게 말했는가? 언제?"

"나흘 전입니다."

그는 술 취한 사람처럼 비틀거리며 일어났다. 그러고는 분노로 얼굴이 붉어져 몸을 숙이고 잠시 있었다. 나도 그와 함께 일어났다. 이화는 입술이 창백한 채로 커다란 눈을 들어 부자 이 씨의 얼굴에 시선을 고정한 채 서 있었다. 처음에 부자 이 씨는 알아들을 수 없는 말을 우물거렸다. 그러나 그 목소리는 곧바로 높은 괴성으로 변했다.

나는 이화의 팔을 잡고 넓은 마당으로 걸어나왔다. 부자 이 씨 역시 우리를 뒤따라 나왔다. 그는 야만인 같은 분노에 사로잡혀 턱턱 걸었고, 마침내 제대로 알아들을 수 있는 말을 하기 시작했다.

"저 년을 잡아라! 죽여라! 두 연놈을 죽여라! 나를 증오한다고, 그렇게 말했냐? 피 묻은 손이라고? 살인자라 말했더냐?"

하인들이 두 무리로 갈라지는 게 보였다. 오랫동안 부자 이 씨를 위해 일을 했고 어떤 명령이라도 기꺼이 받을 준비가 된 사람들과 근처 지역에서 고용되어 주인에게서 조금 물러난 사람들이었다.

곧바로 부자 이 씨는 길게 욕하기 시작했다. 그는 자신의 종 그리고 그녀와 짝을 이룬 나에게 협박이 섞인 욕을 했다. 그는 때릴 것처럼 손을 들고 그녀에게 큰 걸음으로 달려갔다. 그는 자신의 얼굴을 그녀의 얼굴에 들이댔지만, 그녀는 도망가지 않았다. 사실 그가 사납게 날뛰기 시작한 이후 그녀는 한 번도 그의 얼굴에서 시선을 떼지 않았다.

그때까지 나는 한마디도 하지 않았다. 그녀는 부자 이 씨의 주의를 확실히 자신에게만 쏠리게 했다. 만약 이 문제를 그녀 혼자 해결하게 놔두었더라면 결과는 분명히 달라졌을 것이다. 부자 이 씨의 손이 올라가는 것을 보자 내 피가 거꾸로 솟는 듯했다. 즉각적으로 나는 그의 뺨을 쳤다. 이 타격으로 그는 휘청

거렸고 한참 동안 내 손도 아팠다.

곧바로 그는 미친 황소처럼 내게 달려들었다. 나는 막대로 그를 쓰러뜨렸다. 다음 순간 십여 개의 손이 내 목을 짓눌렀고 나는 그와 조금 떨어진 곳에서 뒤로 손이 묶인 채 땅에 누워 있었다. 천천히 그는 땅에서 뚱뚱한 몸을 일으켰다. 그의 이마에서 피가 흘렀다. 한눈에 그의 분노가 극에 달한 것을 알 수 있었다. 내가 잡았던 막대를 잡고 그는 내게 달려들었다. 이제 죽었다고 생각한 순간 이화가 곧바로 튀어 나와 우리 사이에 끼어들었다. 이 씨는 잠시 멈춰 그녀를 찬찬히 쳐다보곤 악마같이 웃었다.

"내가 원한다면, 그리고 더 이상 쓸모가 없다는 생각이 들면, 나는 종을 죽인다. 나흘 전이라고 말했더냐?"

곧바로 그는 하인들을 불렀다. 하인 두 명이 이화의 손목을 잡았다. 세 번째 하인이 마당에 접한 문의 자물쇠를 마지못해 천천히 움직이며 잡아당겼다. 부자 이 씨는 그 하인을 욕하며 자신이 직접 문의 자물쇠를 열었다. 무거운 십자가 모양의 형틀이 끌려 나왔다. 그것을 보자 악마 같은 기쁨이 그의 영혼을 가득 채웠다.

이화는 저항하지 않았다. 그녀는 얼굴을 땅으로 향하고 팔은 벌린 채 형틀 위에 뉘어졌다. 그녀의 주인은 계속 저주하고 욕하며 손으로 직접 그녀의 팔과 다리를 묶었다. 그런 후 곤장이 더 아프게 박히도록 그녀의 옷에 물 한 통을 부었다. 그러곤 그녀를 때리라고 명령하였다. 그는 머리 위로 곤장을 들어 퍽 하고 내리쳤지만 너무 교묘하게 조준해 그녀를 다치지 않게 하며 곤장 끝을 땅에 내리쳤다. 계속 그는 힘 있게 곤장을 내리쳤지만 그녀를 다치게 하지는 않았다. 나는 그들에게 이화 대신 나를 그 자리에 놓아달라고 애원하고 명령했다. 나는 위협도 했다. 돈을 주겠다고도 했다.

"네 차례가 곧 올 게다. 도승지의 아들 놈, 이 종 놈아!"

그가 미친 듯이 소리쳤다. 갑자기 부자 이 씨는 하인이 때리는 시늉을 한다는 걸 눈치챘다. 곧바로 그는 곤장을 빼앗아 온 힘을 다해 처녀를 내리쳤다. 충격을 받아 머리가 발작적으로 위로 들렸지만 그녀는 어떤 소리도 내지 않았다. 부자 이 씨가 계속 그녀를 내리쳤지만 그녀는 아무 소리도 내지 않았다. 곤장이 내리칠 때마다 나는 몸부림치며 끈을 풀고자 노력했고 나를 묶은 사람을 저주했다.

하인 중 한 사람이 자신이 때리겠다고 간청하며 손을 내밀었다. 그 순간 곤장의 방향이 바뀌며 그녀의 허벅지 대신 등을 내리쳤다. 그녀는 몸을 떨었고 머리가 형틀 아래로 축 늘어졌다. 부자 이 씨는 다시 곤장을 들어 자신이 의도했던 대로 허벅지

부분을 내리쳤지만 그녀는 전혀 움직이지 않았다.

하인 한 명이 다가와 그녀의 얼굴을 바라보라고 청하자 그는 때리기를 멈추었다. 사람들이 그녀의 손과 발을 묶었던 끈을 풀었지만 그녀는 미동도 하지 않았다. 그러자 사람들이 그녀를 들어 가까운 방으로 데리고 가 방바닥에 눕혔다. 그녀의 주인은 분노가 사라진 채 한편에서 무력하게 손을 늘어뜨린 채 그녀를 바라보고 있었다.

누군가가 내 손을 풀어주었고 나는 이화에게 달려갔다. 아무도 방해하지 않았다. 나는 그녀의 머리를 무릎에 놓고 그녀의 이름을 불렀다.

"이화! 이화!"

나는 물을 요청했고, 그녀의 머리와 손을 물로 씻었다. 내 뺨을 그녀의 뺨에 대고 팔로 내 목을 두르게 했지만 두 팔은 힘없이 그녀 쪽으로 떨어졌다. 그녀의 입술에 피 한 방울이 묻어 있었고 입맞춤으로 나는 그것을 없앴다. 다른 사람들의 존재를 잊은 채 나는 그녀에게 일어나 새들이 노래 부르는 곳으로 함께 가자고 애원했다.

"메추라기[1]가 짹짹거리며 당신을 부르고 있소, 이화. 당신을

---

[1] 꿩과의 겨울 철새. 몸의 길이는 18cm 정도이며 누런 갈색과 검은색의 가는 세로무늬가 있다. 몸은 병아리와 비슷하나 꽁지가 짧다.

위해 꽃들이 머리를 흔들며 미소 짓고 있소. 온갖 풀잎이 손을 흔들고 있소. 이화, 일어나시오. 나와 함께 갑시다."

문 앞에 거친 숨소리가 들려 나는 고개를 들어 쳐다보았다. 그는 얼굴이 일그러진 채로 홀로 서 있었는데 그 모습이 갑자기 늙은이 같아 보였다. 그는 이화의 얼굴을 쳐다본 후 마당으로 비틀거리며 뒷걸음질쳤다. 그러고 나서 "아이고" 하며 외침 소리를 냈다.

그를 보자 분노에 가득 차 복수하고 싶은 생각이 들었다. 나는 마음속에서 대단한 분노가 이글이글 끓어오르는 것을 느끼며 마당으로 나갔다. 그러나 이런 분노는 이 씨의 모습을 목격하고는 사라졌다. 이 씨는 땅에 머리를 숙이고 통곡하고 있었다. 그는 돌을 한 개 집어 그것으로 자신의 머리를 때렸다. 나는 잔인하게 그를 쳤다. 그러나 그의 눈은 나를 바라보고 있지 않는 듯 멍하게 쳐다보았다.

이화에게 돌아가 그녀의 팔다리를 바르게 펴주고 다시 얼굴과 손을 씻겨주었다. 곧바로 화색이 돌고 눈꺼풀이 움직였다. 그녀는 멍한 표정을 지으며 나를 쳐다보았다. 나는 숨을 죽이고 그녀의 의식이 돌아오기를 기다렸다. 곧바로 그녀는 내 눈을 바라보고 미소를 지었다. 내 눈물이 그녀의 얼굴을 적셨다.

"울지 마세요."

그녀는 팔을 내 목에 두르며 말했다. 나는 웃었고 그녀가 일어나 앉을 수 있는지 물었다.

"일어나시오. 우리는 자유요. 함께 갑시다."

그녀의 팔이 맥없이 떨어졌다. 얼굴에 당황한 표정을 띠고 그녀는 나를 쳐다보았다. 잠시 후 그 표정은 고통에서 연민으로 변하였다. 마침내 그녀는 내게 발을 들어보라고 했다. 내가 그녀의 발을 들자 그녀는 나를 응시하더니 한숨을 지었다. 그녀는 작은 소리로 "발이 움직이지 않아요"라고 말했다. 못생기고 기형인 처녀가 열린 문으로 살짝 들어와 이화의 손을 잡았다. 이화는 그 처녀에게 말했다.

"아가씨보다 더 병신이 되었어요. 아가씨는 걷고 살아갈 수 있지만 저는 허리 아래가 움직이지 않아요. 움직이지 않아! 움직이지 않아!"

나는 그녀의 얼굴에 내 얼굴을 묻었다. 그녀는 "깨어나지 않는 것이 더 좋았을지도 몰라요"라고 속삭였다. 그런 후 잠시 눈을 감더니, 눈을 뜨고 내 얼굴을 보며 미소 지었다.

"저는 이 모든 것을 이미 생각했어요. 당신은 동료들에게 돌아가 함께 우리나라를 위해 싸우세요. 당신은 저를 행복하게 만들었던 많은 말을 했어요. 가장 최고의 말은 다른 여성들을 도우며 살아갈 미래에 관한 것이죠. 저는 이제 당신의 짐이 될 거예요. 제 주인은 더 이상 저를 때리지 않을 거예요. 그는 삶이 계속되는 동안 자신이 망가뜨린 사람에게 음식을 주고 옷을 입혀줄 거예요. 그는 저를 사랑하고 동시에 증오하기 때문에 저를 때렸어요. 그는 더 이상 저를 사랑하지도 않을 것이며 증오하지도 않을 거예요. 더 이상 질투할 이유도 없겠죠. 망가진 육체를 바라보며 왜 그것을 돌보았는지 궁금해 할 거예요. 당신과 함께 있을 때보다…."

여기서 그녀는 잠시 멈추고 감정을 억제하려고 노력했다.

"그와 함께 있으며 고통을 덜 받을 거예요. 저는 당신의 눈을 바라보고 손으로 당신을 만지고 싶어요. 당신의 목소리는 고통을 달래줄 것이고 당신은 제게 새와 꽃들에 대해 말해줄 거예요. 하지만 그것이 당신에게 짐이 되겠죠. 여자는 쓸모가 없으면 버려야 해요."

나는 눈물로 변하지 않는 내 사랑을 주장했다. 그녀가 나를 위해 기꺼이 자신의 몸을 다치게 했다고 말했다. 그녀가 끼어들지 않았다면 나는 그녀보다 더 심하게 몸이 다쳤을 것이라고 말했다.

"여기에 당신을 두고 떠나라고요? 절대로 안 되오! 이화, 내가 어디에 가든 당신도 가야 하오. 엉겅퀴의 갓모[2]를 따라 들판

---

2 꽃받침의 변형으로서 씨방의 맨 끝에 붙은 솜털 같은 털. 관모(冠毛).

을 달리는 소년처럼 당신을 따라갈 것이오. 나는 열심히 당신을 찾았고 추우나 더우나 당신을 원하였소. 하지만 당신은 항상 내가 잡을 수 없는 곳에 있었소. 하지만 나는 지치지 않고 오랜 세월 당신을 찾았소. 마침내 당신을 손안에 잡았을 때 그 노력의 시절은 당신을 소유한 기쁨에 비하면 아무것도 아니오. 하지만 나는 당신을 너무 거칠게 잡았소. 그래서 당신이 뭉개지고 깨진 것이오. 내가 당신의 주인을 때리지 않았다면 그는 당신을 이렇게 망가뜨리지 않았을 거요. 이화, 당신은 내게 생명을 주었소. 당신을 떠나라고? 결코 그럴 수 없소!"

그녀는 기쁜 빛에 차서 나를 바라보았다.

"다시 한번 말해보세요. '이화, 당신은 내게 생명을 주었소'라고요."

"이화, 당신은 내게 생명을 주었소."

나는 반복했다. 그녀는 미소를 띠었지만 육체적 고통으로 눈을 감았다. 잠시 후 그녀는 다시 나를 바라보았다.

"가세요! 제가 종인 것처럼 당신도 그 사람의 종이예요. 그는 저보다도 더 심하게 당신의 육체를 망가뜨릴 거예요. 가세요!"

그녀는 창백한 입술로 속삭였다. 나는 그녀의 뺨에 내 뺨을 비볐다. 그녀는 미소를 지었다. 나는 옆에서 하루 종일 그녀를 돌보았다. 그녀의 의식이 오락가락했을 때 심한 고통이 내 가슴을 짓눌렀다. 나는 내 입술이 그녀의 이름을 부를 수 없는 순간이 다가올까 두려웠다. 곱추 아가씨가 부드럽고 솜씨 좋게 그녀의 다친 몸을 돌보아주었다. 내가 그녀를 어리석다고 생각한 것에 미안한 마음이 들었다.

밤이 되었다. 아침 이후 이 씨를 만나지 못했고 그의 통곡 소리가 더 이상 들리지 않는 것을 깨달았다. 나는 위험을 무시한 채 마당으로 나갔다. 누군가 가까이 있다는 두려움에 끌리는 파충류처럼 나는 그를 찾았다. 마당 전체를 찾아다녔고 하인이 한 사람도 없다는 것을 알았다. 그 일이 있은 후 하인들은 도망갔고, 다른 가족들은 이웃집으로 숨어들었다. 내가 방해받지 않고 복수할 수 있다는 생각이 들자, 기쁨으로 웃음이 났다. 집 안의 맨 끝에 있는 방의 문을 잡아 당기자, 방구석에 증오의 대상이 앉아 있었다. 나는 철막대를 집고 한 번에 그 앞으로 튀어 올랐다.

"죽어라!"

그는 눈에 몽롱한 빛을 띠고 나를 쳐다보았다. 그는 손을 올려 막으려 하지 않았다.

그는 "죽어라!" 하고 나의 말을 따라하더니 조그만 소리로 혼자 킥킥 웃어 댔다. 그런 후 방을 둘러보고는 턱을 아래로 떨어뜨린 채 바보같이 손가락을 꼬았다. 그는 방으로 형틀을 끌고 와 그 고통의 무시무시한 기구를 바라보았다.

"그녀가 저기에 있어. 입술에 피가 흐르는 것을 보았어."

나는 손을 떨구고 뒷걸음쳐 방을 나왔다. 이 씨는 바보 같은 표정으로 형틀을 바라보고 있었다. '정의가 이미 복수를 했구나'라는 생각이 들었다.

이화는 양쪽 뺨에 붉은 점을 띠고 정신이 오락가락했다. 그녀는 자신이 그렇게 사랑했던 숲 속 산책에 대해, 꽃을 따고 새들의 노래를 들었던 것에 대해 말했다. 밤새 나는 한쪽에 앉아 있었고, 다른 한쪽에 곱추 소녀가 앉아 있었다. 이 젊은 아가씨는 이화를 사랑한 게 분명했다. 이른 아침 이화는 물을 원했다. 그녀의 입술에 물그릇을 대자 그녀는 내 얼굴을 보고 미소를 지었다.

"지금 저를 떠날 필요는 없어요. 오래 가지 않을 거예요. 그러면 당신은 종이 되지 않을 거예요."

그런 후 그녀는 손목을 바라보았다. 그녀는 한숨을 쉬었다.

"나를 파멸시킨 십자가예요. 하지만 이것은 내 희망이고, 조선의 희망이에요. 성요 씨, 청이 하나 있어요. 들어주실 거죠?"

"목숨을 걸고 들어주겠소."

"아무도 모르게 저를 묻어주세요. 제 주인을 관찰사 앞에 세우지 마세요. 저는 종이었을 뿐이에요. 그러면 모든 일이 쉬워질 거예요. 당신이 불평하면 그가 처벌받을 수도 있어요. '내가 보복하리라'고 주님이 말씀하셨어요."

그녀는 주저하는 목소리로 말했다. 나는 약속했다.

"그리고…."

"말하시오."

"개인적인 복수는 하지 않을 거죠?"

"안 할 것이오."

"제가 당신에게 갔을 때, 달빛 아래 우리가 앉았던 그 바위말이에요. 꼭대기에 비둘기가 둥지를 틀었던 그 바위의 그림자 비치는 곳에 저를 묻어주세요. 성요 씨, 우리가 같이 앉아 행복했던 그곳이요. 성요 씨, 그리고…."

"말하시오."

"기독교 신자들은 시체를 헝겊으로 감지 않아요. 산 사람처럼 옷을 입히고 얼굴을 덮지도 않아요. 잠자는 것처럼 편안히 얼굴을 놔두어요. 얼굴에 차가운 흙을 덮기 전 당신은 제 얼굴을 바라볼 것이죠?"

"그럴 것이오, 이화."

나는 흐느꼈다.

"이제 다시 말해주세요. '이화, 당신은 내게 생명을 주었소'라고요."

"이화, 당신은 내게 생명을 주었소."

나는 따라했다. 그러자 그녀는 미소를 지었다.

"성요 씨, 저는 당신을 위해서라면 수천 개의 생명이라도 바칠 수 있어요. 팔이 무거워요, 성요 씨. 내 팔을 들어 당신의 목에 두르게 해주세요. 평양의 전쟁터에서 당신은 약속했어요. 사람의 혼령이 떠도는 그런 곳에서 저를 만날 것이라고요. 그럴 건가요, 성요 씨?"

"그럴 것이오, 이화."

그녀의 목소리는 떨렸고 팔을 힘없이 늘어뜨렸다. 다시 말하기 시작했을 때 그녀의 목소리는 거의 속삭임에 가까웠다.

"십-자-가, 성요 씨."

나는 사랑스러운 그녀의 눈을 감겨주었다. 곱추 처녀는 눈물 가득한 얼굴로 옷을 가져왔다. 그 옷은 훌륭한 비단으로 만들어진 옷으로 일부는 내가 본 적이 있는 것이었다. 그녀는 정말 아름다워 보였다. 그녀는 단지 잠자는 것 같았다.

저녁이 되자 나는 큰 바위 아래 땅을 팠다. 산의 그림자가 내 불행을 감추었다. 곡괭이는 부드러운 기억의 가슴속을 깊게 후비었고 한 번 내리칠 때마다 고통은 더 깊어갔다. 관을 구하면 이웃에서 문제를 일으킬 수 있었기에 나는 약속을 지킬 수 없었다. 나는 흙구덩이 속에 소나무 가지 침대를 만들었다.

동이 트기 한 시간 전, 나는 오두막으로 돌아와 그녀를 긴 거적으로 말아 어깨에 멨다. 마을은 모두 잠 속에 파묻혔고, 신실한 곱추 처녀만이 나를 따랐다. 산기슭을 비틀거리며 올라가 파헤친 무덤에 조심스럽게 그녀의 시체를 내려놓았다.

등불이 필요 없었다. 달빛이 산의 그림자를 모두 밀어냈다. 축축하고 찬 흙으로 쌓아 올린 흙구덩이 속 소나무 가지 베개 위에 내 신부의 시체를 내려놓은 후, 한 줌의 소나무 조각에 불을 붙였다. 불빛이 깜박거리다가 완전히 사라지자 나는 그녀의 얼굴을 거적 조각으로 덮었다. 나는 곡괭이를 집어 들었지만 들고 있을 수가 없었다. 흙구덩이 바닥으로 가 나는 사랑스러운 발을 잘 모았고 그 위에 흙을 뿌리려 노력했다.

곱추 아가씨는 떨고 있는 내 손에서 곡괭이를 빼앗았다. 나는 여기저기 있는 바위 사이에 내 얼굴을 묻고 귀를 덮었다. 아침 햇빛이 산 위로 퍼지자 나는 일어나 물집이 생기고 떨고 있는 곱추 아가씨의 손에서 곡괭이를 집어 들었다. 흙덩이를 둥글게 높게 세우고 평평하게 다듬었다.

고운 짚신이 땅 위에 놓여 있었다. 나는 그것을 집어 가슴에 숨겼다. 머리 위로 보이는 바위 꼭대기에서 비둘기 한 마리가 짝을 찾아 울고 있었다. 나는 저 멀리 북쪽으로 보이는 산을 향해 얼굴을 돌렸다. 고통이 내 안에서 점점 깊어지고 있었다.

제26장

눈앞에 닥친 위험

증기선이 도착한다는 소리가 들렸다. 북쪽으로 빨리 가기를 원하는 사람들과 더불어 나는 그 배를 보기 위해 부두로 나갔다. 이십여 명의 사람과 군산항에서 도착할 예정인 증기선을 일주일이나 기다렸다. 수평선에서 피어나는 연기를 보고 즐거워했다가 실망했던 사람들의 모습을 보면서도 내 마음에는 어떤 느낌도 없었다. 배가 닻을 내리자 나는 노로 젓는 배[1]를 타고 출입구로 올라갔다. 일본인 선원이 거친 목소리로 나를 불렀다. 그는 표를 보여달라고 강요했지만, 나는 이런 것에 전혀 개의치

---
[1] 일본식 노 젓는 배

않았다.

몇 시간 후 우리는 바다 위에 있었다. 난간에 기대어 어딘가에 무덤이 있는 남쪽 수평선 위를 바라보았다. 나는 앞으로 수년간 매일 그쪽을 바라볼 것이다.

어둠이 바다에 깔리기 전, 삼등석 객실 사람들에게 저녁 시간이 되었다고 알리는 소리가 들렸다. 나는 아래로 내려갔다. 확 트인 바다에 도착하자 증기선은 놀라울 정도로 회전하며 앞뒤로 흔들렸다. 그날 배에서 많은 양의 음식을 먹을 거라 생각하며 음식을 전혀 먹지 않은 채 승선한 사람들이 있었다. 그러나 지금 그들은 마음을 바꾸었다.

나는 배멀미를 하지 않았다. 그러나 근처에 있던 누군가가 신선한 공기도 마실 겸 갑판으로 밥그릇을 들고 나갔다. 바로 건너편에 바다를 경멸하며 바라보는 한 뚱뚱한 승객이 있었다. 그는 깨끗이 정돈된 양복을 입었고, 최고 품질의 모자를 썼으며, 구두를 신고 있었다. 그는 역겨운 배 냄새를 없애기 위해 얼굴 앞에서 부채질을 하고 있었다.

그는 점잔을 빼고 앉아 동료 승객들을 거만한 눈빛으로 바라보았다. 그의 이런 태도는 마치 삼등 승객들을 조롱하는 듯했다. 말할 때 그는 자비로운 정중함을 가장했다. 그의 허영심에 아첨하기 위해 많은 사람이 그에게 존경하는 시선을 보냈다.

그는 위엄을 지키는 게 삶의 야망인 듯 보였다. 그는 책상다리를 하고 앉아 있었다. 조그만 밥상이 그의 발아래 있었고, 국 한 그릇과 생선 조금이 전부였다. 그는 국그릇을 들고 바라보았다. 마치 배를 탈 때나 자신보다 지위가 낮은 사람들과 함께 있을 때만 이렇게 예의 없이 먹는 행위에 탐닉하는 것 같았다.

보는 사람을 성나게 하는 그런 위엄을 갖고 그는 국그릇에 입을 댔지만 증기선의 갑작스러운 빠른 회전과 돌진으로 인해 미지근한 국물이 그의 소매와 깨끗한 비단 웃옷에 흘렀다. 큰 콧소리를 내며 그는 증기선과 일정 거리의 바다에 잡아먹을 듯한 시선을 보내며 국그릇을 내려놓았다.

증기선이 또 한 번 돌진해 국그릇이 밥상에서 굴러 떨어졌고, 그 뒤를 따라 밥그릇이 춤을 추었다. 그는 저녁 식사가 이리저리 굴러다니는 것을 바라보며 막일꾼처럼 민첩하게 일어나 그것을 쫓았다. 그릇은 굶주림의 하얀 길이 쌀이 흘러나오도록 유혹하는 것을 그대로 놔둔 채[2] 갑판을 가로질러 내려갔다. 굴러다니는 밥그릇을 손으로 거의 잡을 뻔 한 적도 있었지만 실패하고 말았다.

그 순간 증기선이 다시 회전하여 밥그릇의 방향이 바뀌었

---

2 바닥에 흰 쌀이 구르는 모습을 의인화하여 표현한 것. 길에 쌀이 흘러나온 이유가 길이 굶주려 나오도록 유혹한 것이라 표현한 것이다.

다. 밥그릇은 반원을 그리며 그의 발사이로 빠져나가 주갑판으로 향하는 입구로 길을 바꾸었다. 그 뒤로 뚱뚱한 남자가 그것을 쫓고 있었다. 동료 승객들은 이를 보고 웃었다. 밥그릇이 입구에 도착하자 완전히 그 안으로 들어가기 전 그것을 잡으려고 그는 앞으로 돌진했다. 그러자 그는 여기저기 흩어진 밥 위로 미끄러져 얼굴을 앞으로 향한 채 계단 열 개를 내려가 빈 밥그릇 위로 대자로 누웠다.

그는 누군가가 자신을 도와 일으켜주기를 기대한 것처럼 잠시 그렇게 누워 있었다. 그러나 수십 명의 사람들은 목에서 내뿜는 웃음소리를 낼 뿐이었다. 그는 몸을 일으킨 후 매우 진지하게 입구로 걸어 나갔다. 그는 얼룩진 옷을 입고 앉아 쌀밥 한 그릇을 더 주문했고, 승객과 선원들 사이에서 여전히 울려 퍼지는 웃음소리에 관심을 두지 않았다.

그때까지 나는 같이 탄 승객에게는 신경을 쓰지 않았지만, 다양한 국적의 승객이 모여 있음이 눈에 띄었다. 남의 눈에 띄지 않게 무리지어 앉고, 밥상이 치워지면 마작을 하는 몸집 큰 중국인들, 까치 떼처럼 무리 지어 앉아 재재거리며 혐오스러울 정도로 옷을 제대로 갖춰 입지 않은 듯한 변덕스러운 일본인들, 호전적인 승객 모두에게 양보하는 우둔하고 둔감한 조선인들이 보였다. 조선인들의 무기력해 보이는 모습에 부끄러웠지만, 나 역시 차별적이고 부당한 법 아래 살고 있는 우리 민족처럼 무력했다.

일등석 승객 칸에서 미국인들, 유럽인들, 중국인들, 일본인들, 조선인들이 갑판을 거니는 것이 보였다. 삼등석 승객들은 잠자리를 찾으러 서로 다투며 침상의 거친 나무판 위에 담요를 깔고 있었다. 그 순간 나는 빛나는 달빛 아래 난간에 기대어 서 있었다.

인광을 뿜어내는 수천의 별이 증기선 옆에서 춤을 추었다. 빛의 길이 바다를 가로질러 달 쪽으로 확 퍼졌다. 달은 하늘을 가로질러 부풀어 오른 구름 뒤에 잠시 숨었다가, 그림자의 세상에 빛과 희망이 있다고 주장하는 것처럼 새로운 영광에 싸여 갑자기 나타났다.

미래의 일을 생각하며, 아니 느끼며 오랫동안 빛의 길을 따라가며 쳐다보았다. 잔인한 우리 시대의 결과라 할 수 있는 암울한 운명이 발밑에서 내가 사랑했던 모든 것을 산산조각 내었다. 하지만 그 파괴 위로 피할 수 없는 의무가 나를 부르는 듯했다. 사랑스러운 얼굴과 부드러운 표정은, 군인의 발꿈치 아래 짓밟히는 향기로운 제비꽃처럼 상처받아야만 한다고 생각하니 씁쓸한 느낌이 들었다.

'다음 세대를 위한 대가로 우리는 가정의 평화와 안전을 포

기해야만 한다. 조선은 피 흘림을 요구한다.'

고통스럽고 비탄에 찬 마음이었지만 그날을 위해 준비되었다는 느낌이 들었다.

갑자기 누가 어깨에 손을 얹어 이런 생각에서 깨어났다. 돌아보니 바로 앞에 동식이가 있었다. 오랫동안 그를 보지 못했기에 그가 너무나 반가웠다. 반기는 내 모습을 보고 동식이는 놀랐으며 한편으로는 매우 기뻐했다. 그의 건강하고 활기찬 얼굴과 쾌활한 정신이 내게 생기를 불어넣었다.

우리는 세차게 흔들리는 배의 채광창 아래 앉았다. 그는 내게 지난 2년간에 대해 물었다. 나는 그에게 하나도 숨기지 않고 모든 것을 말했다. 그는 아무 말도 하지 않고 내 이야기를 들었다. 그가 나를 뚫어지게 바라보며 무엇인가 찾는 듯한 시선을 주지 않았다면 나는 그가 전혀 듣지 않는다고 생각했을지도 모른다. 모든 이야기를 끝내자 그는 말없이 생각에 잠겨 오랜 시간 앉아 있었다. 마침내 그는 오랜 명상의 결과인 것처럼 이렇게 말했다.

"놀라워! 새로운 종교가 연약한 종 소녀조차 변화시킬 수 있다니, 정말로 놀라워! 자신의 종교가 비난받도록 하기보다는 죽음을 선택했다고? 힘을 뽐내는 사람조차 용기 있게 원칙을 위해 죽는 것은 정말 어려운 시련이라는 것을 자네도 잘 알지?

고통을 겪었지, 그렇지 않은가? 하지만 자네는 건강해 보이네. 물론 건강한 정신도 가졌겠지. 자네는 지금 좋은 것만 탐닉할 시대가 아니라는 대단한 교훈을 얻었지. 개인의 모든 이기적 행복에서 벗어났으니 이제 자네는 수많은 사람의 행복을 위해 몸을 바칠 수 있을지도 몰라. 내가 매정해 보인다면 용서해주게. 자네를 행복하게 하는 일이라면 내 오른손이라도 바칠 것이라는 걸 잘 알잖아. 이화를 잃은 것에 조의를 표하고 슬픔을 느끼네. 그래도 난 기쁘네. 설명할 순 없지만 자네가 우리 공동의 대의를 위해 삶을 헌신할 준비가 되었음을 발견해 기쁘네."

이번에 그는 지난 2년간의 생활에 대해 이야기했다. 그는 일본에서 투쟁의 장으로 돌아오는 길이었다. 나와 헤어진 후 즉시 그는 위험한 인물로 지목되어 당국의 수배를 받는 인물이 되었다. 그는 역모자로 비난받았다. 황제를 위해 생명을 바쳤다는 사실은 질투심 가득한 한양의 벼슬아치들이 그의 생명을 쫓을 만한 충분한 근거가 되었다.

그날 그의 동료 대부분이 그를 버렸다. 독립협회(獨立協會)[3]가 기쁘게 그를 받아들였고 동식이의 남성적 호소로 동요되었다. 그러나 그 조직은 곧 공격받았고 지도자들은 투옥되거나

---

3 1896 7월에 서재필, 이상재, 윤치호 등이 우리나라의 자주독립과 내정 개혁을 위하여 조직한 정치·사회 단체. 독립신문을 발간하고 독립문을 건립하였으며, 시국에 대한 6개조의 개혁안을 결의하여 황제에게 주청하는 등의 활동을 펴다가 1899년 해산되었다.

나라에서 추방되었다. 그중에는 목숨을 잃은 자들도 있었다. 일정 기간 고국에 남아 있는 것은 총체적 무력감과 이에 따른 비효과적 투쟁을 의미했다. 우리나라에 반항의 정신이 일어나기까지 그는 일본 정부 체제를 공부하기로 결심했다. 이 목적을 위해 일본으로 갔지만 적들은 그가 법으로부터 도망갔다고 말했다.

동식이의 말에 따르자면, 일본의 관리들은 모든 길을 열어 동식이가 정보를 얻을 수 있도록 했다. 정치가들은 지식을 향한 욕구를 만족시키기 위해 고통스럽게 노력하는 그를 도와주었다.

일본인들은 대한제국으로 와서 이 나라의 법칙과 통제를 준수하지 않고 이 나라의 국민들에게 방종한 권위를 행사하고 있다. 소수 존경받는 일본인을 제외하고 대부분의 일본인은 대한제국을 악랄하게 착취하고 있다. 이것이 바로 대한제국의 저주였다.

"일본 당국이 이들을 잘 통제해야 해. 그렇지 않으면 가까운 미래에 우리나라 거리는 피로 물들 거야. 우리 압박받는 민족은 해방 정신을 갖게 되면 즉각 박해자들을 공격할 거야. 하지만 그것이 현재 우리에게 시급한 문제는 아니네. 내 머리에 현상금이 붙었다는 것을 들었을 거야. 고국의 땅을 밟는 순간, 황제를 위해 내 한 몸 버릴 각오로 나를 위해 헌신할 거야. 성요, 나를 보게. 내가 꿈을 위해 생명을 저버리려 하는 맹신자 같다고 생각하나? 돌아가면 나는 우리 조국을 위해 내 생명을 바칠 거야. 우리 국민들은 대의명분을 위해 몸 바친 사람들의 전통으로 돌아갈 거야. 저들은 죽는 법을 모르기 때문에 사는 법도 몰라. 저들은 잘 살고 있지 않기 때문에 잘 죽지도 못해. 이 몸을 바쳐 조국의 주저하는 많은 젊은이들 마음에 용감하게 개화하려는 마음을 불러일으킬 수 있다면 그것이 바로 행복한 선물일 거야."

나는 그의 진지함에 짓눌려 어떤 말도 하지 못하고 듣기만 했다.

"나는 칼을 피해야 할 수도 있어. 나의 신변을 보호해줄 생각이 있는, 힘 있는 일본 외교관과 친분관계를 갖고 신중하게 행동할 것이네. 하지만 그들을 전적으로 믿지는 못해. 그들이 도와줄 의도가 없다는 것은 아니야. 다만 외교란 서로 이익이 일치할 때 돈독해진다는 것이지. 내 경우에 이런 조건이 전혀 아니야. 내 생명은 일본인들에게 친절한 감정 이상의 의미가 없어. 하지만 나의 죽음은 대한제국에서 관료적 전제 정치의 안정을 의미한다고 생각되지. 난 살고 싶어. 하지만 죽음보다 더 나쁜 것이 많이 있어. 비겁함이 그중 하나야. 내가 실패하면 내

자리를 대신해줄 강력한 사람들이 있을 거야."

그러고 나서 그는 마치 재미있는 인물을 떠올린 듯 이야기를 이어갔다.

"우리가 처음 평양을 방문했을 때 흥미 있는 친분을 가졌던 관찰사가 지금 한양에 있어. 그는 지금 대한제국의 위대함을 관리하는 사람들 사이에서 급부상하고 있지. 그가 동시에 두 마리 말을 잡으려 한다는 소문이 돌아. 머리가 좋은 놈이라 그는 러시아와 일본이 동방의 주도권을 잡기 위해 곧 싸울 것이라는 것을 분명히 알고 있어. 물론 이 일은 모든 사람이 다 아는 일이지. 어느 날 그는 아시아의 지도를 펴 러시아 영토의 광대함을 보고는 매우 놀랐네. 그 후 그는 러시아 공사관에 방문을 원하는 글을 보내 지상에서 가장 위대한 나라의 대표에게 존경을 표하러 가고 싶다고 했지. 다음 날 그는 첩자로부터 일본이 전쟁 준비를 한다는 소식을 들었어. 그는 급히 일본 공사를 방문해 지구에서 가장 힘 있는 나라의 대표에게 머리를 조아렸지. 현재 내가 가장 관심 있는 것은, 그가 나를 맞으려고 기다리고 있다는 거야. 얼마 안 되는 현금으로 그의 마음을 살 수 있다는 생각이 들어. 하지만 이런 짓은 무덤에 있는 사람까지 토하게 할 거야. 그래도 이런 일을 하는 것이 명예롭다고 생각하는 사람도 있어. 그의 친구 중 한 사람이 정치적 동료를 밀고하고 그 보답으로 정부 관리로 임명받았네. 겉으로는 감리 사무관이었지만 실제로는 외국에서 귀국하려는 모든 개혁주의자를 잡는 게 임무야. 그가 내게 아부하는 편지를 여러 번 보냈어. 내가 도착하면 증기선 정박지에서 그는 과도하게 큰 초청장을 들고 하인과 함께 나타날 거야. 그러고는 자신이 얼마나 나를 배려했는지 말하겠지. 물론 한양으로 가기 전 나를 대접할 은혜를 달라고 말하기도 할 거야. 내가 이용할 만할 가치가 있다는 결론을 내리면, 그는 그 기회를 철저히 이용할 거야. 나는 숨을 만한 곳으로 몰래 갈 은혜를 입게 되겠지."

그러다 동식이는 나를 안심시키려는 듯한 말투로 이야기를 이어갔다.

"두려워하지 말게, 성요. 나는 현금을 하나도 가지지 않고 그곳에 도착할 거야. 자존감을 버리면서까지 안전을 사고 싶지는 않아."

밤이 깊어질 때까지 우리는 바람이 부는 갑판에 앉아 있었다. 그는 일본에서의 많은 경험을 들려주었고, 일본이 러시아와 힘을 겨루고 있음을 언급했다.

"곧 전쟁이 일어날 것 같기에 급히 서둘러 돌아왔네. 어느 나라가 이기든 큰 차이는 없을 거야. 우리가 자주적으로 통치할 힘이 있다는 것을 세계에 보여주지 않으면, 어떤 경우에도 우리는 착취의 희생자가 될 거야. 지금까지 우리는 이를 입증하지 못했어. 하지만 우리나라에는 훌륭한 인재가 많이 있어. 적절한 지점에서 이들의 지도를 받는다면, 우리나라 역시 일본의 놀라운 발전을 따라갈 수 있어. 우리가 원하는 것은 강국이 잠시 뒤로 물러나 우리에게 발전할 기회를 주는 거야."

일본에서 공부를 마치고 돌아온 동식이는 세상을 보는 눈이 더 넓어진 듯했다. 그는 진지한 표정으로 계속 말했다.

"일본에서 체류하며 미국인과 유럽인을 만난 적이 있지. 그들과 이야기하며 가장 괴로웠던 점은 전쟁이 일어나면 대한제국은 당연히 일본이나 러시아의 속국이 된다고 확정적으로 생각하는 그들의 태도였네. 유럽에는 우리보다 작은 나라가 많이 있어. 이들은 모두 다른 나라에게서 독립을 인정받아. 나는 한 미국인으로부터 놀라운 말을 들었어. 그는 독립할 당시 미국의 인구가 현재 우리 인구의 3분의 1도 안 되었다는 것을 상기시켰지. 일본은 지난 35년간 건강과 위생의 법칙을 잘 따랐기 때문에 인구가 이천만이 늘었어. 이런 교훈을 우리도 배워야 해. 그러면 한 세대가 지나기도 전에 우리나라 인구는 이천오백만 명이 될 거야."

그는 희망을 꿈꾸듯 말을 이어갔다.

"미래를 측정하는 유일한 방법은 과거를 돌아보는 거야. 일본이 우리를 위해 무엇을 했지? 우리의 정부를 개혁하려는 일본의 노력은 그 열매가 좋지 않아. 일본이 미숙한 방법을 쓴 당연한 결과지. 일본 정치인들은 우리 조정의 중신들과 같이 회의를 했고 우리 민족의 관습에 대해 말했지. 결국 그들은 황제 앞으로 갔어. 그들은 강압적으로 군대를 동원하겠다는 암시를 주면서 국민들의 긴 겉옷 소매와 긴 머리를 자르고 담뱃대를 반으로 자르라고 권했지. 특히 담뱃대에 관해서는 이상하네. 긴 담뱃대보다 짧은 담뱃대가 니코틴을 입에 더 빨리 들어가게 하는데 말이야. 우리는 머리를 자르고 담뱃대를 자르는 것에 복종했지. 짧아진 소매를 보고 박장대소한 사람도 있었지만, 매우 화가 나서 돌을 던진 사람도 있었어. 일본인들이 한 일 중 정말로 큰일은 황후 시해를 꾸민 거야. 우리가 이것을 목격했지."

'황후 시해'란 말을 듣는 순간, 동식이와 내가 겪었던 과거의 그 순간이 떠올랐다. 그는 진정으로 일본인들의 문제점이 무엇인지 논리적으로 말했다.

"큰 전쟁을 일으키고 승리하는 것과 다른 민족의 일을 관리하는 것은 매우 다른 별개의 문제야. 다스릴 민족을 경멸하는 사람은 그 민족을 성공적으로 관리할 수 없어. 일본 개개인들은 개혁의 절차를 시작하기 전에 우리 민족 개개인을 존중하는 법을 배워야만 해. 러시아가 우리나라 통치권을 얻는다면 그들은 어떤 행동을 할지 의문이 들어. 이와 같은 경우에 국제적 경계심이 매우 강해질 것이고, 러시아를 제지하기 위해 일본이 자유롭게 할 수 있도록 도울지도 몰라. 여전히 많은 것이 우리가 한양[4]에서 시작할 수 있는 개혁에 달렸어."

나는 이런 혼돈의 시대에 동식이가 한양으로 돌아가는 것을 막으려고 노력했다. 나는 이런 행동이 가치가 없는 희생이며 우리 민족이 이런 희생에 감사하거나 호응할 정도로 교육되었다고 믿지 않는다고 그에게 말했다. 그는 조국이 고통받고 위험에 처했는데 외국 땅에서 편하게 사는 것은 증오스럽고 참을 수 없다고 답했다.

"결코 조급하게 살아본 적이 없네."

그는 증기선 너머 달빛 아래 빛나는, 마치 하얀 모자를 쓴 것 같은 파도들을 바라보며 말했다.

"하지만 이 배 갑판에 올라온 이후 두 발로 해변에 서서 나를 기다리는 것, 그것이 무엇인지 만나고 싶어 안달이 나네."

---

4 원문에서는 서울(Seoul)로 표기되었지만 역사적으로 볼 때 한성이 맞기에 역자가 '한양'이라 번역함. 역사적으로 볼 때 대한민국의 수도로서 '서울'이라는 이름을 쓴 것은 1945년 8월 15일이다. 이 글을 발표한 연도가 1906년인 점을 감안해볼 때 이 당시는 '서울'이라는 이름을 쓸 시절이 아니다. 출판상 오류가 있었거나 아니면 일제 침략기에 일본이 한양을 경성부로 바꾸려는 시도가 많이 있었던 배경을 반영한 것이 아닌가 하는 생각도 든다. 이후 노블은 대한제국의 수도를 '서울'이라 썼다.

달이 밤의 깊은 그림자 안으로 배를 삼키며 수평선 아래로 떨어지자 우리는 배로 돌아갔다. 동식이는 일등석의 특권을 버리고 나와 함께 삼등석 승객 사이에 있었다. 배의 움직임에 따라 똑같이 구르고 미끄러지며 배멀미하는 두 사람 사이로 끼어들어 남은 밤 시간 내내 함께 휴식을 취했다. 동식이는 곧바로 깊은 잠에 빠져 들었지만 나는 내일 친구에게 일어날 일을 몹시 걱정하며 이리저리 몸을 뒤척였다.

결국 나도 깊은 잠에 빠졌다. 머리 위에서 들리는 발자국 소리에 놀라 나는 갑자기 일어나 앉았다. 휴식소에서 불빛이 빛났고, 많은 승객이 갑판으로 올라갔다. 동식이를 찾았지만 그는 없었다. 갑자기 증기선 선미에서 덜컹거리고 삐걱거리는 소리가 들리며 우리가 곧 내려야 할 시간임을 알려주었다. 배의 이물[5]에 긴 사슬이 철컥거리고 떨어지자 배가 이미 정박했음을 알았다.

나는 갑판 위로 달려갔다. 이때 많은 조선의 배가 우리를 에워쌌고, 웃통을 벗은 뱃사람들이 배의 양쪽으로 올라오고 있었다. 일본인 선원들은 몽둥이와 주먹으로 그들을 때리려 했지만 그들은 저항하지 않고 머리와 등에 상처를 입은 채 배로 올라오고 있었다. 승객들이 상륙할 때 짐을 날라주며 돈을 받기 위

---

5 배의 앞부분. 선두(船頭). 선수(船首).

해서였다. 경멸과 억압을 받는 뱃사람들은 황소의 완력과 영웅의 용기를 지니고 자신들의 생계를 위해 싸우고 있었다. 이런 두려움 없는 결단이 군대로 조직된다면 대단한 힘을 가질 것이라는 생각이 들었다.

30분 후 동식이가 무역 감독관의 거대하고 붉은 초청장을 손에 들고 내게 왔다. 그는 내게 편지 내용을 보여주었는데, 그 편지에는 정중하고 긴급하게 집까지 동승하고 싶다는 요청과 해변에 남아 좀 더 일찍 개인적인 환영의 기쁨을 누릴 수 없는 것에 대한 유감스러운 마음이 쓰여 있었다.

승객들은 신속히 배를 떠났다. 동식이는 초청장을 가져온 사람에게 기다리라고 명한 후 나를 선실로 데리고 갔다. 그곳에서 그는 조심스럽게 문을 잠근 후 속에 입은 윗도리를 벗어 내 것과 바꾸어 입자고 말했다. 이유를 궁금해하며 나는 내 초라한 윗도리와 비단으로 만든 그의 윗도리를 바꿔 입었다.

"윗도리를 잘 지키게. 한동안 그것을 벗지 말게. 밤낮으로 항상 입고 있어. 언젠가 한양에서 내가 사람을 보내면 즉각 내게 와주게. 그리고 나를 만나기 위해 필요한 금액을 주저하지 말고 지불하겠다고 약속하게."

나는 약속했다. 그러자 그가 내 손에 지폐를 몇 장 쥐여주며 말했다.

"상륙하면 우린 헤어질 거야. 자네는 나와 아무 관계가 없는 것처럼 보이는 게 좋아."

그런 후 그는 한양에서 내가 기다려야 할 곳을 말하고 또 그가 나를 직접 만나든지 아니면 사람을 보낼 때까지 그곳을 떠나지 말라고 말했다. 그리고 그가 내 겉옷을 보며 말했다.

"보다 좋은 겉옷을 사게나. 나를 위해 일을 하려면 자네는 지금보다 차림새가 좋아야 하네."

그는 손을 내 어깨 위에 올려놓고 내 얼굴을 한참 쳐다본 후 즐겁게 미소 지었다. 이것은 다른 사람에게서는 결코 볼 수 없는 그만의 습관이었다. 비참함과 공포를 느끼는 내 모습을 바라보며 그는 진심으로 웃었다.

"동식아, 이 일을 그만 둬."

나는 절망적인 마음으로 그에게 말했다.

"지금은 돌아서기에 너무 늦었네. 그렇게 하고 싶더라도 말이야. 우리가 이 선실로 들어가는 것을 적어도 여섯 사람이 보았지. 또 무역 심사관의 친절한 초청장이 있다는 것을 자네는 잊었군. 물론 나는 그것을 수락할 거야. 내 일본인 친구들을 만나 일을 꾸밀 수도 있겠지. 하지만 그것은 문제를 지연시킬 뿐이야."

위대한 영혼을 갈망하는 눈빛을 띠며 그는 진지하게 내 얼굴을 쳐다본 후 말했다.

"성요, 만약 내가 잘못된다면 내 자리를 대신해주겠나?"

제27장

조국을 위해

동식이가 지정한 주막에서 8일 동안 머물며 그의 소식을 기다렸다. 그가 체포되어 사형선고를 받았다는 소문도 있었고, 재판도 하지 않고 사형 집행을 결정한 일본 관리들에게 항의를 했다는 소문도 있었다.

동식이로부터 전혀 소식이 없자 내 최악의 두려움이 확실시되는 듯했다. 황제가 공정한 재판을 명했다 할지라도 어느 누구도 그 명령이 사형이 집행되기 전 재판부에 도달할 것이라 확신할 수 없었다. 특히 개인적 이익이 위험에 처한 경우 재판은 너무나 민첩하게 진행되는 경우가 많다. 강한 개인적 질투와 증오가 내 친구의 운명을 결정짓는 가장 주된 요인임을 생각하니 절망에 빠졌다.

주막 바로 옆에 학교가 있었다. 이 학교에서 이십여 명의 학생들이 매일 큰 소리를 내며 수업을 받았지만 그날은 조용했다. 가끔 큰 소음이 들렸지만 이 소리는 들리자마자 바로 사그라졌다. 지나가는 손님들은 오래 멈추어 서서 음식을 주문했다. 이들은 재빨리 식사를 한 후 먼지가 몰아치는 거리로 급히 서둘러갔다. 저녁이 되자 거리에서 바람은 여전히 큰 소리를 내며 윙윙거렸다.

나는 그 어느 때보다 더 우울하게 누워 있었다. 무심결에 우울한 장면이 상상되었고 그 장면 안에는 항상 동식이의 얼굴이 있었다. 내가 자신의 소망을 꼭 들어줄 것이라는 동식이의 믿음이 없었다면 나는 거리로 뛰어나가 음울하고 우울한 마음을 떨쳐내기 위해 도시를 떠났을 것이다. 밖의 바람소리를 듣기보다는 그냥 느끼며 깨어 있었다.

자정쯤 되니 거리 쪽에서 덜컥거리는 문소리가 났다. 주변이 시끄러웠지만 누군가가 그 문을 흔들고 있다는 느낌이 들어 온 주의를 그곳에 집중했다. 그 소리가 다시 반복되자 나는 그곳으로 가 문을 열었다. 먼지 가득 찬 바람이 양초 쪽으로 불어 들어와 불빛이 사그라들어 조그만 점처럼 보였다. 그 순간 어두워져 잠시 밖에 누가 있는지 알아볼 수 없었다. 잠시 후 불빛이 다시 살아났고, 제복을 입은 경찰의 어두운 형체가 드러났다. 그는 말없이 명함을 내밀었는데 거기에 동식이의 이름이 쓰여 있었다.

"그는 어디에 있소?"

"대법원 감옥에."

잠시 후 나는 그를 따라나섰다. 그는 내가 이전에 가보지 못했던 도시의 지역을 걸으며 나를 안내했고 나는 그 뒤를 따라갔다. 전등을 가지고 있지 않은 것을 보니, 그는 사람의 눈에 띄는 것을 원하지 않는 것이 분명했다. 큰길로 접어들자 폭풍으로 인해 불빛 대부분이 꺼져 있었다. 우리는 때로 경비원을 지나쳤지만 나를 안내하는 순경은 이들이 인사해도 거의 답하지 않았다.

우리는 음침해 보이는 커다란 건물 정문에서 멈추었고 순경이 문을 두드렸다. 안쪽에서 요란하게 끼익 소리가 나며 문이 열렸다. 간수, 심부름꾼 십여 명이 등을 손에 들고 있었기에 나는 눈이 반쯤 먼 느낌이 들었다. 순경은 여기서 멈추지 않고 나를 문 옆의 방으로 안내했다. 그는 격식 없이 문을 연 후, 내게 들어오라고 손짓했다. 내가 들어가자 그는 문을 닫았다.

한 남자가 방 한가운데 방석 위에 앉아 있었다. 그 옆에 작은 상이 있었고 그 위에 종이, 붓, 먹이 있었다. 그는 글을 쓰고 있었던 것이 분명했다. 그는 고개를 들어 나를 잠시 쳐다본 후 종이를 접어 봉투에 넣고 나를 다시 쳐다보았다.

"원하는 게 있나?"

마침내 그가 입을 열었다. 이름을 말하자 그는 딱딱하고 진중한 태도로 일상적인 말을 했다. 나는 그가 동식이의 명함을 보낸 이유를 말해주기를 기다렸다. 그는 차분한 얼굴로 잠시 문서를 보더니 다시 나를 쳐다보았다. 그 얼굴에는 취조하려는 표정을 띠었다. 나는 그가 내게 순경을 보냈고 그가 동의해야만 감옥에 들어갈 수 있다는 것을 알고 있었다. 그가 무슨 일을 계획하는지 알아보려고 나는 온 감각을 곤추 세웠다.

"당신이 보낸 사람이 이것을 주었습니다."

나는 그에게 동식이의 명함을 전해주었다. 그는 그것을 받아 탁자 위에 놓았다.

"동식이의 친구라고? 그가 보고 싶지. 그렇지 않나?"

"그렇습니다."

"만날 수 없어. 불가능해. 황제께서 그 대역죄인을 처형하라 명령하셨지. 내일 새벽 그는 처형될 거야."

그는 딱딱하고 거만하게 말했다. 이 말이 그에게 내적인 기쁨을 주는 것처럼 그는 고집스럽게 이 말을 내뱉었다.

"그는 지금 사형수 감방에 있어. 취조할 때만 그 문을 열 수 있지. 역적이나 무정부주의자와 친구인 너도 그와 함께 감방 안에 있어야만 해. 오늘 밤 내가 너를 그 감방에 가게 할 것이라 생각하지 않나? 여기에 오면서 너는 네 놈 계층이 보여주는 그런 어리석음을 보여주었어. 우리는 황제를 보호하는 의무를 수행하고 있고, 왕족의 안전을 위해 끊임없이 헌신하며 또 우리 의무를 완수했다는 것을 보상으로 생각하고 있지. 그래서 우리는 반역자와 공범자를 붙잡는 방법을 많이 알고 있어. 수갑을 쓸 때도 있지만 초청장을 쓰는 경우도 있어."

그는 넓은 갓의 테 밑으로 나를 뚫어지게 바라보며 말했다. 침착하고 냉담한 태도로 나는 그를 바라보며 말했다.

"나를 감방에 넣을 목적으로, 죄를 선동한 죄목으로 고통받게 하려고 죄수의 명함을 내게 보냈소?"

"네 스스로 판단해. 너는 지금 여기 있잖아."

내 목소리에서 경멸을 읽고 그는 매우 화를 내며 말했다.

"그것은 거짓말이오."

나는 열의 없이 대답했다. 그는 자신의 귀가 자신을 속인 것처럼 잠시 나를 쳐다본 후 나의 말을 따라 했다.

"그것이 거짓말이다?"

그는 벌떡 일어나 흥분으로 헐떡거리며 큰 소리를 질렀는데,

열 명의 발소리가 문 앞에서 났고 격렬하게 문이 열렸다. 그 남자는 잠시 주저한 후 부하들에게 물러가라는 손짓을 했다. 그러고 나서 다시 앉아 나를 계속 뚫어지게 쳐다보았다.

"넌 누구냐?"

"당신이 내게 동식이의 친구라 말하지 않았소."

나는 주저 없이 답했다.

"아마도 당신은 내게 돈을 얻으리라 기대하며 이 명함을 내게 보냈소."

"기대한다?"

"나를 감옥에 넣겠다는 협박은 전혀 두렵지 않소. 이 말은 당신의 울분에 대한 나의 분명한 답이오. 하지만 나는 당신이 가진 탐욕의 힘을 굳건히 믿고 있소. 원하는 게 돈이라면 이제 우리 서로를 이해했으니 가격을 말해보시오."

"넌 누구냐?"

그는 다시 물었다.

"지금 나를 뭐라고 소개하고 싶든 간에 당신이 이름 지어준 나에 대한 소개는 만족스럽소. 나는 동식이의 친구요."

그는 태양에 그슬린 내 피부와 거친 손을 보고 당황한 것 같았다.

"더 이상 할 말이 없다면 나는 가겠소. 당신을 만나러 이곳에 온 것은 아니니 말이오."

"내가 맡은 일을 전혀 이해하지 못하는군. 내 윗사람에게 충성하는 것이 내 삶의 첫 번째 원리야. 감방 문을 여는 것은 측량할 수 없는 위험을 감수하는 일이라는 것을 왜 모르나? 내가 반역자에게 무슨 관심이 있겠나? 그를 위해 내가 왜 그런 위험을 감수해야만 하지? 한 사람의 목숨을 지불할 만큼 돈이 있다면 그를 만날 수 있을 지도 모르지."

"당신은 자신의 목숨이 얼마나 나간다고 생각하오?"

나에게 많은 돈이 없다는 것을 기억하며 무거운 마음으로 그에게 물었다.

"감방에서 그를 반 시간 보려면 이 탁자 위에 이만 냥을 놓아야 할 것이오."

나는 그 순간 느꼈던 실망감을 숨기기 위해 아래를 보았다. 고향을 방문해 그런 놀랄 만한 돈을 만드는 데는 몇 달이 걸릴 지도 몰랐다.

"짧은 만남 치곤 너무 큰돈이오."

나는 시간을 벌려는 노력으로 말했다.

"더 할 말이 없소."

"언제?"

"한 시간 안에."

그는 위협하는 듯이 탁자를 치며 답했다.

"죄수를 보여주시오."

자신을 만나기 위해 필요한 돈을 지불해주라는 동식이의 말을 기억했다. 나는 맹목적으로 그를 믿으며 답했다.

"나무, 선반, 진흙 덩어리에서 금을 추출하는 데 필요한 모든 기구[1]가 있는 빈 감방이 있지. 만약 돈을 내기 싫으면 거절해도 좋아."

그는 음울한 결심의 표정을 지으며 답했다. 나는 위협에 대한 답으로 고개를 끄덕였다. 그러자 그는 한마디 말도 없이 마당으로 나갔고 나는 뒤따랐다. 그는 무겁게 빗장 채운 문으로 갔고 시종이 그것을 열어 내가 들어갈 수 있도록 밀어주었다. 그런 후 문을 닫고 빗장을 다시 채웠다. 곧바로 나는 문에서 보초의 발자국 소리를 들었고, 건물 앞에서 위아래로 오르는 두 번째 발자국 소리를 들었다.

감옥 안은 매우 어두웠다. 내가 정말로 함정에 빠진 것이 아닌지 의아해하며 두려움에 떨면서 문에 서 있었다. 나는 성냥을 켜 머리 위로 그것을 들었다. 방은 작았고 진흙 마루와 안쪽에 판자를 댄 벽이 있었다. 방은 답답했고 공기가 순환되지 않아 숨이 막힐 지경이었다. 성냥이 두꺼운 대기 안에서 희미하

---

1 고문 기구들을 지칭하는 말

게 불탔고 그곳의 깊은 어둠만을 보여주었다.

성냥이 깜박거리더니 꺼졌다. 나는 방을 가로질러 동식이가 있는 곳으로 가는 길을 찾았다. 동식이는 다리를 뻗은 채 족쇄에 발이 묶여 있었다. 그는 눈물로 나를 비난하는 것이 아니라 위로했다. 동식이가 도리어 소란스러운 감옥에서 죽음을 기다리는 나를 면회하러 온 사람 같았다. 어둠 속에서 그의 발쪽으로 손을 뻗어 그를 묶고 있는 족쇄를 풀어보려 하자 동식이는 웃었다.

"등이 있네, 성요. 손이 닿을 수 없는 곳에 등이 있네."

나는 천장에 걸려 있는 조그만 등을 켰고, 기어서 그를 보러 갔다. 그에게 고문 받은 흔적이 있었지만 눈빛은 친숙했고, 목소리는 명랑한 어조였다.

"그래, 자네는 내가 요청한 것을 맹목적으로 해줄 정도로 나를 믿고 있군. 나를 무조건적으로 믿는 사람이 있다는 걸 알게 되었으니 이것만으로도 목숨을 던질 만한 가치가 있지."

그는 내게 고마움을 표했다. 그는 내가 증기선에서 바꾸어 입었던 그의 윗도리 아래로 손을 뻗어 안감의 솔기를 잠시 더듬었다. 그러더니 한 부분을 뜯어냈다.

"빛 쪽으로 가지는 말게. 이 감방에는 귀뿐 아니라 눈도 있으니까."

그는 안감에서 100엔짜리 지폐 6장을 꺼내면서 말했다.

"다른 쪽에도 무언가가 있을 거야. 그것은 돈이 아니라 편지네. 이 편지들은 여러 사람에게 보내는 것이고 또 자네가 모두 알아야 할 문제를 담고 있네. 여러 사람들과 수년간 협의해서 구체화시켰던 운동을 계획하는 데 돈이 필요할 거야. 이 편지들 안에 모든 것이 설명되어 있네. 편지에 쓰인 이름은 목숨을 걸고 잘 지키게. 자네는 여기서 몸수색을 당하지는 않을 거야. 자네에게 전하기 전 내가 그 편지들을 지켰지. 한 손에는 돈을, 다른 손에는 쫓기고 있다는 두려움을 가지면 경이로운 일이 일어날 거야. 탐욕과 두려움 이 두 가지가 대부분의 사람을 행동하도록 만드는 주 원천이지."

그런 후 그는 황제와 직접 대화하려 시도했던 일에 대해 말해주었다. 그는 황제를 만나 외국으로부터 위협받는 조국의 위험에 대해 경고하려 했었다. 그러나 이 일은 실패로 끝났다. 그러자 그는 재상(宰相)[2]을 만나 목숨을 살리려는 남자처럼 얼마나 열심히 대한제국을 위해 탄원했는지 이야기해주었다. 그는 또 어떻게 개혁을 추진했는지, 이 개혁으로 얼마나 짧은 기간에 나라의 내각이 양분되었는지에 대해서도 말했다. 그리고 그는 똑똑하고 능력 있는 사람의 영향력이 두려워 대신들이 어떻

---

2 임금을 돕고 모든 관원을 지휘하고 감독하는 일을 맡아보던 이품 이상의 벼슬

게 연합해 재상의 죽음을 명했는지에 대해서도 말했다.

이 모든 것의 실패를 말할 때 동식이는 머리를 가슴으로 떨어뜨렸다. 나는 그를 알았던 이래 처음으로 그가 눈물을 흘리는 것을 보았다.

"성요, 내가 뭘 보는지 알아? 나는 큰 전쟁을 보았고 무시무시한 군대 사이에서 대한제국이 압박받고 피 흘리는 게 보여. 외국이 힘으로 우리 민족을 지배하고, 자국민을 위해 우리 강을 이용하고, 자신들의 부를 위해 우리 산을 마구 잘라내고, 우리나라에 다리를 놓아 자신들의 통로로 사용하는 게 보여. 공장 돌아가는 소리와 이방인이 모는 기관차의 소리가 들려. 그리고 그들의 노예가 된 우리 민족, 불쌍할 정도로 가난한 우리 민족이 보여."

하지만 그는 이런 비참한 상황에도 희망이 있다는 듯, 다시 쾌활해진 목소리로 말했다.

"나는 보다 개선된 상황으로 나아가는 데 필요한 디딤돌이 될 뿐이야. 한 사람을 죽여 우리가 지지하는 명분이 사라질 것이라 생각할 정도로 저들은 바보야."

"탈출할 희망은 없나?"

나는 그를 짓누르고 있는 그 무언가와 어리석게 싸우며 재차 물었다.

"새벽에 탈출할 거야. 성요, 사람들에게 내가 그들을 위해 죽었다고 말해주게. 자유를 사랑하는 모든 이에게 자유를 모르며 사치스럽게 사는 것보다는 자유를 위해 죽는 게 더 낫다고 말해주게. 온 세계의 자유는 그 자유를 위해 헌신한 사람들이 흘린 피의 대가야. 나는 자유를 위해 기쁜 마음으로 내 생명을 바칠 거야."

그는 잠시 말을 멈추고 무언가를 생각하는 듯했다.

"평양의 전투 후 고향에 돌아가는 길에 방문했던 기독교 교회를 기억해보게. 사람들이 얼마나 즐거워 보였는가? 그들이 기뻐하는 이유를 알았네. 이화도 같은 교훈을 배웠네, 성요. 난 그녀를 만날 거야. 나는 수년 전 세 살짜리 아들 녀석을 흙 속에 묻었지. 그런 후 수년간 아들 녀석의 재재거리는 소리가 귀에서 울렸어. 그 아이의 작은 손이 내 손가락을 잡았어. 우리가 헤어져 있던 수년 동안 아들 녀석은 지혜와 지식이 많이 성숙했어. 죄 많은 육체의 한계가 주는 구속을 벗어나 자연적으로 성장해 아들 녀석은 이미 아버지를 넘어섰어. 저 위 어디선가 아들 녀석은 천사들의 경계선을 딛고 있네. 사형 집행인의 일격이 빛나는 길에서 속도를 내면 나는 아들 녀석을 만날 거야. 나는 기쁘게 내 무거운 손가락을 아들 녀석의 조그만 손에 놓을 것이며, 그 녀석은 나를 우리의 주님에게 데리고 올라가 놀라운 세상의 경이로움을 보여줄 거야. 성요, 내가 두려워한다고 생각하지 말게. 여성에게서 태어나신 그분은 이해하실 거야."

잠금이 풀리고 문이 철컥거리며 열리는 소리가 면회 시간이 지났음을 알려주었다. 나는 동식이를 팔로 안았다.

"울지 말게."

"이것은 패배가 아니야. 승리야."

그는 친숙하고 진지한 태도로 말했다. 그는 그 앞으로 나를 잡아당겨 내 눈을 보고 웃었다. 곧바로 간수가 들어와 내가 그에게 탈출이나 자살에 도움을 주는 무언가를 주었는지 아니면 자정에 면회자가 온 증거가 남았는지 알아보려고 면밀히 검사했다.

밖으로 나가 간수의 방으로 안내되었다. 그곳에서 슬픔과 비참함에 사로잡혀 잠시 앉아 있었다. 마침내 그는 계약을 상기시켜주었고, 나는 그 앞 탁자 위에 일본 돈 500엔을 놓았다. 그는 지폐를 들어 한 장씩 주의 깊게 살펴보았다.

그러자 섬광처럼 몇 년 전 그를 보았던 적이 있다는 것이 기억났다. 평양에서 그와 동식이가 만났다는 것이 기억났다. 나는 감방 간수의 역할을 가장하여 감방까지 자신의 희생자를 따라간 그 괴물에 놀라움을 금치 못했다. 어쩌면 그는 동식이의 죽음에 흡족해할지도 몰랐다. 갑자기 혐오감이 내 영혼을 가득 채웠다.

적절한 잔돈을 찾는 것처럼 그가 돈을 만지작거리자 나는 그의 손을 한편으로 밀어냈다. 나는 그의 앞에서 나갈 문을 찾았다. 그는 내게 문을 열어주며 손에 있는 돈을 보고 미소를 지었다. 밖에 서 있는 채로 나는 말했다.

"도시 밖으로 시체를 데리고 나가는 데 25엔."

"50엔. 시체를 전해줄 때 지불하시오."

폭력을 행사하지 않고 말할 수 없는 상황을 만들까 두려워 그냥 고개만 끄덕였다. 뒤에서 감옥 문이 닫혔다. 나는 주막으로 돌아왔고, 날은 여전히 어두웠다. 이렇게 어둠의 순간이 소중해 보인 적이 없었다.

나는 조그만 성문을 지나 공동묘지로 가는 길에 접어들었다. 공동묘지에는 수많은 무덤이 있었다. 그곳에서 마지막 계약이 완수될 것이다. 해뜨기 직전 어둠이 깊어지자 큰 공포가 내 영혼을 덮었다. 먼지 돌풍은 사라졌지만 목은 갈증으로 바짝 마르고 먼지로 덮인 것처럼 고통스러웠다.

새벽이 하늘에 선을 긋자 나는 뒤로 물러나 성문의 아치형 돌 아래 숨었다. 태양이 떠올랐고 내가 숨어 있는 장소까지 빛이 비추었다. 한양의 성문 주위에서 아침의 삶이 시작되었고 요동쳤다. 아침의 삶은 웃고 노래하며 재잘대고 논쟁했다.

오전 중 두 남자가 거적으로 싼 짐을 메고 비틀거리며 성문을 걸어나왔다. 나는 그들을 데리고 언덕으로 올라갔다. 그들이 시체를 내려놓자 나는 그들을 도시로 돌려보내 애국자의 시체를 묻을 적절한 것들을 찾아오라고 했다.

깊은 슬픔에 사로잡혀 거적 꾸러미로부터 멀리 떨어져 앉았다. 그 모양 없는 꾸러미는 죽은 자의 무덤에 둘러싸여 있었다. 주위에는 움직이는 사람이 단 한 명도 없었다. 사람들은 한양에서 먼 곳에 위치한 성문 앞에 혼잡하게 모여 보잘것없는 이익에 애를 태우고 있었다.

나는 얼굴을 돌려 조금 떨어진 곳에 있는 거적 꾸러미를 보았다. 산들바람이 거적의 한 구석을 들어 올려 전체가 흔들리는 듯했다. 그 움직임이 거적을 잡아당기는 손놀림과 너무나 똑같아 눈을 뗄 수 없었다.

"아, 동식이. 이전에 우리나라는 가난했어. 하지만 지금은 무시무시한 기근이 이 땅의 모든 문지방을 뚫어지게 보고 있지. 이전에 사람들은 그저 도둑맞았다고 생각했어. 하지만 오늘날 온 가정은 아버지, 아들 아니면 형제를 잃지."

그런데 갑자기 거적 꾸러미가 움직였다. 나는 공포를 느껴 두 다리로 일어섰지만 다리가 와들와들 떨려 서 있을 수가 없었다. 그러나 갑자기 희망이 홍수처럼 내 영혼을 가득 채웠다.

곧바로 나는 거적 꾸러미로 달려가 온 힘을 다해 묶은 것을 풀었다. 생기가 돌아온 손이 미끄러져 나왔다. 재빨리 칼로 거적 주위 묶은 끈을 풀었고 마침내 동식이가 빛나는 햇볕에 눈을 깜빡이며 일어나 앉았다.

"아, 정말 힘들게 들려왔네. 여기에 결코 올 수 있을 것 같지 않았어."

동식이가 다시 말을 시작하기 전 나는 그의 어깨를 잡아끌어 내가 뭘 하는지도 모른 채 그를 이리저리 흔들어 보았다. 마침내 나는 그의 목소리에 제정신이 돌아왔다.

"동식이, 왜 저들이 자네를 목매달지 않았나?"

"그래서 유감인가?"

그는 친숙한 미소를 되찾으며 물었다.

"목매달았지! 내 생각에 그들은 목을 매달았어! 그들은 일을 다 끝냈다고 생각했어. 하지만 겁쟁이들은 일을 제대로 끝내지 못하잖아. 황제의 명령이 두려워 그들은 짧은 시간에 교수형을 집행했네. 제 정신이 돌아와 보니 저들은 나를 거적으로 말아 덜컥거리며 나르고 있었지. 그곳에서 숨을 쉬는 건 정말로 어려운 일이었네. 그들이 나를 내려놓을 때까지 움직이지 않고 있는 건 더 어려운 일이었지. 죄인들을 관에 넣지도 않고 야만적으로 묻는 방법이 오히려 내 생명을 구했네. 관에 넣었다면 나는 질식했을 거야. 자네가 말하는 것을 듣고 혼자 있다는 걸 알았지. 그리고 나에 대한 사랑으로 자네가 마지막으로 내 얼굴을 볼 것이라 희망했지."

그는 말을 멈추었다. 잠시 생각한 후 그는 덧붙였다.

"이리 오게. 우리는 무덤을 파야 해."

예전에는 결코 이렇게 기쁜 마음으로 무덤을 판 적이 없었을 것이다. 거적 위에 흙을 덮고 무덤을 높게 세운 후 동식이는 무덤을 보고 진지하게 말했다.

"동식이는 죽었지. 하지만 나는 죽지 않고 살아 있네."

나는 고개를 끄덕였다. 그는 돌아서서 오랫동안 한양을 바라보았다. 눈물이 뺨에서 흘렀다. 그는 대단한 판결을 내리듯 반복해 말했다.

"대한제국은 자유로울 거야. 대한제국을 자유롭게 할 거야."

두려운 감정이 나를 사로잡았다. 나는 그 마음에 악의가 없고 부드러운 갈망만이 존재하는 놀라운 사람, 혹독한 적군에게 책략을 계속 써 죽음을 이긴 그 사람의 얼굴을 응시했다. 그의 말이 무덤에서 다시 살아나신 그분의 말처럼 내 귀에 울렸고, 내 영혼 안에서 변할 수 없는 신념으로 메아리쳤다.